Korean Composition

Korean Composition

Pong Ja Paik   Ji Young Kwak   Ji Hyoun Choi

KLEAR Textbooks in Korean Language

© 2002 University of Hawai'i Press
All rights reserved

07 06 05 04 03 02   5 4 3 2 1

This textbook series has been developed by the Korean Language Education and Research Center (KLEAR) with the support of the Korea Foundation.

Library of Congress Cataloging-in-Publication Data
Korean Composition / Pong Ja Paik... [et al.].
   p. cm.—(KLEAR textbooks in Korean language)
  ISBN 0–8248–2477–6 (pbk. : alk. paper)
   1. Korean language—Textbooks for foreign speakers—English. I. Pong Ja Paik.
II. Series

PL913.I5812 2001
495.7'82421—dc21   00–033782

Camera-ready copy has been provided by KLEAR.

University of Hawai'i Press books are printed on acid-free paper and meet the guidelines for permanence and durability of the Council on Library Resources.

Photo Credits
Chŏson Daily, pp. 210a,b,c; 211a,b; 220a,b; 221
Wŏnmei Co. (apparel), Seoul, 1996, p. 134

CONTENTS

Preface ix
Introduction xi

기본 작문 (Essential composition)

   수필 (Essays) 3
      1. 소개 (Introduction) 4
      2. 기다림 (Waiting) 9
      3. 실수 (Mistakes) 15
      4. 오해 (Misunderstanding) 20
      5. 나의 꿈 (My dream) 25
      6. 선택 (Making a choice) 29

   일기 (Diaries) 34
      7. 어느 날의 일기 (A particular day's diary) 35
      8. 나의 아르바이트 (My part-time job) 41
      9. 시험 보는 날 (An exam day) 46
     10. 우울한 날 (A gloomy day) 52
     11. 만남과 헤어짐 (Meeting and parting) 57

   편지 (Letters) 62
     12. 안부 편지 (Ordinary letters) 65
     13. 감사, 사과 편지 (Letters of appreciation and apology) 70
     14. 부탁과 거절 편지 (Letters of request and regrets) 75
     15. 펜팔 (Pen pals) 80
     16. 주문과 사무 편지 (Orders and business letters) 85

   서류 작성 (Document preparation) 91
     17. 메모 (Memoranda) 92
     18. 초대장 (Invitations) 97
     19. 카드 · 봉투 (Cards and envelopes) 102
     20. 이력서 (Résumés) 108
     21. 기타 서류 (Other documents) 114

설명문 (Expository writing) ·· 120
  22. 오락 (Recreation) ·· 121
  23. 설명서 (Explanations and descriptions) ·· 128
  24. 취미 (Hobbies) ·· 135
  25. 풍습 (Customs) ·· 140
  26. 음식 이야기 (Talking about food) ··· 147

고급 작문 (Advanced composition)

감상문 (Descriptions of impressions) ·· 157
  27. 독후감 (Impressions of a book) ··· 159
  28. 영화 감상문 (Appreciation of a film) ··· 167
  29. 기행문 (Travel writing) ··· 174
  30. 서정문 (Lyric writing) ··· 182

시·시조 (Writing poetry) ··· 190
  31. 시 (Poems) ·· 192
  32. 시조 (Korean verse) ··· 199

신문기사 (Newspaper accounts) ·· 203
  33. 사건·사고 (Incidents and accidents) ··· 204
  34. 광고 (Advertisements) ··· 214

논설문·설득문 (Writing articles and theses) ··· 222
  35. 논술 (Discussions) ·· 223
  36. 찬반 토론 (Pros and cons) ··· 232
  37. 설득문 (Persuasions) ··· 240

요약문 (Summaries) ·· 247
  38. 요약 (Summarizing) ·· 248

작문의 과정과 표현 방법 (Steps of composition and styles of writing)

  39. 작문의 과정 (Steps of composition) ··· 257
  40. 표현 방법 (Styles of writing) ··· 261

Appendices

1. English translations of model writings ·· 271
2. Index of useful patterns ·· 303
3. English-Korean glossary ·· 307

PREFACE

Training in written communication, either in an interactive or a presentational mode, is an integral part of all language education. It not only enhances students' writing skills and overall linguistic competence, but also helps them organize and develop their ideas and thoughts with grammatically, stylistically, and culturally correct expressions. Composition activities greatly contribute to students' creative, rational, and scientific thinking.

When planning to develop a series of college-level textbooks for Korean as a foreign or second language with the support of the Korea Foundation in 1994, the Korean Language Education and Research Center (KLEAR) included a volume of Korean composition as an essential component of the project. We were in dire need of a volume with which to train advanced students in expressing feelings, providing information, and exchanging opinions in writing on a variety of topics.

Ms. Pong Ja Paik, of Yonsei University, an experienced teacher of Korean, gladly agreed to assume the difficult task of developing the first ever *Korean Composition*. Several years of her hard work, with the devoted assistance of and in close cooperation with Ji Young Kwak and Ji Hyoun Choi, both of Yonsei University, resulted in an excellent draft of the book.

The draft was field-tested twice in the Korean Composition class at the University of Hawai'i for further improvement and refinement. At the students' request, English translations of the table of contents, model writings, and other items were added by Andrew Byon, Haejin Koh, and me. At the reviewers' suggestion and with the authors' consent, I added a number of new grammatical patterns, while making necessary editorial additions, including the Korean-English glossary. I would like to express my sincere thanks to Professor Heisoon Yang, Eun-Joo Lee, and Seung-Bong Baek for their excellent editorial assistance.

Korean Composition's sister volumes include *Integrated Korean* (ten course books and four workbooks), *A Korean Reader for Chinese Characters, Selected Readings in Korean, A Modern Korean Literature Reader, Korean Language in Culture and Society,* and *A Dictionary of Korean Grammar and Usage.* The University of Hawai'i Press has already published many of these volumes; others are forthcoming.

On behalf of KLEAR, I sincerely congratulate the three authors on the successful completion of this valuable volume, which will greatly enhance Korean-language education. I also take this opportunity to express my appreciation to the Korea Foundation for its financial support and to the University of Hawai'i Press (notably Patricia Crosby, Ann Ludeman, and Nancy Woodington) for editing and the timely production of the book.

Ho-min Sohn, KLEAR President

INTRODUCTION

The target audience of *Korean Composition* is college-level students who have completed at least the beginning and intermediate levels of Korean (approximately five hundred hours of classroom instruction), or the equivalent. For students using the *Integrated Korean* series, this book can be used profitably after completing *Advanced Intermediate 2*.

The overall content of *Korean Composition* consists mainly of subjects and topics of interest to students of Korean, especially those in English-speaking countries. Every effort has been made to include materials directly related to students' life and needs, as well as line drawings, pictures, and tables to support the text and to stimulate students' imagination. Students' writings are included for the same reason. The information provided about the traditional culture and customs of Korea should help students write in a socially and culturally appropriate manner. Each topic has a model writing that uses superior expressions and writing styles. English translations are provided in appendix 1 in case of difficulty. The various topics introduce a wide variety of genres that are useful to college students and professionals in various fields. The book uses the Guided Writing method of instruction, with its many practice questions, to help students develop their writing skills more effectively and efficiently.

The bulk of the book is in two parts based on genres and forms of writing. Its ten chapters are: essays, diaries, letters, document preparation, expositions, descriptions, poetry, newspaper articles, article and thesis writing, and summarizing. The chapters progress from informal to formal and from simple to professional writing. The first five chapters are considered essential composition; the remaining five, advanced composition. In addition to these ten chapters, two additional chapters cover steps of composition and styles of writing. These chapters are intended to train students to choose proper topics and materials and to use diverse related expressions. They will be of particular use to advanced learners.

Each chapter has several units, and the total number of units in the book is forty. A class that meets three hours a week may be able to finish the entire book in one year. Units can also be taught selectively by the instructor in accordance with students' interests.

Chapters begin with a summary, "How to write," followed by a list of words, phrases, and idiomatic expressions related to the topic. The vocabulary should help students think of ideas relevant to the topic. Students should try to use the words and expressions in composition. Approximately forty words are introduced in each unit.

Each unit presents several grammatical patterns for students' particular attention. Three examples are usually given for each pattern. The examples may be used as they are in students' own compositions. English translations, with the approximate English equivalents of the grammatical patterns in boldface, are also provided. The units on document preparation, poetry, and summarizing do not have grammatical patterns.

The exercises are arranged in ascending order of difficulty. The first two exercises are preparatory: students engage in simple question-and-answer activities and in discussion so that they can brainstorm ideas and develop them into their own story. The next stage of exercises asks students to draft or to finish paragraphs. The final step is creative writing, in which students must compose a complete piece of writing.

기본 작문

(Essential composition)

수필 (Essays)

How to write 수필

- Although essays vary greatly, they all have the same basic structure: introduction, body, and conclusion (서론-본론-결론). The introduction raises an issue, the body elaborates it and turns it in a decisive direction, and the conclusion summarizes it (기-승-전-결).

- An essay is not limited in material or in theme.

- Writers may express their individuality and subjectivity in their essays.

차례

1.	소개	Introduction
2.	기다림	Waiting
3.	실수	Mistakes
4.	오해	Misunderstanding
5.	나의 꿈	My dream
6.	선택	Making a choice

1. 소개 (Introduction)

어휘

나라	country
국적	nationality, citizenship
~에서 태어나다	to be born in
별명	nickname
~(이)라고 부르다	to call
직업	occupation
직장	place of work
~에 다니다	to attend
고향	hometown
가족	family, members of a family
친척	relative
이민	emigration, immigration
나이	age
생년월일	birthdate
~에 취미가 있다	to be interested in
독서	reading
음악	music
미술	art
영화	movie
감상	appreciation
특기	special talent or skill
대학원	graduate school
진학	entering a school of higher grade
전공	major
~을/를 졸업하다	to graduate from
장래의 희망	wishes for the future
~을/를 포기하다	to give up
상을 타다	to win a prize
우등생	honor student
장점	strong point

단점	weak point
성격	personality
활발하다	to be lively, active
명랑하다	to be bright, cheerful
다정하다	to be warmhearted
적극적	active, outgoing
소극적	passive, low-key
체격	physique
생기다	to appear, to look, to come into being
생김새	personal appearance
파랗다	to be blue
갈색	brown
외모	outward appearance
멋있다	to be stylish
날씬하다	to be slender
첫인상	first impression
~어/아 보이다	to seem, to look

문형

~어(아/여)서

저는 서울에서 태어나서 줄곧 여기서 살았어요.
그 애는 아직 어려서 부모가 돌봐 주어야 해요.
그 우체국 직원은 맡은 일을 항상 정성 들여서 했습니다.

I was born in Seoul **and** have lived here all the time.
As he is still young, his parents need to look after him.
The post office worker always performed his assigned duties **with** all his heart.

~(으)ㄹ 줄 알다/모르다

나는 한글 컴퓨터를 칠 줄 알아요.
저는 영어와 한국어 두 나라 말을 할 줄 압니다.
운전할 줄 모르니까 불편해요.

I know **how to** use a computer with a Han'gŭl interface.
I know **how to** speak both Korean and English.
Because I don't know **how to** drive, it is inconvenient.

~는/(으)ㄴ 데다가

동생은 키가 큰데다가 멋쟁이에요.
우리 가족은 음악을 좋아하는데다가 성격이 명랑해요.
저는 언어학을 전공한데다가 외국어를 배우는 것이 취미에요.
My younger sibling is tall **and also** stylish.
Everyone in my family likes music; **in addition**, they have a cheerful disposition.
I am majoring in linguistics; **in addition**, I have an interest in learning foreign
  languages.

~기도 하다

미아는 친절하기도 하고 똑똑하기도 해요.
우리 동생은 프랑스어를 말하기도 하고 쓰기도 해.
나는 기쁘기도 하고 부끄럽기도 하였어.
Mia is kind **and also** bright.
My younger brother speaks French **and** writes it **as well**.
I felt a mixture of joy **and** bashfulness.

연습

[연습 1] 다음 질문에 대답해 보십시오.

(1) 이름과 나이, 그리고 출생지를 말해 보십시오.

(2) 어느 학교에 다닙니까? 전공은 무엇입니까?

(3) 요즘 학교 생활이 재미있습니까? 학교 생활에 대해서 말해 보십시오.

(4) 성격은 어떻습니까?

(5) 취미는 무엇입니까? 운동을 좋아하십니까? 테니스를 할 줄 아십니까?

[연습 2] 위의 대답으로 하나의 단락 (paragraph)을 써 보십시오.

[연습 3] 계속해서 다음 질문에 대답을 해 보십시오.

(6) 가족은 누구 누구가 있습니까?

(7) 부모님의 직업은 무엇이고 어떤 분들인지 소개해 보십시오.

(8) 형제들은 무엇을 합니까?

(9) 가족들의 취미 생활에 대해서 써 보십시오.

(10) 가족 모두가 가장 행복을 느끼는 시간은 언제입니까?

[연습 4] 위의 대답으로 하나의 단락을 써 보십시오.

[연습 5] 자기가 가진 탈 것, 예를 들면 자동차나 자전거, 스키, 롤러 스케이트, 이런 것들 중의 하나를 가지고 다음 빈칸을 채우십시오.

이름	
모양	
색	
처음 샀을 때	
좋은 점	

[연습 6] 소중한 사람이나 아끼는 물건 중에서 하나를 골라 소개하는 글을 써 보십시오.

모범 예문

나를 소개합니다

저는 허선희입니다. 친구들은 써니라고 부릅니다. 저는 LA에서 태어나서 18년 동안 여기서 살았습니다. 작년에 UCLA에 입학했습니다. 제 전공은 화학이어서 요즘은 실험실에서 지내는 시간이 많습니다. 성격이 활발해서 친구가 많습니다. 가족은 모두 네 명입니다. 아버지는 치과 의사이시고 하나뿐인 남동생은 고등학교에 다닙니다.

제 취미는 음악인데 피아노도 좀 칠 줄 알고 성송도 부를 줄 압니다. 우리 아버지도 음악을 좋아하십니다. 그래서 저에게 피아노를 가르쳐 주시기도 하고, 한 달에 한두 번쯤 음악회에 데리고 가시기도 합니다. 제 피아노에 맞춰 노래도 잘 부르십니다. 우리 어머니는 동생을 좋은 미술학교에 보내고 싶어하십니다. 제 남동생은 그림을 좋아하는데다가 제법 잘 그리거든요. 장래의 희망을 물어 보면 언제나 '화가'라고 큰 소리로 대답합니다.

예술을 좋아하는 우리 가족은 주말마다 음악회나 전람회에 갑니다. 그래서 다른 사람들은 화목한 우리 가족을 부러워합니다.

2. 기다림 (Waiting)

어휘

지루하다	to be boring
초조하다	to be fretful
불안하다	to be uneasy
인내심	patience, endurance
참다	to put up with
애타게	anxiously, uneasily
설레다	to palpitate, to flutter
속상하다	to be distressed
길이 어긋나다	to pass one another
희망	hope
괴로움	troubles, hardships
행복	happiness
장래	future
믿음	trust, belief
원래	originally
수 없이	countless, innumerable
습관적으로	habitually
제시간	scheduled time
순간	instant
짝사랑하다	to have a crush on someone, to love in vain (unrequited love)
갖가지	all sorts of
경험	experience
반복되다	to be repeated
기억	memory
수술실	operating room
대기실	waiting room
겨우	barely
고민하다	to agonize
줄을 서다	to stand in line

차례를 지키다	to stay in order, sequence
순서	sequence
질서	order
새치기하다	to cut in
재촉하다	to urge
서두르다	to hasten
오늘따라	today of all days
이제나 저제나 (하고 기다리다)	to look eagerly for
별이 뜨다	to appear, to come out (of stars)
사색하다	to speculate
혼내다	to give a good scolding (to)
훨씬	by far
인상을 쓰다	to scowl
손꼽아 기다리다	to look forward to, to anticipate

문형

~고서

남편은 전화를 받고서 급히 뛰어 나갔다.
그는 겨우 10분을 기다리고서 더 기다릴 수 없다고 했다.
그 학생은 제 시간에 도착하지 못하고서 여러 가지 변명을 했다.
My husband received a phone call **and then** hurried out.
After waiting barely ten minutes, he said that he couldn't wait any more.
The student could not arrive on time **and** made various excuses.

~다 못해

나는 그 사람을 기다리다 못해 그냥 돌아오고 말았어.
그 사람이 늘 약속을 안 지키니까 내가 참다 못해 한 마디 했어요.
나는 생각다 못해 철학 과목을 포기하기로 결정했어.
I **couldn't** wait for him any more, **so** I came back.

Because he kept breaking promises, I told him I was **unable to** stand him any more.
After much thought, I decided to drop the philosophy class.

~거나 ~거나

비가 오거나 눈이 오거나 그 부인은 버스 정류장에서 남편을 기다려요.
형은 여자 친구에게서 만나자는 전화가 오거나 호출이 오거나 하면 굉장히 좋아해요.
이렇게 안 오니 이제는 오거나 말거나 우리끼리 가자.

Whether it rains **or** snows, that woman always waits for her husband at the bus stop.
If my older brother gets a phone call **or** a page from his girlfriend asking him to meet her, he likes it a lot.
Because s/he's not here yet, let's just go now and not bother **whether** s/he comes **or not**.

연습

[연습 1] 우리는 늘 무엇인가를 기다리면서 삽니다. 예를 들면 다음과 같습니다.

(1) 외출하신 엄마가 돌아오시지 않아서 기다리는 일.
(2) 버스나 지하철이 오지 않아서 초조하게 기다리는 일.
(3) 대학교 합격 소식을 기다리는 일.
(4) 친구가 약속 장소에 나타나지 않아서 기다리는 일.
(5) 사랑하는 사람에게서 전화가 오지 않아서 애타게 기다리는 일.

이밖에 또 우리를 기다리게 하는 일은 어떤 것이 있을까요?
(6) _____
(7) _____
(8) _____

[연습 2] 다음은 인수와 혜란이의 전화 내용입니다. 그 다음을 이어 보십시오.

> 인수: 혜란이니? 아니! 너 아직도 집에 있으면 어떻게 하는 거야? 나하고 약속을 하고서.
> 혜란: 너야말로 약속을 하고 안 나오면 어떻게 하는 거야? 사람을 기다리게 하고서.
> 인수: 누가 할 소리를 누가 하는 거니?
> 혜란: 네가 기다렸다고? 어디서?
> 인수: _____
> 혜란: _____
> 인수: _____
> 혜란: _____

[연습 3] 다음 글을 읽고 뒷부분을 완성해 보십시오.

> 기다림은 우리에게 행복과 괴로움을 준다. 초조하게 기다리는 과정은 힘들고 괴롭지만 기대한 만큼의 결과가 나온다는 것은 얼마나 기쁜 일인가? 또 비록 기대와는 다른 결과가 나온다고 해도 그것은 인생의 값진 경험이 될 것이다. 그래서 어떤 소설가는 이런 말을 했다. "사람의 일생은 기대와 기다림 속에서 지나간다. 기대가 없으면 인생은 의미가 없고, 기다리지 못하면 그 사람은 인생의 행복을 모른다."
> 　한 번은 이런 일이 있었다. _____
> _____
> _____
> _____
> _____

[연습 4] 다음 그림을 보고 이야기를 만들어 보십시오.

> 모범 예문

기다리지 마세요

　다방에 앉아서 시계와 창 밖을 번갈아 바라보는 사람의 얼굴 표정을 본 적이 있습니까? 여러분은 친구가 10분이나 20분쯤 늦게 온다면 무엇을 하십니까? 시계의 큰바늘을 보십니까, 아니면, 인상을 쓰며 가 버릴까 말까 하고 고민하십니까?

　부자도 시계를 가질 수 없었던 시절에는 해가 지기 시작하는 시간이나 별이 뜨는 시간에 만날 약속을 했다고 합니다. 그 때 그 시절에는 아마 늦게 왔다고 화를 내는 일은 없었겠지요. 오히려 기다리는 그 시간에 조용히 사색을 하거나 주위의 아름다운 경치를 감상했을 거예요. 그런 점에서 시계가 없었던 옛날 사람들이 시계를 한두 개씩 가지고 있는 요즘의 우리보다 훨씬 여유가 있었을 것 같습니다.

　기다려야 하는 몇 십 분을 이렇게 보내 보세요. 가로수의 푸른 잎에서, 또는 지나가는 사람들의 옷에서 계절의 맛을 느껴 보세요. 높고 높던 어린 시절의 꿈도 다시 한번 생각해 보고요. 일 주일 동안 해야 할 일을 적어 보거나 들고 간 잡지를 몇 쪽 읽어 보세요. 오기로 한 사람과 할 이야기를 정리해 보는 것도 좋겠지요. 만일 그 사람이 성실하지 못 하거나, 또는 약속을 소중하게 생각하지 않아서 남을 기다리게 하는 친구라면 혼내 줄 방법을 생각해 보시고요. 아무튼 화를 내거나 초조해하지 않고 기다릴 수 있는 방법을 찾는다면 여러분은 언제나 행복한 하루를 보낼 수 있을 것입니다.

3. 실수 (Mistakes)

어휘

잘못 알다	to mistake (one's meaning), to misunderstand
잘못 생각하다	to misunderstand
못 알아보다	to fail to recognize
몰라보다	to fail to recognize, to fail to appreciate
착각하다	to misjudge
실례가 되다	to be impolite
해명하다	to clarify
변명하다	to justify oneself
용서를 빌다	to beg for forgiveness
사과하다	to apologize
본의 아니게	unwillingly
나도 모르게	without knowing
괜히	in vain, uselessly
무의식중에	unconsciously
문화	culture
풍습	customs
사고 방식	(one's) way of thinking
낯설다	to be unfamiliar
서투르다	to be clumsy
존댓말	honorific speech
반말	casual speech
처음에	at first
달라지다	to become different
당황하다	to be flustered
얼굴이 빨개지다	to blush
쩔쩔매다	to be perplexed
어쩔 줄을 모르다	not know what to do
솔직하게	frankly
천만다행이다	to be extremely fortunate
창피하다	to be ashamed
꼼꼼하다	to be meticulous
건망증이 심하다	to be forgetful

잃어버리다	to lose, to miss
잊어버리다	to forget
아이구!	Oh, my!
어머나!	Dear me!
큰일났네	We really are in trouble!
어떻게 하지?	What shall I/we do?
쥐구멍에라도 들어가고 싶다.	I'm so ashamed that I feel like hiding in a mouse hole.
망신을 당하다	to be publicly disgraced
엎질러진 물이다.	It is no use crying over spilt milk.

문형

~어(아/여) 버리다

비밀을 지키지 못하고 그냥 얘기해 버렸어요.

실례인 줄 알면서도 회의 중에 먼저 나와 버렸습니다.

건물 안에 사람이 있는데도 관리인은 불을 다 꺼 버렸다.

I could not keep the secret to myself, so I **just** let it be known.

Though I knew it was impolite, I **just** left during the middle of the meeting.

The custodian **just** turned off all the lights though there were some people in the building.

~(이)라도

큰 실수를 했으니 변명이라도 해야겠다.

다음에는 이런 잘못을 하지 않게 주의라도 줍시다.

사과 편지라도 써서 선생님의 용서를 받는 것이 좋겠다.

Because I made a big mistake, I should **at least** try to make an excuse.

Let's **at least** give him a warning so that he will not commit such an error again.

It would be good of you **at least** to write a letter (of apology) to your teacher asking for forgiveness.

~고 말다

그는 과로로 죽고 말았다.
그녀는 이 일은 꼭 끝내고 말겠다고 다짐했다.
슬픈 영화를 보다가 관객들은 끝내 울고 말았다.
He **ended up** dying as a result of overwork.
She made up her mind that she would finish the work **completely**.
The audience, watching the sad film, at last **began to** cry.

~(으)니

그 말을 들으니 무척 기쁘다.
봄비가 넉넉히 왔으니 올해는 농사가 잘 되겠지.
내가 공항터미날에 도착하니, 그 여자가 이미 그곳에 있더라.
I am so **glad to** hear that.
Now that we have (had) enough spring rain, farming will go well this year.
When I arrived at the airport terminal, she was there.

연습

[연습 1] 지금까지 한 실수를 적어 보십시오.

　(1) 자동차 열쇠를 차 안에 두고 문을 잠가 버린 일이 있다.

　(2) _____

　(3) _____

　(4) _____

　(5) _____

[연습 2] 위의 것 중 하나를 골라서 왜 그런 실수를 했는지, 그래서 어떻게 했는지를 써 보십시오.

[연습 3] 실수를 하고 나면 부끄러워지지요? 쥐구멍이라도 찾고 싶어지지요? 그러나 실수를 했기 때문에 오히려 뜻하지 않은 좋은 결과가 나올 수도 있지 않습니까? 이러한 주제로 글을 써 보십시오.

_____
_____
_____
_____
_____
_____

　　사람은 실수 없이는 성공하지 못한다. 실수는 추억이 될 뿐만 아니라 성장의 씨앗이다. 사람은 실수의 씨앗으로 성공의 꽃을 피운다.

[연습 4] 우리는 실수를 하고 남에게서 용서를 받기도 하지만 남의 실수를 너그럽게 이해하고 용서해 준 경험도 있습니다. 그런 이야기를 써 보십시오.

_____
_____
_____
_____
_____
_____
_____
_____
_____
_____

3. 실수

모범 예문

한국어 발음이 나빠서

지난 해 여름 나는 처음으로 한국을 방문했다. 대학에서 몇 학기동안 한국어 강의를 들었기 때문에 한국에 가 보고 싶은 마음이 들었고, 또 내가 알고 있는 한국을 내 눈으로 확인해 보고 싶었다. 그렇지만 무엇보다도 내가 한국을 방문하고 싶었던 이유는 내 한국어 실력으로 한국 여행을 해 보겠다는 욕심 때문이었다. 그런데 교실에서 그렇게도 자신이 있었던 내 한국어 실력은 단 한마디의 실수로 그만 산산조각이 나 버렸다.

한국에 도착하니 나는 우선 몇 가지 필요한 물건이 있었다. 나는 여관 앞에 있는 가게로 갔다. 가게는 작았지만 여러 가지가 쌓여 있어서 주인이 아니고서는 물건을 찾을 수가 없었다. 나는 한국말로 치약 하나를 달라고 했다. 나이가 50 쯤 되어 보이는 아주머니는 눈을 크게 뜨고, "쥐약요? 쥐가 있어요?" 라고 물으면서 나를 자세히 보았다. "쥐약은 없는데요. 그런 것은 약국에 가 보세요." 라고 했다. 아주머니는 나를 아주 이상하게 보는 것 같았다. "쥐가 있으면 여관 주인에게 말하지..." 그 때서야 나는 내 발음이 정확하지 않았다는 것을 알았다.

그래, 선생님이 나보고 /ㅈ/과 /ㅊ/을 구별하지 못한다고 하셨지. 모음도 정확하지 않고. 그 아주머니는 내가 쥐약 먹고 자살이라도 할 사람이 아닌가 하고 나를 자세히 보셨던 모양이다. 그 이상해 하던 모습을 생각하면 지금도 부끄럽다. 그 때 나는 변명이라도 했어야 했지만 아무 말도 못했다. 그러나 나는 그 이후 쥐약과 치약, /ㅈ/과 /ㅊ/을 한국 사람처럼 정확하게 말 할 수 있게 되었다.

4. 오해 (Misunderstanding)

어휘

오해를 사다	to cause misunderstanding
오해를 풀다	to clear up
오해를 받다	to be misunderstood
말을 걸다	to speak to
멀리하다	to keep at a distance
가까이 하다	to come in contact with
화내다	to lose one's temper
피하다	to avoid
믿다	to believe, to trust
전달하다	to transmit, to convey
밝히다	to make clear
해결되다	to be resolved
화제	topic of conversation
편견	bias
벽	wall
뜬소문	(groundless) rumor
헛소문	(idle) gossip
견디다	to endure
판단하다	to judge
반성하다	to reflect
반면	the other side
관심을 갖다	to take an interest in
안타깝다	to feel helpless
의외로	unexpectedly
잃다	to lose
깨닫다	to realize
소용없다	to be useless
충고	advice
받아들이다	to accept
거북하다	to be awkward
부주의	carelessness

4. 오해

변명	excuse
침착하다	to be composed
냉정하다	to be calm
억울하다	to suffer unfairness
하늘의 별따기.	It is beyond my ability.
아니 땐 굴뚝에 연기 나랴.	Where there's smoke, there's fire.
담을 쌓다	to build a wall
의심할 여지가 없다	to leave no room for doubt

문형

~(으)ㄹ 뻔하다

우리는 헛소문을 그대로 믿을 뻔했어.
말이 서툴러서 오해를 받을 뻔했습니다.
사과할 수 있는 기회를 놓칠 뻔했어요.

We **almost** believed the false rumor.
I **could** have been misunderstood because of my poor language skills.
I **almost** missed the opportunity to apologize.

~는/(으)ㄴ 척하다

나는 그냥 그의 말을 이해하는 척했다.
잘난 척하면 남에게 미움을 받기 쉽다.
친구는 내 사과를 듣는 척했지만 아직도 화가 안 풀린 모양입니다.

I just **pretended** to understand what he said.
People won't like you if you **act** arrogantly.
My friend **acted as if** he accepted my apology, but he still seems angry.

~도록 하다

할머니께는 그 소식은 당분간 말씀드리지 않도록 해야 한다.
목욕물이 식지 않도록 해라.
술을 마시더라도 취하지 않도록 해야 한다.

We **must** not tell Grandma the news for the time being.
Be sure to keep the bath hot.
See that you do not get drunk.

연습

[연습 1] 다음 질문에 대답해 보십시오.

(1) 다른 사람을 오해한 적이 있습니까?
(2) 왜 오해를 했습니까?
(3) 어떻게 그 오해가 풀렸습니까?
(4) 그 후에 그 사람과는 어떤 사이가 되었습니까?
(5) 다른 사람으로부터 오해를 받은 일은 없습니까?
(6) 오해를 받는다는 것을 알았을 때 기분이 어땠습니까?
(7) 오해받고 있다는 것을 모르는 척하지는 않았습니까?
(8) 그 오해를 풀기 위해서 어떤 노력을 했습니까?

[연습 2] 위의 질문 내용을 가지고 하나의 이야기를 써 보십시오.

[연습 3] 다음 대화를 읽고, 문화적인 차이 때문에 생기는 오해를 주제로 하여 글을 써 보십시오.

루이스: 지난 주말 선희 생일 파티는 어땠어? 시험만 안 봤으면 나도 가고 싶었는데. . . .
낸 시: 응, 아주 재미있었어. 가족들도 친절하고.
루이스: 한국 사람들은 매우 정이 많다면서?
낸 시: 그래, 그렇기는 한데 선희 부모님과 할머니는 나한테 질문을 많이 하시더라. 몇 살이니? 부모님은 뭘 하시니? 형제는 몇이니? 언니는 결혼을 했니?
루이스: 아니, 처음 만난 사람에게 그런 걸 물어 보았단 말야?
낸 시: 나도 처음에는 당황해서 화를 낼 뻔했어. 그런데 그것은 한국 사람들이 처음 만난 사람에게 호감을 표시하는 가벼운 질문이래.
루이스: 그래? 그것 참 오해하기 쉽겠구나.

4. 오해

[연습 4] 한국에는 버스나 지하철에서, 앉아 있는 사람이 서 있는 사람의 가방이나 짐을 받아 주는 풍속이 있습니다. 다음 그림에서 서양인은 어떤 오해를 했을까요? 이야기를 써 보십시오.

모범 예문

오해를 이해로

　사람들은 모이면 여러 가지 이야기로 꽃을 피웁니다. 이야기의 내용은 대개 애인이나 친구에 대한 이야기지요. 서로가 더 많이 알고 있는 척하지요. 누구는 어떻고, 누구는 어떻고 하는 남의 이야기가 계속 이어집니다. 사람들은 남의 이야기를 하는 것처럼 재미있는 일이 또 어디 있느냐고 할 정도로 남의 이야기하기를 좋아합니다. 물론 칭찬보다는 비판을 하거나 흉을 보는 것이 대부분입니다.
　어떤 때는 한 번도 본 적도 만난 적도 없는 사람에 대해서 편견을 가지고 이야기를 합니다. 그런 일을 당하는 사람은 얼마나 억울하겠습니까? 그러나 우연히 그 사람과 대화를 해 보고 그 사람이 뜻밖에 좋은 사람이란 것을 알게 되면 그 때서야 자기가 오해를 하고 있었다는 것을 알게 되지요. 이 헛소문을 언제까지 그대로 믿을 뻔했구나 하겠지요. 이렇게 대화를 나눌 기회가 생긴다면 다행이지만 만약 영영 그런 기회가 안 생긴다면 참으로 안타까운 일이겠지요.
　남을 오해하지 않도록 노력해야겠지만, 무엇보다도 나를 남에게 이해시키는 일을 게을리 하지 말아야겠습니다. 기분에 따라 남을 대하지 말고, 말과 행동을 분명하게 해서 남에게 좋은 인상을 주도록 해야 하겠습니다.

5. 나의 꿈 (My dream)

어휘

목표	purpose
실현하다	to come true
꼭	certainly, surely
도전하다	to challenge
실패하다	to fail
얻다	to get, to obtain
미래	future
이상	ideal
성공	success
현실	reality
의지가 있다	to have the will (to)
기대하다	to expect, to anticipate
변하다	to change
~가 필요하다	to be necessary
명예	honor, prestige
능력	capability
가능성	possibility
신비	mystery
동심	child's mind [heart]
젊음	youthfulness
일생	lifetime
이루다	to accomplish
소원	wish
가치가 있다	to be valuable
희생하다	to sacrifice
땀 흘리다	to sweat
중요하다	to be important
자유롭다	to be free
만족하다	to be satisfied
사명감	sense of duty
과정	process

외교관	diplomat
통역	interpretation
전문가	specialist, expert
영향을 주다	to affect
~처럼	like
경쟁	competition
~을/를 꿈꾸다	to dream
꿈을 깨다	to stop dreaming
꿈도 꾸지 말다	not even to dream
젊어 고생은 돈 주고도 못 산다.	You must undergo hardships when you are young.

문형

~(으)려면 ~어(아/여)야 하다

항상 젊게 살려면 꿈을 가져야 한다.
꿈을 이루려면 많은 노력을 해야 합니다.
훌륭한 학자가 되려면 학문에 대한 애정이 있어야 합니다.
If you **want to** stay young at heart, you **need to** hold onto your dreams.
If you **want to** fulfill your dreams, you **need to** work hard.
If you **want to** become a great scholar, you **need to** have a love for learning.

~어(아/여) 가지고

계획을 잘 짜 가지고 실행에 옮깁시다.
이제는 나이를 먹어 가지고 현실만을 생각하게 된다.
동생은 어렸을 때부터 상상력이 많아 가지고 주위 사람을 놀라게 했다.
Let's plan it well **and then** put it into action.
Beacuse of my greater age, I (now) tend to think about life more realistically.
Since his/her childhood my younger brother/sister has surprised others **by** his/her rich imagination.

~(어(아/여)) 보나마나

먹어 보나마나 맛이 나쁠 것이다.

보나마나 나쁜 짓을 하고 있었겠지.
보나마나 그 시도는 실패할 것이 뻔하다.
Whether you try it **or not**, I have no doubt that it will taste bad.
You have been up to no good, **I am sure**.
The attempt is **undoubtedly** doomed to failure.

~(에) 못지 않게

우리도 남 못지 않게 살고 있다.
이 물건은 외제에 못지 않게 좋다.
이것은 다른 것에 못지 않게 매우 중요하다.
We make a decent living **like** other people.
This article is **as** good **as** a foreign-made one.
This is **no less** important than any other matter.

연습

[연습 1] 다음 질문을 가지고 하나의 단락이 되게 글을 써 보십시오.
  (1) 어렸을 때 무엇이 되고 싶었습니까?
  (2) 왜 그런 꿈을 가지게 되었습니까?

[연습 2] 다음 질문을 가지고 또 다른 단락이 되게 글을 써 보세요.
  (1) 지금도 어렸을 때와 같은 꿈을 가지고 있습니까? 그렇지 않으면, 혹시 꿈이 바뀌었습니까?
  (2) 그 꿈을 이루려면 지금 어떤 노력을 해야 합니까?

[연습 3] 사람의 성격이나 능력, 그리고 환경은 꿈을 실현하는 데 도움이 되기도 하고 장애가 되기도 합니다. 자기의 경우는 어떤지 써 보십시오. 자기의 내적인 조건은 꿈을 이루는 데 도움이 됩니까? 가정 환경이나 경제적인 면은 어떻습니까?

[연습 4] 여러분의 부모님이나 주변 사람 중에는 이루지 못한 꿈을 안고 살아가는 사람이 있을 것입니다. 만일 여러분에게 초인적인 힘이 생겨 가지고 하루 동안 무엇이든지 마음대로 할 수 있게 된다면, 여러분은 누구의 꿈이, 어떻게 이루어질 수 있도록 도와주겠습니까?

> 모범 예문

요리하는 치과 의사

　내가 어렸을 때는 커서 무엇이 되겠느냐고 묻는 사람이 많았다. 그러나 내가 치과 대학에 입학한 후에는 아무도 나에게 그런 질문을 하는 사람은 없다. 물어 보나마나 당연히 치과 의사가 될 테니까. 물론 나는 훌륭한 의사가 되기 위해서 열심히 공부하고 있다.

　하지만 나에게는 치과 의사가 되는 것 외에 또 다른 꿈이 있다. 그것은 치과 의사와는 전혀 관계가 없는 일이어서 여러분들도 놀랄 것이다. 나는 맛있는 요리를 만들어 가지고 많은 사람을 즐겁게 해 주고 싶다. 사실 나는 학교 공부를 하는 틈틈이 요리 공부를 하고 있다. 취미로 시작한 요리 공부가 이제는 어느 일류 요리사 못지 않게 되었다. 학교에서 의사 공부하느라, 실습하느라 쌓인 피로를 확 풀어주는 것은 요리하는 일 뿐이다. 나는 요리하는 치과 의사가 되고 말 것이다.

　졸업 후 병원에 취직을 하면, 5년 동안 월급을 모아서 분위기 좋은 식당을 차릴 것이다. 주중에는 병원 근무를 하고 주말에는 그 식당의 주방장이 되어 맛있는 요리를 만들 것이다. 식당을 찾는 손님들은 포도주를 마시며 내 요리를 즐길 것이다. 그렇게 해서 돈을 많이 벌면 그 다음에 또 할 일이 하나 있다. 맛있는 요리를 해 가지고 근처 고아원과 양로원을 찾아가서 불쌍한 이웃들에게 내 음식을 맛보이는 일이다. 이것이 꼭 내가 이루고 싶은 나의 꿈이다. 이 꿈을 이루려면 한 순간도 놓치지 말고 열심히 살아야 한다.

6. 선택 (Making a choice)

어휘

신랑감	groom-to-be
신붓감	bride-to-be
미혼	unmarried, single
기혼	married
연애	love
중매	matchmaking
약혼	engagement
이혼	divorce
선을 보다	to go on a blind date (usually arranged by one's parents for the purpose of finding someone to marry)
외모	outward appearance
생김새	appearance
마음에 들다	to be to one's liking, to suit
성품	disposition
사람 됨됨이	character (of a person)
가정 환경	family background
시부모	husband's parents
장인	wife's father
장모	wife's mother
맏아들	first [eldest] son
막내딸	youngest daughter
이상에 맞다	to meet one's ideal
장래성	prospect
경제력이 있다	to have financial stability, to be prosperous
노총각	old bachelor
동거	living together, cohabitation
독신주의자	single by choice
대기업	large company
중소기업	small or medium-sized company
연구소	research institute
제약회사	pharmaceutical company

해외	overseas
근무	service
파견	dispatch
기술제휴	technological cooperation, technical merger
봉급	salary
연봉	annual salary
대우	treatment
상여금	bonus
연금	annuity
직위	position
사원	employee (of a company)
과장	department head
지사장	head of a branch office
계약	contract
평생 직장	lifelong job
적성에 맞다	to have an aptitude for
직장 동료	colleague

문형

~곤 하다 (contraction of ~고는 하다)

우리는 출근길에서 눈이 마주치곤 했어.
보통 지하철을 타지만 가끔 친구의 차로 오곤 합니다.
이 시계가 요즘에는 가끔 늦곤 합니다.
We **used to** see each other on the way to work.
Usually I take the subway, but occasionally I **have been coming** in my friend's car.
Lately this watch **has tended** to be a little slow.

~는 바람에

백화점에서 세일을 하는 바람에 돈을 많이 썼어요.
그 사람이 자꾸 귀찮게 하는 바람에 할 수 없이 만나 주었어요.
나에게 뚱뚱해졌다고 하는 바람에 화가 났어
Because of the sale at the department store, I spent a lot of money.

That person kept pestering to meet, **so** I finally just met up with him.
When he told me I had gotten fatter, I was angry.

~는/(으)ㄴ/(으)ㄹ 듯하다

비가 올 듯하다.
그는 상당히 훌륭한 사람인 듯하다.
그는 아픈 듯하다.
It **looks like** rain.
He **seems to** be quite a great man.
He **seems to** be ill.

~는지/(으)ㄹ지/(으)ㄹ는지

빈집에서 화재가 어떻게 해서 발생했는지 모두들 의아해했다.
언제쯤 완쾌될는지 의아해 하던 환자는 의사에게 직접 물었다.
Everyone **wondered** how the fire had broken out in an empty house.
The patient, **wondering** when he would be completely recovered, asked the doctor directly about it.

연습

[연습 1] 다음 질문에 대답해 보세요.

(1) 물건을 살 때 혼자 결정해서 삽니까? 아니면 가까운 사람과 의논해서 삽니까?
(2) 선택을 쉽게 하는 편입니까? 아니면 선택하는 데 시간이 오래 걸리는 편입니까?
(3) 친구는 많습니까? 아무나 잘 사귀곤 합니까?
(4) 왜 이 강의를 선택했습니까?
(5) 대학을 졸업한 후에는 무엇을 하시겠습니까?

[연습 2] 졸업을 앞둔 이철수는 요즘 직장을 구하느라고 분주합니다. 직장 설명회에 가서 들어보기도 하고 선배들을 통해서 알아보기도 했습니다. 여러

곳 중에서 다음 세 곳이 마음에 드는데 어떤 곳을 택하는 것이 좋을 지 고민입니다. 여러분, 이철수를 좀 도와주시지 않겠습니까? 어디를 택하는 것이 좋은지, 그리고 그 이유는 무엇인지 써 보십시오.

회사 종류	대기업	중소기업	해외 건설 업체
보수	보통	좋음	아주 좋음
근무 조건	1년마다 계약	3년마다 계약	공사가 끝나는 5년간만 근무
장래성	평생 직장	평생 직장	경험을 쌓고 전직
적성	잘 맞음	전공과 맞지 않음	해외 여행이 소원이므로 맞음

[연습 3] 인생에는 여러 개의 길이 있습니다. 마치 우리가 디즈니랜드 같은 어린이 놀이터에서 놀이 기구를 택하는 것과 같습니다. 바이킹이나 기차 같은 것이 속도를 내는 바람에 우리는 정열과 모험을 맛보고 즐거움과 무서움, 때로는 위험까지도 느낍니다. 그리고 이런 것들은 나중에 더할 수 없는 성공의 기쁨이나 실패의 슬픔을 안겨 줍니다. 그러나 처음부터 끝까지 편안하고 조용하게 탈 수 있는 시이 소오 같은 놀이 기구는 큰 감정의 변화 없이 우리를 가족의 품에 평화롭게 있게 해 줍니다. 이 두 경우에 여러분은 어떤 놀이 기구를 택하시겠습니까? 어떤 인생 길을 택하시겠습니까?

[연습 4] 연습 3의 경우에, 만일 여러분이 택하지 않은 또 다른 길로 들어서게 되었다면 여러분의 인생은 어떻게 될지 상상해서 써 보십시오.

> 모범 예문

나의 꿈은 이렇게 시작되었다

  많은 사람들은 심리학을 전공한 내가 어떻게 방송사에 지원하게 됐고 뉴스 진행자가 됐는지 의아해 하는 경우가 많다. 대학 시절 나는 한번도 방송에 관심을 가져 본 적이 없다. 방송반 같은 활동도 해 본 적이 없다. 그러던 중, 대학 3학년 때부터 영어 공부를 하느라고 AFKN을 통해 나오는 미국 뉴스 프로그램을 열심히 보았다. 미국 연수 갔을 때 직접 현지의 뉴스를 모니터하면서 우리 나라에서는 볼 수 없는 여성 앵커들에게 많은 관심을 가지게 되었다. 무엇보다도 그들의 당당하고도 자신에 찬 태도가 나를 끌곤 하였다. 저 당당함이 어디에서 나오는 것인지 알고 싶었다. 세계의 움직임과 함께하는 듯한 그들의 모습은 매력있었다. 그들은 설익거나 어설프지 않았다. 젊고 아름답기보다는 여유있고 우아하며 지적인 무게를 지닌 분위기였다.

  "공부를 계속하다가 40대쯤 저런 일을 할 수 있을까?" 앵커에 대한 나의 꿈은 이렇게 시작되었다.

—이하 생략

백지연, 『9시 뉴스 백지연입니다』 중에서

일기 (Diaries)

How to write 일기

- Write about the most memorable occurrences of the day.

- Choose a certain topic or theme for the day and write about it in detail.

- Describe your feelings and thoughts as well as giving factual information.

- Record the date and the weather to situate each entry more firmly in time.

- Kinds of diaries include accounts of observations, what you are reading, letters written, pictures, and business diaries.

- In a diary, the past tense is usually used.

차 례

7. 어느 날의 일기	A particular day's diary
8. 나의 아르바이트	My part-time job
9. 시험 보는 날	An exam day
10. 우울한 날	A gloomy day
11. 만남과 헤어짐	Meeting and parting

7. 어느 날의 일기
(A particular day's diary)

어휘

맑음	clear (weather)
흐림	cloudy (weather)
눈	snow
비	rain
바람	wind
진눈깨비	sleet
소나기	(sudden) shower, cloudburst
안개가 짙다/엷다	to be dense/to be light (of fog)
몸이 가볍다	to be light (in one's body)
마음이 무겁다	to feel heavy (in one's mind)
자명종	alarm clock
늦잠을 자다	to oversleep
잠이 깨다	to be awakened
깨워주다	to wake (someone) up
잠이 들다	to fall asleep
지각	tardiness, lateness
결석	absence
출석	attendance
버스 정류장	bus stop
지하철 역	subway station
허둥지둥하다	to become flustered
~에게서 꾸지람을 듣다	to be scolded
~에게서 칭찬 받다	to be praised
학기말시험	final examination
학점	credit (academic)
성적	grade, mark
도서 대출	lending books out
책을 반납하다	to return a borrowed book
급하다	to be urgent

동아리	organization (academic or social)
모임	(social) meeting, get-together
학생회	students' association
활동하다	to lead an active life
외롭다	to be lonely
귀찮다	to be annoying
상쾌하다	to be refreshed
우울하다	to be gloomy
병이 나다	to become ill
무척	very much
뜻밖에	unexpectedly

문형

~던

아침에 흐리던 날씨가 오후가 되면서 개이기 시작했다.
고등학교 때 친하게 지내던 친구한테서 편지가 왔습니다.
밝은 달빛에 끌려서 보던 책을 덮어놓고 밖으로 나왔다.

The weather that I **saw** was cloudy in the morning and began to clear up in the afternoon.
I received a letter from a friend I **used to** be close to in high school.
The bright moonlight lured me outside, making me close the book I **was reading.**

~었(았/였)던

아까 도서관에서 만났던 여학생의 얼굴이 자꾸만 떠오른다.
작은 일로 화를 냈던 내 자신이 부끄럽습니다.
식당에서 음식을 나르는 일은 생각했던 것보다 힘들었다.

The face of the girl I (**had**) met in the library a while ago keeps popping up in my mind.
I am ashamed of **having** gotten angry at something so insignificant.
Waiting tables in a restaurant was harder than I **had** thought.

7. 어느 날의 일기

~(으)니까

네가 그렇게 말하니까 이제 기억이 난다.

그 아이는 개를 무서워하니까 검둥이를 보자 도망가 버렸다.

서로가 좋아하니까, 그들은 결혼하기로 맹세하였다.

Now that you say so, I think I can remember it.

Being afraid of dogs, he ran away at the sight of Blackie.

Being in love with each other, they vowed to marry.

~더니/었(았/였)더니

할 말을 다 하고 났더니 가슴이 후련하다.

몸이 피곤하여 좀 쉬고 났더니 거뜬하다.

어제는 덥더니 오늘은 춥다.

Now that I have had my say, I feel much relieved.

I was tired, but **since I've** had the nice rest, I feel much better.

I felt it was warm yesterday, **but** it's cold today.

연습

[연습 1] 다음 질문에 대답해 보십시오.

(1) 어제 아침에 몇 시에 일어났고 기분은 어떠했습니까? 날씨는 어땠나요?

(2) 어제 있었던 일 중에서 제일 재미있었던 일은 어떤 것입니까?

(3) 화가 나는 일도 있었습니까?

(4) 어제 누구를 만났습니까? 어제 만났던 사람과 무엇을 했습니까?

(5) 학교에서는 무슨 수업이 있었습니까? 무엇을 배웠나요?

(6) 학교에서 집으로 바로 돌아왔습니까? 어디에 들르지는 않았나요?

(7) 집에 돌아와서는 무엇을 했습니까?

[연습 2] 위의 대답 중심으로 어제의 일기를 써 보십시오.

[연습 3] 다음은 릭이 어느 휴일의 생활을 시간 순서로 메모한 것입니다. 빈 칸을 채우고 이것을 이용하여 릭의 일기를 써 보십시오.

시간	한 일
오전 10:30	아침 식사
11:30	존과의 약속
오후 12:30	소개팅 - 존의 소개로 메리를 만나다
3:00	셋이서 야구 구경을 가다

[연습 4] 다음 일기를 읽고 빈칸을 채워 보십시오.

> **2002년 4월 3일 (수요일) 맑음**
>
> 　오늘은 부활절 연휴가 끝나고 학교가 시작되는 날이다. 며칠 전부터 흐리던 날씨가 어제부터 개이기 시작해서 오늘 아침은 아주 맑았다.
>
> 　아침에 일찍 일어나서 학교에 가야 한다는 것이 부담스러웠다. 봄날의 맑고 상쾌한 공기를 마시니까 우울한 기분이 없어지는 것 같았다. 한국어 수업에 들어가니 반가운 얼굴들이 보였다. 친구들은 휴일을 잘 보냈는지 활기에 찬 모습이었다.
>
> 　한국어 수업을 처음 시작할 때는 ＿＿＿＿＿＿＿＿＿＿
> ＿＿＿＿＿＿＿＿＿＿＿＿＿＿＿＿＿＿＿＿＿＿＿＿＿＿
> ＿＿＿＿＿＿＿＿＿＿＿＿＿＿＿＿＿＿＿＿＿＿＿＿＿＿
> ＿＿＿＿＿＿＿＿＿＿＿＿＿＿＿＿＿＿＿＿＿＿＿＿＿＿

[연습 5] 여러분은 어떻게 살다가 어떻게 죽고 싶습니까? 또 여러분의 가족과 친척, 친구들에게 어떤 사람으로 기억되고 싶습니까? 여러분의 장례식 광경을 상상해 보십시오. 여러분의 장례식에 참석한 친구가 되어서 그 날의 일기를 써 보십시오.

모범 예문

생일

2002년 6월 11일 (화요일) 맑음

　나는 오늘 생일을 뜻밖에도 너무 재미있게 보냈다. 역시 내 친구들은 장난꾸러기라는 것을 다시 한번 확인하게 해 주는 하루였었다.
　친구들은 내가 21살이니까 스물은 빼고 한 살짜리 생일을 차려 주자고 의논이 된 모양이다. 키티와 존과 인호는 내 방의 창문과 벽을 사탕과 초콜릿, 그리고 여러 가지 과자로 장식하였다. 그것을 보니 어렸을 때 읽던 동화가 생각났다. 방안 곳곳에는 색색이 풍선을 불어서 매달아 놓았다. 친구들은 나에게 반짝이는 종이로 만든 고깔모자를 씌웠다. 그리고는 자기들이 가지고 온 선물을 하나씩 나에게 주면서 무엇인지 알아 맞혀 보라고 하였다.
　키티의 선물은 종이에 싼 것이었는데 만져 보니까 긴 나무 젓가락에 둥근 것이 달린 것이었다. 나는 그것이 지우개인 줄 알았는데 나중에 알고 보니 아기들이 빨아먹는 사탕이었다. 존의 선물은 노란 리본이 달려 있었다. 리본을 풀어 보았더니 한 살짜리 아기의 운동화가 나왔다. 손가락 세 개가 겨우 들어갈 정도의 운동화. 나는 그것을 두 손에 끼고 걷는 흉내를 내 보였다. 인호가 준 종이 상자는 아주 가벼웠다. 흔들어 보니 뭔가 작은 것들이 서로 부딪히는 소리가 났다. "장난감인가?" 하는 생각으로 풀어 보니 그것은 모빌(mobile)이었다. 가운데 추를 잡아 당기니까 유쾌한 음악이 흘러 나왔다.
　선물을 다 받고 보니 그것들은 모두 한 살짜리 아기에게 맞는 것이어서 내 모습과 내 방 분위기에 잘 어울렸다. 우리는 서로 쳐다보고 얼마나 웃었는지 모른다.

데이빗 마틴 (미국)

8. 나의 아르바이트 (My part-time job)

어휘

경제적	economical
독립심	independent spirit
성인	adult
학비	school expenses, tuition
장학금	scholarship
생활비	living expenses, cost of living
하숙비	boardinghouse rate
경험	experience
얻는 것	gain
잃는 것	loss
임시직	temporary position
비교하다	to compare
대가	price, cost
보수	remuneration
주급	weekly pay
월급	monthly salary
지갑	wallet
시간당	per hour
일당	daily pay
인상하다	to raise
광고	advertisement
안내판	[bulletin] board
조건	(working) conditions [terms]
교대하다	to take turns at (a job)
통장	bankbook
예금	saving
저금	savings
(일 년) 내내	throughout (the year)
못지 않게	just as good as
(먼지) 투성이	covered with (dust)
신세를 지다	to be indebted to
얼룩지다	to become stained or smudged

신나다	to be excited
학생답다	to be like a student
눈치를 보다	to try to read someone's mind
일석이조	killing two birds with one stone
꿩 먹고 알 먹고.	Eating both the pheasant and its eggs. (Having your cake and eating it, too.)
서당 개 삼 년이면 풍월을 읊는다.	A saint's maid quotes Latin. (You are influenced by your environment.)
주객이 전도되다	putting the cart before the horse

문형

~다 보니

매일 재즈 카페에서 일을 하다 보니 재즈에 일가견이 생겼다.

사람들을 만나다 보니 인생 경험을 많이 하게 된다.

아르바이트를 두 개나 하다 보니 성적이 떨어졌다.

While working every day in a jazz cafe, I have developed my own opinions about jazz.

Through meeting many different people, I get to experience a lot of different things.

Because I have two part-time jobs, my grades have gotten worse.

~어(아/여)도

아르바이트를 해도 항상 돈이 모자랍니다.

힘이 들어도 대우를 잘 해 주는 직장에서 일하고 싶어요.

전화가 있어도 전화할 시간이 없습니다.

Even with a part-time job, I'm always short of money.

Even if it is more tiring, I want to work at a place where they treat their employees well.

Even though I have a phone, I don't have time to use it.

8. 나의 아르바이트

~(으)ㄹ세라 (=(으)ㄹ까봐)

이웃 일본에 뒤질세라 한국도 월드컵 준비에 최선을 다하고 있다.
혹시 약속 시간에 늦을세라 서둘러 출발했다.
행여 기차를 놓칠세라 서울역을 향해 뛰어갔다.
Korea is doing its best **not to** be behind Japan in preparing for the World Cup.
I left home in a hurry (so as) **not to** be late for the appointment.
I ran toward Seoul Station (so as) **not to** miss the train.

연습

[연습 1] 다음 질문에 대답하십시오.

(1) 아르바이트를 하고 있습니까? 왜 합니까? 하지 않는다면 왜 하지 않습니까?
(2) 아르바이트를 구할 때 어떤 조건을 가장 중요하게 생각합니까?
(3) 아르바이트 때문에 학교 수업 준비를 제대로 못하지는 않았나요? 경험을 이야기해 보십시오.
(4) 아르바이트를 해도 돈이 모자랄 경우에는 어떻게 합니까?

[연습 2] 다음은 아르바이트 학생을 구하는 광고입니다. 광고를 보고 아르바이트 일을 했다고 상상하여 일기를 써 보십시오.

```
         아르바이트 학생 모집

   대 상: 대학생이거나 대학 휴학 중인 사람
   할 일: 식당에서 음식을 나르고 설거지하기
   시 간: 평일 하루에 두 시간씩
   보 수: 주급 100달러/시간당 10달러
   연락처: 011-615-3657
```

[연습 3] 아르바이트에 관한 일기를 더 써 보십시오. 주급을 받던 날의 기분을 일기로 쓸 수도 있고, 아르바이트 때문에 방학을 제대로 못 보냈으면 "아르바이트로 얼룩진 방학"이라는 제목으로 쓸 수도 있을 것입니다.

[연습 4] 다음은 아르바이트를 하고 있는 윌리의 모습입니다. 윌리의 오늘 일기를 써 보십시오.

8. 나의 아르바이트

[모범 예문]

운 좋은 날

2002년 10월 1일 화요일 흐림

　비록 날씨는 흐렸지만 내 마음은 활짝 개인 하루였다. 어제까지 그렇게도 구하기 어렵던 아르바이트 자리가 생겼으니 말이다. 웨이터나 판매원 따위는 힘들지 않게 구할 수 있었다. 그러나 좀 다른 일을 하고 싶어서 교내 게시판을 기웃거렸지만 마음에 쏙 드는 일자리가 없었다. 여기저기 아르바이트 자리를 구하러 다니다 보니 다른 일도 손에 잡히지 않았다. 그런데 오늘 아침 교내 복사실에서 아르바이트 학생을 구한다는 광고가 눈에 띄었다. 나는 행여나 그 자리를 놓칠세라 서둘러서 복사실로 뛰어갔다.
　복사실 주인 아저씨가 친절한 사람이라는 것은 다 아는 사실이다. 그러나 8년 전에 한국에서 이민 온 사람이라는 사실은 나 외에는 아무도 모르고 있다. 아저씨는 미국에서 살다 보니 영어가 많이 늘긴 늘었지만 아직도 학생들과 의사 소통이 잘 안 될 때가 있다며, 기꺼이 나를 채용하셨다. 나의 한국말이 유창하지는 못해도 아저씨를 도울 수 있다고 생각하셨나 보다. 물론 성실성이 엿보이는 나의 이 외모가 한 몫을 했을 것이고.
　근무 시간이 정해져 있지는 않고 하루에 세 시간씩만 일하면 된다. 복사실에는 나 이외에도 아르바이트생이 두 명이나 더 있지만 일이 많아서 늘 바쁘다. 특히 학기초와 시험 때에는 일이 밀려서 쩔쩔맨다고 한다. 시험 때 일이 지금부터 걱정된다.
　그러나 돈을 벌면서, 살아있는 한국말을 매일 배우고 연습할 수 있으니, 그야말로 일석이조가 아닐 수 없다. 이것이 바로, 꿩 먹고 알 먹는 것이다.

9. 시험 보는 날 (An exam day)

어휘

학기	(school) term, session, semester
중간 시험	midterm examination
시험 준비	exam preparation
하루종일	all day long
스트레스가 쌓이다	to build up (stress)
스트레스를 풀다	to get rid of stress
밤을 꼬박 새다	to stay up the whole night, to do an all-nighter
졸다	to doze off
깜빡 잠이 들다	to fall asleep suddenly, to drop off
수면 부족	sleep deprivation
벼락치기	last-minute cramming
당일치기	last-minute preparation
평소에	on ordinary days
게으름을 피우다	to be lazy
~을/를 미루다	to procrastinate, to put off
후회하다	to regret
답안지	a page or booklet to write answers on
문제지, 시험지	paper on which the questions for an examination are written
쪽지	slip of paper
힐긋힐긋	glancing back and forth
예상 문제	sample questions
감독	supervision
부정 행위	cheating
커닝을 하다	to cheat
시험을 망치다	to mess up on an examination
성적표	record card, transcript
점수	score
백점	100 percent
빵점	zero
진급	promotion (to the next grade)

9. 시험 보는 날

낙제	failure (in an examination)
평균	average (mark, grade)
장학생	scholarship recipient
시원하다	to feel relieved
해방감	feeling of liberation
실컷	to one's heart's content
보고서를 제출하다 (내다)	to send in a report
발등에 불이 떨어지다	to be in a rush
날아갈 것 같다	to feel relieved
뒤로 자빠져도 코가 깨진다	to be extremely unlucky [unfortunate]

문형

~었(았/였)더라면 ~었(았/였)을 텐데 . . .

책을 꼼꼼히 읽었더라면 하나도 안 틀렸을 텐데 . . .
평소에 예습과 복습을 했더라면 낙제 점수는 안 받았을 텐데 . . .
당일치기를 하지 않았더라면 시험을 잘 보았을 텐데 . . .

If I **had** read the book carefully, I don't think I **would have** made any mistakes.
If I **had** prepared and reviewed my lessons regularly, I don't think I **would have** failed.
If I **had**n't just crammed for the exam, I **could have** done well.

~다시피하다

책을 여러 번 읽어서 내용을 거의 외우다시피 해요.
졸업 논문을 쓰려면 도서관에서 살다시피 해야겠다.
일이 밀려서 밤을 새우다시피 했단다.

I've read the book so many times that I have it **practically** memorized.
In order to write my graduation thesis I'm going to have to **almost** live in the library.
I had to work **almost** all night because my work had piled up.

~다가

악몽을 꾸다가 흠뻑 땀에 젖은 채로 깨었다.
일하다가 졸지 마세요.
학교에 가다가 그 여자를 만났다.
I woke up soaked with sweat (**while** I was suffering) from a nightmare.
Don't go to sleep **over** your work.
I met her **while** I was going to school.

~(으)ㄹ 것만 같다

하늘을 보니 비가 올 것만 같았다.
그 때는 나도 할 수 있을 것만 같았다.
얼마나 아픈지 죽을 것만 같았다.
It **just looked like** rain, from the look of the sky.
I **just felt** I could do it at the time.
It was so painful that I (**just**) **felt as if** I would die.

~기로 하다/되다

그가 오늘밤 여기서 연설하기로 되어 있다.
그는 어제 서울에 가기로 되어 있었는데 가지 않았다.
부모님은 나의 대학등록금을 졸업할 때까지 내 주시기로 하셨어요.
He **is scheduled to** speak here tonight.
He **was to** have gone to Seoul yesterday, but he did not.
My parents have **decided to** pay my college tuition until my graduation.

연습

[연습 1] 지난 번 시험 때를 생각하고 다음 질문에 대답해 보십시오.

(1) 평소에 열심히 공부를 하는 편입니까? 시험 때에 당일치기를 하는 편입니까?

(2) 주로 어디에서 공부를 합니까? 거기에서 하면 공부가 잘 되나요? 시험 준비를 하느라고 도서관에서 살다시피한 적은 없습니까?

(3) 공부는 혼자서 하는 것이 잘 됩니까? 친구하고 여럿이서 같이 하는 것이 잘 됩니까?

(4) 결과가 가장 만족스러웠던 시험은 어떤 것이었습니까? 조금만 더 준비를 했더라면 더 좋은 결과를 얻었을 텐데... 하고 후회한 적은 없습니까?

[연습 2] 지금까지 본 시험 중에서 가장 나쁜 점수를 받은 과목은 무엇입니까? 그때 왜 그런 점수를 받게 되었습니까? 무슨 이유가 있을 것 같은데 그 날의 일기를 한번 써 보십시오.

[연습 3] 다음 이야기는 어느 학생의 시험 보는 날 있었던 이야기입니다. 중간 부분에 재수가 없었던 일을 써 넣어서 이야기의 흐름을 매끄럽게 해 보십시오.

2002년 12월 13일 (금요일) 눈

오늘은 아침 일찍 일어났다. 자명종 시계를 세 개나 놓고 잤더니 그 소리가 들렸었나 보다. 하느님 감사합니다.

아침이면 꼭 일어날 시간을 놓치고 말기 때문에 나는 노이로제에 걸린 것 같다. 모처럼 제시간에 일어나고 보니 오늘은 왠지 재수가 좋아서 시험을 잘 볼 것 같은 기분이 들었다.

그런데 오늘같이 재수가 없는 날이 또 있을까?

_____
_____
_____
_____
_____

[연습 4] 여러분은 지금까지 여러 가지 시험을 보아 왔을 것입니다. 예를 들면 대학 입학 수학 능력 시험, 운전 면허 시험, 그리고 아르바이트를 하기 위한 면접 시험 등등.... 그 중에서 하나를 골라 시험 본 날의 일기를 써 보십시오.

9. 시험 보는 날

[모범 예문]

시험 끝, 방학 시작

2002년 12월 18일 (수요일) 흐림

　야, 드디어 방학이다! 오늘 미술사 시험으로 기말 시험이 다 끝났다. 수강 신청을 하고 과목마다 읽을 책과 논문 제목을 쓰던 일이 엊그제 같은데 벌써 한 학기가 지나갔다.
　지난 일주일은 정말 힘들었다. "평소에 제대로 공부를 했더라면 시험 때 이렇게 어렵지는 않았을 텐데..." 하는 후회를 이번 학기에도 또 되풀이했다. 일을 미루고 미루다가 발등에 불이 떨어져야 하는 버릇은 왜 이렇게도 고치기가 어려운 것일까? 밤을 거의 새우다시피 하고 공부를 하니 시험 준비가 불충분하다. 그래도 다행히 이번 시험은 크게 잘못 본 과목은 없는 것 같다. 성적표를 받아 보아야 알겠지만. 하여튼, 나는 시험이 끝나서 날아갈 것만 같다. 그런데 내 방 친구 제니퍼는 불쌍하게도 시험이 두 과목이나 남아 있어서 지금도 도서관에 있다. 옆방에서 시끄러운 음악소리가 들려 오는 것을 보면 그 방 주인도 시험이 끝난 모양이다.
　시험이 모두 끝나는 이번 토요일은 우리 기숙사에 사는 학생들이 모여서 밤새도록 파티를 열기로 했다. 술도 마시고 춤도 추면서 그 동안 쌓인 스트레스를 풀 것이다. 며칠 동안 잠을 못 잤더니 지금 졸린다. 이제부터 실컷 잠이나 자야겠다. 제니퍼가 도서관에서 늦게 돌아오면 자고 있는 내 모습을 보고 부러워하겠지.

10. 우울한 날 (A gloomy day)

어휘

병에 걸리다	to become ill
몸살	general fatigue
독감	bad cold
증상	symptoms
열이 나다	to have a fever
기침이 나다	to cough
목이 붓다	to have a swollen (sore) throat
콧물이 나다	to have a runny nose
쑤시다	to feel sharp pains
코가 막히다	to have a stuffed-up nose
목이 쉬다	to become hoarse
어지럽다	to be dizzy
몸이 떨리다	to tremble
끙끙 앓다	to groan
물수건	wet towel
찜질하다	to apply warm compresses to
식중독	food poisoning
배탈이 나다	to have stomach trouble
설사가 나다	to have diarrhea
상처	wound
피가 나다	to bleed
곪다	to fester
딱지가 앉다	to scab
~을/를 삐다	to sprain
깁스를 하다	to wear a (plaster) cast
환자	patient
약국	pharmacy, drugstore
약사	pharmacist
진찰을 받다	to be examined (by a doctor)
주사를 놓다/맞다	to give an injection/to receive an injection
입원하다	to be hospitalized
퇴원하다	to be discharged from the hospital

10. 우울한 날

의료 보험	medical insurance
수술	operation
마취	anesthesia
회복	recovery, recuperation
한약	Chinese (herbal) medicine
침을 맞다	to be treated with acupuncture
향수병	homesickness
속이 상하다, 실망하다	to be disappointed
짜증이 나다	to be vexed, irritated, peevish
표정이 어둡다	to be downcast
왠지	for some reason (or other)
이유 없이	without reason, for no reason
기분 전환	pastime
기분을 풀다	to brighten up
완쾌하시기를 빌다	to pray for someone's recovery, to want (a person) to recover
뜻대로 되지 않다	not to turn out as one thought

문형

~는데도/(으)ㄴ데도

계속해서 약을 먹는데도 감기가 낫지 않습니다.
친구가 나에게 사과를 했는데도 화가 풀리지 않아요.
특별히 기분 나쁠 이유가 없는데도 우울해요.

Even though I've been taking medication, my cold hasn't gotten any better.
Even though my friend apologized to me, I'm still upset.
Even though there is no particular reason for me to feel bad, I feel gloomy.

~(으)러

그 여자는 사우스 캐롤라이나로부터 나를 만나러 왔다.
과장님은 방금 점심 식사 하러 나갔습니다.

She came from South Carolina **to** see me.

The section head just went out **to** have lunch.

~(으)려는지 (contraction of ~(으)려고 하는지)

곧 비가 오려는지 날씨가 잔뜩 흐렸다.

많은 사람들이 그 영화를 보려는지 표를 사려고 줄 서 있어요.

The weather was very cloudy, **as if** it **would** rain soon.

Many people are lining up to buy tickets, **probably intending** to watch the movie.

연습

[연습 1] 살다 보면 화창한 날씨처럼 기분이 좋은 날도 있지만 구름 끼고 비오는 날처럼 우울한 날도 있습니다. 여러분은 어떤 날 기분이 우울합니까?

(1) 친구와 싸운 날
(2) 돈이 떨어진 날
(3) 컴퓨터 오락게임이 잘 안 되는 날
(4) _____
(5) _____
(6) _____
(7) 특별한 이유가 없는데도 그냥 신이 안 나는 날

[연습 2] 여러분은 어떤 운동 경기를 좋아합니까? 여러분이 응원하는 팀이 시합에서 졌을 때 기분이 좋지 않지요? 다음 그림을 보고 그 날의 일기를 써 보십시오.

10. 우울한 날

[연습 3] 다음의 일기를 읽고 빈 부분을 채워 보십시오.

_____년 ___월 ___일 (___요일) 비

아침에 맑게 개였던 날씨가 오후가 되면서 흐리기 시작했다. 오후부터 비가 올 것이라는 일기 예보를 들었는데도 기숙사에서 나올 때는 귀찮은 생각 때문에 우산을 안 가지고 나왔다. _____

_____

_____

_____

나는 병이 나고 말았다. 나는 밤새도록 끙끙 앓았다. 아플 때면 나를 따뜻하게 간호해 주시던 어머니! 갑자기 어머니 생각이 났다. _____

_____

_____

_____

_____

_____

[연습 4] 최근에 가장 우울했던 날은 언제입니까? 그 날의 일기를 써 보세요.

모범 예문

발 병

2002년 10월 4일 (금요일) 흐림

　오늘 아침은 발 때문에 일찍 깨었다. 밤새도록 쑤시더니 결국 곪고 말았다. 그래서 의사를 만나러 병원에 가야만 했다. 의사는 발에 주사를 놓고, 치료를 해 주었다. 다리가 붓고 발목까지 아파 오기 시작했다.
　목요일은 한국어 수업이 있는 날이기 때문에 병원에서 교실로 곧장 갈까 생각했지만 도저히 갈 수가 없었다. 그래서 그냥 기숙사로 돌아왔다. 다른 친구들은 다 학교에서 공부하고 있을 시간에 나만 기숙사에 있다고 생각하니 한심했다. 남에게 뒤떨어진다는 것이 안타까웠다.
　한국어는 한 시간이라도 빠지면 다음 시간에 무척 힘든다는 것을 나는 잘 알고 있다. 그러나 나는 침대에 눕지 않을 수 없었다. 침대에서 보이는 바깥 풍경은 언제나 그대로였다. 정원에 큰 나무가 있고 그 나무에는 새들이 푸득푸득 날고... 비가 오려는지 날씨가 잔뜩 흐렸다. 다시 발이 아프고 몸이 피곤해서 모든 것이 귀찮다는 생각이 들었다. 그러다가 그냥 잠이 들어 버렸다.

　　　　　　　　　　　　　　　　　　　　　　　　　　　　멜라니

11. 만남과 헤어짐 (Meeting and parting)

어휘

짐을 싸다/꾸리다	to pack up
풀다	to unpack
옮기다	to move
싣다	to load
부치다	to send
떠나다	to depart
헤어지다	to separate, to divorce
이별하다	to separate, to part (from)
정들다	to become attached
섭섭하다	to be sad
남기다	to leave (behind)
정리하다	to arrange
버리다	to throw away
치우다	to put away
쓰레기(통)	garbage (can)
환경이 바뀌다	to be changed (of one's circumstances)
정신없다	to be extremely busy
시설을 갖추다	to be furnished
창가	at the window
한눈에 보이다	to get a view of the whole area, to have a panoramic view
전망	view
환영하다	to welcome
환송하다	to bid farewell to
방친구	roommate
인사를 나누다	to exchange greetings
호감이 가다	to be amiable
실감나다	to be realistic
낯설다	to be unfamiliar
익숙해지다	to become familiar with
타향	place away from home, foreign land

객지	one's staying place on a journey
우연히	coincidentally
영원히	permanently
가까운 이웃이 먼 친척보다 낫다.	A good neighbor is better than a relative far off.
정들자 이별이다	to separate right after becoming attached, spring apart

문형

~처럼 (으)ㄴ 일은 없다

보고 싶은 사람을 우연히 만나는 것처럼 기쁜 일은 없다.
사랑하는 사람과 헤어지는 것처럼 슬픈 일은 없습니다.
모든 부모에게, 자식이 훌륭하게 자라는 것처럼 기쁜 일은 없을 거예요.
There's nothing as joyful **as** bumping into someone you wanted to see.
There's nothing sadder **than** breaking up with the person you love.
To all parents, **there's nothing more** joyful **than** raising their children well.

~는/(으)ㄴ 것

인생이란 결국 혼자서 살아가는 것이다.
경제적으로 독립하는 것이 부모로부터 해방되는 길이다.
학교 근처로 방을 옮기는 것이 제일 좋은 방법이라고 생각합니다.
Life, in the end, is be**ing** alone.
Beco**ming** economically independent is the way to liberate oneself from one's parents.
I think the best thing would be **to** move/mov**ing** somewhere near school.

~(이)라서

내가 막내라서 부모님은 나를 더욱 귀여워하신다.

비가 내린 뒤라서 강물은 흐려 있었다.
서울 출신이라서 말재간이 좋다.
My parents love me all the more **because** I am the youngest.
The river looked turbid, **as** it was after the rain.
As a true Seoulite always is, he is a very good talker.

~는가/(으)ㄴ가 보다

그는 몸이 아픈가 보다.
그가 지금 자는가 보다.
그 사람 말에 대해서 아무런 의심 없이 그런가 보다하고 생각했다.
He **seems** to be ill.
He **seems** to be sleeping now.
I accepted what he said **are supposed to** be the facts without suspicion.

연습

[연습 1] 우리는 이사를 하면서 많은 이웃과 만나고 헤어집니다. 다음 질문에 답을 써 보십시오.

(1) 지금까지 이사를 몇 번이나 했습니까?
(2) 정든 사람과 헤어지는 것처럼 섭섭한 일은 없습니다. 정든 이웃을 두고 멀리 이사한 경험이 있나요?
(3) 새 이웃과는 쉽게 친해지는 편입니까? 지금의 이웃과는 어떻게 지내는 편입니까?
(4) 이사를 자주 다니는 것과 이사를 안 다니는 것은 각각 어떤 장단점이 있을까요?
(5) 지금 사는 집으로 이사 온 날의 일기를 써 보십시오.

[연습 2] 사람의 첫 인상은 매우 중요하다고 합니다. 지금까지의 만남 중 첫 인상이 특별했던 사람이 있습니까? 그 사람을 알게 된 후 그 인상은 어떻게 변했나요? 첫 인상은 얼마나 중요할까요? "첫 인상"을 주제로 글을 써 보십시오.

[연습 3] 우리는 인생을 살아가면서 수많은 사람들과 만나고 헤어집니다. 그 중에는 평생 우리 주변에 있어서 늘 만날 수 있는 사람이 있는가 하면 오랫동안 만나지 못하는 사람도 있습니다. 지금 어디에서 무엇을 하고 있는지 모르는 사람도 있을 것입니다. 이런 사람들 중에서 다시 한번 꼭 만나고 싶은 사람이 있습니까? 누구인가요? 어렸을 때 친구, 나를 걱정해 주시던 선생님, 첫 사랑, 낯선 곳에서 우연히 알게 된 사람, 이미 이 세상을 떠나신 분 등등 . . . "다시 만나고 싶은 사람"이라는 제목으로 글을 써 보십시오.

[연습 4] 다음 글을 완성해 보십시오.

> 세상에 태어나서 지난 20여 년 동안 얼마나 많은 사람들과 만났는지 모른다. 그 사람들을 다 합하면 수 백, 수 천 명이 될 것이다. 인생에 있어서 가장 의미있는 일 중의 하나는 사람들과 만나는 것이라고 할 수 있다. 그 만남 중에는 나에게 기쁨과 감동을 준 만남도 있고 슬픔과 고통을 준 만남도 있다.
> 그러나 지금 내가 말하려고 하는 만남은 그런 것이 아니다. 내가 말하려고 하는 만남은 '한국어'와의 만남이다. _____
> _____
> _____
> _____
> _____
> _____

[연습 5] 우리는 살아가면서 언어와 풍습, 전통과 문화, 사고 방식이 다른 사람과도 많이 만납니다. 특히 교통과 통신이 발달하여 세계가 한 마을처럼 가까워지고 있는 지금은 더욱 그렇습니다. 이런 만남에 대해 글을 써 보십시오.

11. 만남과 헤어짐

모범 예문

정든 집을 떠나서

2002년 8월 10일 (토요일) 맑음

오늘은 기숙사로 들어가기로 한 날이라서 그런지 새벽에 저절로 잠이 깨었다. 내가 여섯 살 때쯤 지금 우리 가족이 살고 있는 이 집으로 이사를 한 이후로는 나는 한번도 집을 옮긴 적이 없다. 그래서 나는 새로운 세계에 대한 호기심으로 흥분했나 보다.

지난 며칠 동안은 내 방의 물건들을 정리하고 이삿짐을 꾸리느라고 정신이 없었다. 책, 노트북 컴퓨터, 그리고 내가 가장 아끼는, 내 재산 목록 1호인 CD플레이어와 CD들, 그 밖에 옷 등 기숙사로 가지고 갈 것들을 따로 싸고, 이제 나한테 필요 없는 것들은 동생에게 주고, 쓰레기는 버리고.... 웬 물건들이 그렇게 많은지, 이사하는 것처럼 복잡한 일은 없을 거라는 생각이 들었다.

아침 식사를 마친 후 미니 밴에 짐들을 싣고 아버지, 어머니와 같이 집을 나섰다. 집에서 학교까지는 약 6시간 걸리는 거리여서 우리는 오후 3시경에 도착했다. 부모님은 시간 때문에 곧 떠나시지 않으면 안 되었다. 떠나시면서 두 분은 몇 번이나 뒤를 돌아보셨다. 나는 갑자기 혼자라는 생각이 들었다.

삼층에 있는 이 방은 아주 전망이 좋다. 창가에서 밖을 내다보면 아름다운 작은 강이 흐르고 있고, 그 강 건너에는 파란 숲이 보인다. 내일은 캠퍼스 구석구석을 돌아다녀 봐야겠다. 과연 내가 낯선 환경에 잘 적응할 수 있을까? 앞으로 나에게는 어떤 생활이 펼쳐질까? 이제부터는 정말로 모든 일을 다 혼자서 해 나가야 하는 것이다. 나는 두려움과 설렘으로 다시 흥분하게 되었다.

편지 (Letters)

How to write 편지

○ The general form of a letter is:

1. Salutation
2. Greeting
3. Body
4. Complimentary closing
5. Date
6. Writer's name (signature)
7. Postscript

See the following two pages for details.

차 례

12. 안부 편지	Ordinary letters
13. 감사, 사과 편지	Letters of appreciation and apology
14. 부탁과 거절 편지	Letters of request and regrets
15. 펜팔	Pen pals
16. 주문과 사무 편지	Orders and business letters

편지의 일반적 형식 (The general form of a letter)

1. **Salutation**

   a. Use polite language and the recipient's name, including a suffix or particle:

   In a letter to an elder: ~님께, ~께

   In a letter to a friend, a peer, or someone your junior: ~에게

   b. You may express affection for the recipient by using any of these expressions before the name.

   보고 싶은 어머니께,
   존경하는 김선생님께,
   그리운 주희 씨에게,
   나의 사랑하는 딸 수진이에게,
   친애하는 우리 등산반 회원 여러분께,

2. **Greeting**

   In greetings, ask about the receiver's health or well-being (and his or her family's welfare if appropriate) first. After this you can begin to talk about yourself. Because there is a close connection between the change of seasons and a person's health, it is standard to mention the current seasonal weather.

   벌써 라일락 향기가 가득한 4월이 되었군요. 아버지, 어머니, 안녕하신지요?
   무더운 여름에 얼마나 고생하는지 궁금하구나. 나는 네 덕분에 편히 잘 있어.
   가을에 물들어 가는 산과 들이 여름의 꽃만큼 화려하구나. 안녕?
   춥던 겨울이 지나고 따뜻한 봄이 왔습니다. 선생님, 그 동안 안녕하십니까?

3. **Body**

   This is the part of the letter containing what the writer wants to say. It should be brief and to the point. To distinguish this part from the rest of the letter, use such phrases as these:

   아뢰올 말씀은/다름이 아니라/드릴 말씀은

4. Complimentary closing

Conclude your letter with one of the following to say good-bye.

드릴 말씀은 많으나 오늘은 이만 쓰겠습니다. 부디 건강하십시오.
내내 건강하시기를 빌며 이만 줄입니다. 안녕히 계세요.
그럼 공부 열심히 하고 잘 있어. 또 쓸게. 안녕.
그럼 빨리 회답 주시기를 바라며, 이만 펜을 놓겠습니다. 안녕히 계십시오.

5. Date

After the body of the letter, go down a line or two and write the date.

6. Writer's name (signature)

Write your name and one of the following attachments according to the receiver's status in relation to your own:

In a letter to an elder: 드림, 올림

In a letter to a friend, a peer, or someone your junior: 씀, 보냄, ~가

7. Postscript

If you have forgotten a piece of information, add it as a postscript after writing 추신.

12. 안부 편지 (Ordinary letters)

어휘

그립다 (그리운)	to be longed for
보고 싶다 (보고 싶은)	to want to see (dear)
사랑하다 (사랑하는)	to love (dear)
존경하다 (존경하는)	to respect (dear)
친애하다 (친애하는)	to love (dear)
싹이 돋다	to bud
만물이 소생하다	(all things) to come back to life
무덥다	to be humid
쓸쓸하다	to be lonely
서늘하다	to be cool
낙엽이 지다	to fall (of leaves)
눈이 펄펄 날리다	to float about (of snow)
꽁꽁 얼다	to be frozen hard
쌀쌀하다	to be chilly
환절기	change of season
염려	worry
건강하다	to be healthy
사연	origin and circumstances of a matter
답장	reply (letter)
드릴 말씀은	what I want to say (to person of higher status)
다름이 아니라	for no other reason than
아뢰올 말씀은	what I want to say (to person of superior status)
용건	(a matter of) business
소포	parcel
정성	sincerity
궁금하다	to be curious
문안	asking about another's health
병문안	asking about (a sick person's) health
소식을 전하다	to convey news
다정하다	to be affectionate
적응하다	to adapt oneself
익숙하다	to be familiar

까다롭다	to be strict, be picky
예의를 차리다	to have good manners
빌다	to pray
바라다	to wish
아무쪼록	to the best of one's ability
이만 줄이다	to end with this much
동봉하다	to enclose
사진 재중	photo enclosed
무소식이 희소식	no news is good news

문형

~(으)ㄴ 지

고향을 떠나온 지 일 년이 되었습니다.
편지를 받은 지 두 주일이 지났습니다.
소포를 보낸 지 두 달이 넘었는데 아무 소식이 없다.

It has been one year **since** I left my hometown.
It's been two weeks **since** I received a letter.
It's been over two months **since** I sent the package, but I still haven't heard anything.

~느라고

어제는 편지를 쓰느라고 숙제를 못했어요.
새로운 환경에 적응하느라고 소식을 전할 수 없었습니다.
요즘은 실험실에서 연구하느라고 눈 코 뜰 새 없어요.

Because I wrote a letter yesterday, I couldn't do my homework.
Because I have been adjusting to the new environment, I couldn't write to you.
These days I have been so busy researching in the laboratory **that** I haven't had time for anything else.

~구나

이 도시는 사람들이 정말 친절하구나!
여름 날씨가 정말 무덥구나!

김가 그놈, 나를 감히 우롱하려 들었구나!
How kind the people of this city are!
What a humid summer day!
Scoundrel Kim, he dared to make a food of me!

~던데

김 부장님이 아까 오시던데, 지금은 아무 데도 안 보인다.
천의 감촉은 다른 것 같던데 재료는 같았다.
내가 보기에 사람은 똑똑하던데 좀 건방지더라.
I saw Mr. Kim, the division chief, coming, **but** I can find him nowhere.
It was the same material, **notwithstanding** that the texture seemed different.
It seemed to me that he was smart, **but** a bit arrogant.

연습

[연습 1] 편지 첫 머리에는 받는 사람을 부르는 말을 써야 합니다. 받는 사람에 대한 마음을 담아 불러 보십시오.

        그리운   어머님께
        _____   선생님께
        _____   _____
        _____   _____

[연습 2] 계절 별로 쓸 수 있는 첫 인사를 연습해 보십시오.

[연습 3] 다음은 안부 편지 개요입니다. 순서를 ( )에 바르게 써 보세요.
    ( ) 자기의 안부와 학교 생활
    ( ) 데이빗 올림
    ( ) 그리운 어머님께
    ( ) 겨울에 부모님과 가족이 모두 안녕하신 지 안부를 묻는 말
    ( ) 추신: 학교 경치를 담은 사진을 현상해서 보냄.
    ( ) 날짜

(　) 방학이 되어도 일을 하느라고 많아서 집에 돌아 갈 수 없음
(　) 끝인사

[연습 4] 다음은 위의 개요로 쓴 편지입니다. 빈곳을 채워 보세요.

　그리운 어머님께

　어머니 그 동안 안녕하셨어요? 아버지께서도 안녕하시고 누나도 은행에 잘 다니고 있는지요? 요즘 그 곳은 눈도 많이 오고 날씨가 아주 추울 텐데 모두 건강하신 지 무척 궁금합니다. 우리 귀염둥이 바둑이도 잘 있겠지요.

　제가 집을 떠나 학교로 돌아온 지 벌써 석 달이 되었군요.

　그럼, 오늘은 이만 쓰겠어요. 어머니, 몸조심하시고 안녕히 계세요.

　　　　　　　　　　　　　　　　　2002년 12월 6일
　　　　　　　　　　　　　　　　　아들 데이빗 올림

　추신: 여기 동봉하는 사진은

[연습 5] 위와 같은 형식으로 연습 1에서 생각했던 사람 중 한 사람에게 안부를 묻는 편지를 써 보십시오.

12. 안부 편지

모범 예문

　보고 싶은 원준에게
　원준아, 무덥던 여름이 지나고 나무들이 울긋불긋 단풍이 드는 가을이 왔구나. 그동안 어떻게 지냈어? 학교 생활은 어떠니? 써클 활동도 많이 하고 수업 준비하느라고 바쁘겠지만 편지 좀 써라. 여전히 여학생들한테도 인기가 좋겠지? 넌 사교적이고 취미가 많아서 다른 사람들이 널 좋아 하나봐. 참 부럽다.
　이 편지를 보니까 내가 한국말을 많이 배운 것 같지? 사실은 그동안 한국어를 계속 들었어. 전에 내가 말한 것처럼 우리 학교의 한국어 수업이 아주 괜찮거든. 이젠 제법 한국어로 이야기도 할 수 있고 이렇게 편지도 쓸 수 있게 됐어. 그렇지만 아직도 서툴러. 틀린 것이 있으면 좀 고쳐 줘.
　이번 겨울에는 병원에서 일을 해 보려고 해. 내년에 의과 대학에 갈 거니까 준비도 하고 적성에 맞는지 한 번 알아 보기도 하려고. 아직 뭘 하게 될지 모르지만 벌써 긴장되고 떨려.
　원준아, 헬렌은 잘 있니? 가게를 시작한지 얼마나 됐대? 안부 전해 줘.
　할 말은 많지만 오늘은 이만 쓸게. 한국어로 쓰려니까 좀 힘드네. 다음에는 더 멋있는 편지를 보낼 테니 기대해.
　잘 있어. 안녕.

　　　　　　　　　　　　　　　　　　　　2002년 10월 3일

　　　　　　　　　　　　　　　　　　　　강 웅 철 씀

13. 감사, 사과 편지
(Letters of appreciation and apology)

어휘

수신인	recipient
발신인	sender
서신	letter
소중하다	to be valuable, dear
바람이 차다	to be a cold wind
아침저녁으로	(by) morning and evening
진심으로	sincerely
간절히	earnestly
대단히	greatly
정말로	really
늘	always
항상	always
너의 도움으로	with your help (to a friend or a younger person)
N 덕분에	thanks to N
지내다	to spend time
~을/를 사귀다	to make friends
베풀어주다	to grant (a favor)
은혜를 갚다	to repay an obligation
신세를 갚다	to repay kindness, to return a favor
폐를 끼치다	to cause trouble
대접하다	to treat
답례	reciprocation, (in) return (for)
마음은 있지만	I want to, but . . .
생각처럼 되지 않다	(things) do not meet [come up to] one's expectation
유익하다	to be profitable
즐겁다	to be pleasant
조심하다	to be careful
주의하다	to pay attention to
게으르다	to be lazy
일부러	on purpose, deliberately

13. 감사, 사과 편지

핑계	excuse
앞으로도	in the future
사과를 드리다	to apologize (to a superior)
도움을 청하다	to ask for help
양해를 구하다	to ask for consent
용서를 구하다	to beg (ask) pardon
연락하다	to contact, to keep in touch
입이 열이라도 할 말이 없다	to be terribly sorry
죄송스럽기 짝이 없다	to be extremely sorry (for an action)
뭐라고 감사의 말씀을 드려야 할 지 모르겠다.	I can never thank you enough.

문형

~단다

보내 주신 선물을 받고 정말 기뻤답니다.
네가 장학금을 받아서 자랑스러웠단다.
그 때 너한테 화를 내고 나서 얼마나 후회했는지 모른단다.

After receiving the gift you sent, I was really happy, **you know**.
I was proud of you for winning a scholarship, **you know**.
When I got mad at you then, you don't know how much I regretted it, **you know**.

여간 ~지 않다; 여간 ~(은)ㄴ 게 아니다

한국어로 쓴 편지를 받고 여간 기쁘지 않았습니다.
뜻밖에 언니를 만날 수 있어서 여간 반갑지 않았다.
보고 싶은 친구들과 떨어져 있으니까 여간 외로운 게 아닙니다.

I was **very** happy to receive a letter written in Korean (from you).
I was **extremely** happy to meet my sister quite unexpectedly.
Because I live so far away from my close friends, I'm **very** sad.

~(는)군(요)

다시 한번 젊어지고 싶군.
참 이상한 질문을 다 하는군요.
요즘은 컴퓨터 계통이 호황이라는군요.
(**I realize** that) I wish I were young again.
Well, you ask an odd question, **I must say**.
Well, they say that computer-related business is booming these days.

연습

[연습 1] 다음 편지의 빈칸을 채우십시오.

영희 누님께

그동안 안녕하셨습니까? 저는 요즘 여간 바쁘지 않답니다. 지난번에는 여러 가지로 감사했습니다. 저도 오랜만에 누님과 조카들 덕분에 정말 즐겁게 지냈습니다. 다음에 누님께서 여기 오시면 그 때는 제가 안내를 잘 해 드리겠습니다.
그런데 그 때 진영이가 제게 물어본 것에 대해 알아 보았는데,

_____
_____
_____
_____
_____

누님, 언제 다시 뵐 수 있을까요? 그 날이 빨리 왔으면 좋겠어요. 그 때까지 안녕히 계십시오.

2002년 4월 28일
마누엘 드림

[연습 2] 다음은 서던 일리노이 대학교 (Southern Illinois University) 학생 신문에 실렸던 광고입니다. 어머니의 재치가 돋보이지요? 학교 생활에 바빠서 오랫동안 집에 소식을 전하지 못했던 아들이 이 광고를 읽고 죄송한 마음이 들었을 것입니다. 그 아들이 어머니께 드리는 편지를 써 보세요.

> 인디아나폴리스에 사는 한 부인이 서신 교환할 학생을 찾습니다. 이름 첫 글자가 T.J.P.이고 키가 185cm인 파란 눈의 학생과 서신 교환을 바라고 있음. — 어머니.

[연습 3] 글로 쓴 한 통의 편지는 전화로 하는 몇 마디 말보다 더 많은 느낌을 전합니다. 다음의 분들에게 감사의 편지를 써 보십시오.

(1) 처음 한국어를 가르쳐 주신 선생님께
(2) 한국 여행을 했을 때 여러 가지로 도와 준 친척에게
(3) 구하기 어려운 책을 구해서 부쳐준 친구에게

[연습 4] 컴퓨터 통신을 할 때 주로 누구와 어떤 이야기를 나눕니까? 통신을 통해 도움을 받거나 새로운 정보를 알게 되는 경우도 많지요? 한국 사람 또는 한국 회사나 단체에게서 도움을 받거나 정보를 얻었을 경우 쓸 수 있는 간단한 감사의 글을 써 보세요.

모범 예문

　승미 씨에게,

　안녕하세요? 어떻게 지내시는지 무척 궁금합니다. 우리가 헤어진 지 두 주일이나 되었는데 헤어졌다는 것이 아직도 실감이 나지 않아요. 전에 찍은 사진을 보면 우리의 즐거웠던 추억이 떠올라요. 우리가 자주 만나던, 그 분위기 좋은 찻집 앞을 지날 때면 나도 모르게 걸음이 멈춰집니다. 저녁마다 전화로 이야기도 많이 했지요.
　주말이면 늘 다니던 그 드라이브 코스, 그 곳엔 지금 꽃들이 한창이겠지요. 쓸쓸한 노래를 들으면 공연히 눈물이 나곤 합니다. 밤마다 창문을 활짝 열고 아름다운 정원을 내다보면 승미 씨의 상냥한 얼굴이 거기에 있는 것 같습니다.
　생각해 보니까 내가 승미 씨에게 잘못한 일이 여간 많지 않더군요. 승미 씨의 마음을 아프게 해서 정말로 미안해요. 그러나 날 용서해 주고 다시 좋은 친구로 지낼 수 있었으면 좋겠어요. 지난 아픈 추억을 잊어버리고요. 새롭게, 또 다시 예전처럼 만날 수 있도록 하느님께 간절히 기도 드리고 있답니다. 이제부터 승미 씨가 바라고 생각하는 그런 사람이 될게요. 승미 씨, 정말로 사랑해요. 승미 씨, 화가 풀리면 언제든지 전화하세요. 보고 싶어요.
　잘 있어요.

2002년 4월 28일
데이빗 킴

14. 부탁과 거절 편지
(Letters of request and regrets)

어휘

사정	circumstances
좋은 방법	good method
최선을 다하다	to do one's best
차선책	second-best policy
힘쓰다	to make efforts
비록	even if
귀찮다	to be troublesome [annoying, bothersome]
번거롭다	to be complicated
부담스럽다	to be burdensome
부담을 주다	to impose a burden on
심부름	errand
~을/를 맡기다	to entrust
무리하다	to overwork (oneself)
무리이다	to be unreasonable
사례하다	to thank
예의에 어긋나다	to be a breach of etiquette
무례하다	to be impolite
불쾌하다	to be displeased
계산하다	to calculate
이해 관계를 따지다	to calculate gain and loss
인정	kindness, sympathy
입장	standpoint
형편	circumstances
곤란하다	to be difficult
난처하다	to be hard to deal with
아쉽다	to miss
섭섭하다	to be sorry [sad, disappointed]
요구하다	to request
승낙하다	to consent

두말 않고	without saying anything further
부탁을 들어주다	to comply with a request
뿌리치다	to shake (oneself) free from (a grasp)
부디	by all means
어쩔 수 없이	unavoidably
지푸라기라도 잡고 싶은 심정이다	to want to hang on to any ray of hope
도와주고 싶은 마음은 굴뚝같다	really to want to help (but)
힘닿는 데까지	to the best of one's ability

문형

~어(아/여)다 주다

학교에 가는 길에 졸업 증명서 두 통만 떼어다 주십시오.

과 사무실에 가시거든 김 교수님 시간표 좀 알아다 주시겠어요?

이 엽서를 박 교수님께 갖다 드리세요.

Please pick up **(and bring)** two copies of my diploma **for me** on your way to school.

Could you get **(and bring)** Professor Kim's schedule **for me** if you go by the departmental office?

Please carry **(and give)** this postcard to Professor Park.

~(으)ㄹ 텐데

연말이라 바쁠 텐데 이런 부탁을 해서 미안해.

김 선배님이 귀찮으실 텐데 도와 주실까요?

손님들이 많이 오실 텐데 준비를 다 못했어요.

I am sorry to ask you this favor, **because I know** the end of the year is such a busy time for you.

It'll **probably** be a burden to him, **but** do you think Mr. Kim will help us?

There will **probably** be a lot of people coming, **but** I'm not done preparing yet.

~(으)렴 (to a child or a very close friend)

무엇이든지 마음대로 고르렴.
가겠으면 가고, 있고 싶으면 있고 네 마음대로 하렴.
네가 그 곡을 연주할 수 있는 지 한번 보여주렴.
Choose whatever you want.
You are free to go or stay.
I would like to see you play the music.

~거든

바쁘지 않거든 놀러 오세요.
도움이 필요하거든 저한테 알려주세요.
Come and see me if you are not busy.
Let me know if you need help.

연습

[연습 1] 다음 질문에 답을 써 보십시오.

(1) 남에게 심부름을 잘 시키는 편입니까?
(2) 부탁하기 어려운 것을 부탁한 일이 있습니까?
(3) 가까운 사람이 하는 부탁이 들어주기 힘든 것일 때 어떻게 합니까?
(4) 부탁과 예의에 대해서 생각해 보세요.

[연습 2] 다음은 편지의 개요인데 이것을 참고하여 부탁하는 편지를 써 보십시오.

(1) 가을이 끝나가는 초겨울
(2) 다른 주에 사는 친구에게
(3) 그 곳 주의 통계 자료를 구해 달라는 부탁
(4) 논문 작성이나 세미나 발표에 필요함

[연습 3] 여러분이 친한 친구의 간절한 부탁을 받았지만 어쩔 수 없이 거절해야 하는 편지를 써 보세요. 편지를 받는 사람이 오해를 하거나 불쾌하지 않게 거절하는 방법에 대해서 생각해 보세요. 상대방에게 자기의 사정을 자세하게 알려서 이해를 구하고 설득하는 것이 중요하겠지요?

모범 예문

리차드에게,

　단풍도 낙엽이 되어 길 위에 한 잎 두 잎 떨어지고 벌써 바람이 쌀쌀하게 느껴지는 겨울이 왔구나.

　리챠드야, 학교 생활은 잘하고 있겠지? 나도 덕분에 잘 지내고 있단다. 여러 가지 일로 바쁠 텐데, 급한 부탁이 있어서 이 편지를 쓴다.

　다름이 아니라, 다음 주 월요일에 우리 대학에서 "지역 사회 개발"이라는 주제로 심포지엄을 하는데, LA의 지역 개발 계획 및 성과에 관한 통계를 참조하기로 했거든. 내가 심포지엄 준비 때문에 바빠서 직접 구하기 어렵구나. 그래서 네가 좀 구해 주었으면 좋겠다. 아마 도시 개발 공학과나 주정부 사무실에 가면 통계 자료를 구할 수 있을거야. 부담스럽지는 않겠지?

　친구 덕 좀 보자. 나중에 한 턱 낼게. 빨리 결과를 알려 주기 바란다. 건강 조심하렴. 안녕.

　　　　　　　　　　　　　　　　2002년 11월 21일
　　　　　　　　　　　　　　　　　친구　마이클이

마이클에게,

　정말 오랜만이구나. 자주 연락을 못해서 미안하다. 잘 지내겠지? 이번 방학에는 고향에서 만날 수 있을까?

　그런데 미안해서 어떡하니? 널 돕고 싶은 마음은 굴뚝 같은데 일이 쉽지가 않구나. 도시 개발학과에서는 최근 통계 자료를 아직 구하지 못했다고 하고, 주정부 사무실에서는 신분증을 가지고 직접 방문해서 자료 열람을 신청하라고 하는구나. 그런데 하필이면 이번 주는 내내 바쁘지 뭐니. 커뮤니케이션 수업의 토론 시험이 있고, 사회 심리 수업의 설문 조사 및 공동 연구 리포트를 작성해야 하거든. 그래서 도저히 주 정부 사무실에 갈 틈이 나질 않는구나. 네가 몹시 실망할텐데 어떻게 하지? 정말 미안하다. 하지만 너희 대학 사무실에서 공문을 보내 요청하면 팩스로 보내줄 수 있다고 하니까, 그 곳에서 직접 연락을 해보렴.

2002년 11월 30일

미안한 마음으로 리차드가

15. 펜팔 (Pen pals)

어휘

습관	habit, custom
버릇	(personal) habit, own way
종교	religion
동그랗다	to be round
길다	to be long
외향적	extroverted
내성적	introspective, introverted
명랑하다	to be bright
씩씩하다	to be energetic
우울하다	to be gloomy
상냥하다	to be gentle
얌전하다	to be graceful
순수하다	to be pure
상상하다	to imagine
우정	friendship
정반대	exact opposite
자매 결연 학교	sister school
학점 교환	credit transfer
교환학생	exchange student
유학	study abroad
예정	plan, schedule
인터네트	Internet
대학가	university town
외국어	foreign language
영어 회화	English conversation
번갈아	by turns, in turn
서로	each other
상대방	the other person
고치다	to correct, to fix
배낭 여행	traveling (with a backpack), backpacking
보내다	to send

15. 펜팔

끝으로	finally, at the end
숨김없이	straightforwardly, frankly
바다 건너	beyond the sea
생각했던 대로	as expected
생각과는 달리	different from expected

문형

~는/(으)ㄴ 편이다

평소에는 잘 참는 편이지만 화가 나면 무서운 사람이에요.
나는 안경을 썼고, 키가 크고 마른 편이에요.
다른 학교에 비해서 학생 수가 적은 편이랍니다.

Usually he **tends to** be very patient, but when he does get angry he becomes really scary.
I wear glasses, and I am **kind of** tall and thin.
Compared to other schools, the student population is **relatively** small.

~에 의하면

답장에 의하면 그는 요즘 대학원 진학 준비를 한다고 해요.
소문에 의하면 이 곳에 대규모 아파트 단지가 들어선다고 합니다.
믿을 만한 소식통에 의하면 다음 달에 대통령이 뉴욕을 방문한대요.

According to his reply letter, he has recently been preparing himself for graduate school.
According to a rumor, a large apartment complex will be built here.
According to a reliable source, the president will be visiting New York next month.

~다지요?/라지요?

편지를 보면, 그곳 사람들은 밥보다는 생선을 더 많이 먹는다지요?
친구가 그러는데, 귀사에서 직원을 새로이 모집한다지요?
영수 씨 고향이 시골이라지요? 시골에서는 추수철에 제일 바쁘다지요?

According to the letter, people in the region live on fish rather than on rice. **Is that so?**

One of my friends told me that your company recruits employees. **Is it true?**

I understand that Yongsu's hometown is a rural area. **What I heard is that** the harvest is the busiest time of the year in rural areas. **Is it true?**

~(으)면 하다

시간이 없으니, 다들 서둘렀으면 해요.
귀한 선물이니, 유용하게 썼으면 합니다.
새로 전학 온 학생한테 모두들 잘 대해 주었으면 합니다.
We don't have much time, so **I want** you to hurry up.
Because such an article is rarely to be found, **I want** you to make good use of it.
I hope that everyone treats the new student very well.

연습

[연습 1] 다음은 어느 한국 대학생이 펜팔 클럽에 보낸 글입니다. 이 글을 읽고 여러분도 펜팔 소개를 부탁하는 편지를 써 보십시오

안녕하십니까?
저는 한국의 ○○대학교 2학년에 다니는 여학생입니다.
나이는 19세이고, 음악 감상과 등산이 취미입니다.
캐나다에 펜팔을 갖고 싶습니다. 아직 서투르기는 하지만
영어로 편지를 쓸 수 있습니다. 취미는 달라도
괜찮습니다. 하지만 같은 나이 또래의 여자 친구와 펜팔을
하고 싶습니다. 좋은 친구를 소개해 주세요. 답장을
기다리겠습니다.

김영희 보냄

[연습 2] 펜팔 친구에게 처음 보내는 글을 쓰기 위해 다음을 생각해 보십시오.

자기 소개	이름, 성격, 취미, 외모
가족 소개	아버지, 어머니, 형제, 직업
학교 소개	이름, 위치, 크기
펜팔을 하고 싶은 이유	한국말 연습, 취미 생활 등 정보 교환, 기타

[연습 3] 위의 표를 참고해서 한국인 펜팔 친구에게 보내는 편지를 써 보세요.

> 　　조혜원 씨에게
>
> 안녕하세요? 편지로 첫 인사를 합니다. 저는 뉴욕 대학에서 경영학을 전공하고 있는 대학생입니다. 며칠 전에 펜팔 클럽을 통해 조혜원 씨의 편지를 읽었습니다. 펜팔 친구를 원한다고요? 저도 마침 한국인 펜팔 친구를 찾던 중이어서 이렇게 편지를 쓰게 되었답니다.
>
> 　　제 이름은
>
>
> 　　제 친구들 말에 의하면 저는

[연습 4] 한국으로 여행을 가게 되었다고 생각하고 한국인 펜팔 친구에게 방문하고 싶다는 편지를 써 보세요. 혹은 한국인 펜팔 친구를 초청하는 편지를 써 보세요.

모범 예문

크리스 씨에게

　안녕하세요? 제 이름은 최민구입니다. 같은 하숙집에 사는 다니엘 씨의 소개를 받고 처음으로 크리스 씨에게 이 편지를 씁니다. 지금 서울은 추위가 한창인 겨울인데 그 곳은 무더운 여름이겠군요.

　다니엘 씨 말에 의하면 크리스 씨는 한국인 펜팔 친구를 찾는다지요? 우선 제 소개를 하겠어요. 저는 신문 방송학을 전공하는 대학생입니다. 고향은 부산인데 (부산은 한국에서 두 번째로 큰 도시) 고향에는 부모님과 여동생, 남동생이 있습니다. 제 성격은 좀 급한 편이지만 명랑하고 외향적이라서 친구가 많아요. 제 취미는 여행인데 국내 여행은 많이 해 보았지만, 해외 여행은 한번도 못해 보았어요. 제 꿈은 내년 여름 방학에 유럽으로 배낭 여행을 가는 것이에요. 그래서 요즘 아르바이트를 열심히 해서 돈을 모으고 있답니다.

　제 외모에 대해서 얘기해 볼까요? 저는 키는 좀 크고 얼굴은 둥근 편이에요. 동그란 얼굴이에요. 나이보다 어려 보인다고들 해요. 어때요? 제 모습을 상상할 수 있겠어요? 다음에 제 사진 한 장을 보내드리겠습니다. 앞으로 저는 크리스 씨에게 한번은 한국말로 또 한번은 영어로 편지를 쓰고 싶습니다. 그렇게 해서 서로 실수를 고쳐주면 많은 도움이 될 것 같아요. 크리스 씨는 어떻게 생각하는지 알고 싶군요. 답장을 기다리겠어요. 저는 크리스 씨와 좋은 친구가 되었으면 합니다.
그럼 이만 펜을 놓겠어요.
　안녕히 계세요.

2002년 12월 15일
서울에서 최민구

16. 주문과 사무 편지
(Orders and business letters)

어휘

상품	commodity
목록	list, directory
귀사	your esteemed firm, company
통신 판매	mail order (sale)
서적	books, publications
계간지	quarterly (magazine or journal)
정기 구독	subscribing, subscription
빠른 우편, 속달	express mail, special delivery
등기	registered mail
전보	telegram
수신	receiving of a message
발신	sending a message
지불	payment
배달	delivery
통지	notification
대금	price, cost
선불	payment in advance
금액	amount of money
비용	expenses
포함하다	to include
계산서	bill
청구서	bill
구입	purchase
선편	by ship, surface mail
항공편	airmail
영수증	receipt
수표	check
우편환	postal money order (P.M.O.)
조사하다	to investigate
기록	record
환불	refund

반품	returned goods
기간	period (of time)
~에 머물다	to stop
~앞으로	addressed to (a person)
서비스료	service charge
세금	tax
숙박비	lodging charges, room rent
확인	confirmation
본인	the person in question
요청	(important) request
변경	change, alteration
즉시	instantly
취소	cancellation
유감이다	to be sorry for
서류	document
담당자	person in charge, manager
직원	staff member
제가 알기로는 (알기에)	as far as I know
안내 책자 (안내서)	guidebook
입학 원서	application for school admission
추천서	letter of recommendation
신청서	application form
입학 허가	school admission
등록	registration
절차	procedure
되도록	as much as possible
조속히	as soon as possible
처리하다	to handle

문형

~고자 하다

졸업 후에 해외 유학을 가고자 합니다.
연말 휴가를 귀 호텔에서 보내고자 합니다.
귀사로부터 다음의 물품들을 구입하고자 합니다.

I **am planning to** study abroad after graduation.
I **would like to** stay at your hotel during my vacation at the end of this year.
I **would like to** purchase the following items from your company.

~다면/라면

그 자료를 보내 주신다면 기일 안에 일을 마칠 수 있습니다.
사무실 근처에 숙소를 정할 수 있다면 다행이겠습니다.
이미 예약이 끝난 상태라면 저에게 알려 주십시오.
I will be able to finish the work by the deadline **if** you send me those materials.
It would be good **if** you could find living quarters for me near the office.
Please notify me immediately **if** reservations are no longer possible.

~게 되다

이야기가 아주 재미있게 되어 간다.
유아기 때부터 벌써 부모의 사랑을 알게 된다고 한다.
미국에는 언제 가게 되지요?
The story is **taking** an interesting **turn**.
Experts say that children **come to** appreciate their parents' love from infancy.
When **are** you **expected to** go to America?

연습

[연습 1] 다음 주문서에 각 항목을 채워 보세요.

주문품:	통신 판매 카탈로그에 있는 한국어 교재 1, 2, 3권
회사:	○○ 출판사
우편 방식:	_____
대금지불 방식:	_____
배달일:	_____

[연습 2] 다음은 잡지를 정기 구독하려는 사람의 주문서입니다. 읽어보고 여러분도 주문서를 써 보세요.

> ○○잡지사 귀하
>
> 귀사의 계간지 "외국 문학"을 2002년 봄호부터 2년간 정기 구독 하고자 합니다. 구독료와 등기 소포료가 얼마나 되는지 알려 주신다면, 귀사의 통지(연락)를 받는 즉시 우편환으로 그 금액을 보내 드리겠습니다.
>
> 2002년 1월 23일
> 김 서 현

[연습 3] 편지 주문을 했는데 요청한 대로 물건이 안 온다면 어떻게 하시겠습니까? 다음의 두 경우 중 하나를 골라 편지를 써 보십시오.

(1) 주문서를 보냈으나 기일이 지나도록 주문한 물건이 도착하지 않았을 경우에 쓰는 정중한 독촉 편지
(2) 보내온 물건이 주문한 것과 다를 경우 쓰는 편지

[연습 4] 우리 가족은 이번 여름에 해변에서 휴가를 보내고자 합니다. 그 해변에 있는 호텔에 보내는 예약 편지를 써 보십시오.

> 원하는 방: 2인용 방 두 개.
> 너무 높은 층에 있지 않고 되도록 바다가 보이는 위치.
> 숙박 기간: 8월 1일부터 8월 6일까지.
> 알고 싶은 것: 숙박 요금은 얼마인가?
> 아침 식사가 포함되는가?
> 이용 가능한 레저 시설은 무엇인가?
> 호텔의 정확한 위치.
> 회답 방식: 편지나 이메일.

[연습 5] 여자(남자) 친구의 생일이 다가오지만 지금 멀리 떨어져 있어 직접 만날 수 없습니다. 심부름 센터에 친구 집으로 꽃과 카드를 배달해 달라는 주문 편지를 써 보세요.

모범 예문

　안녕하십니까? 저는 워싱턴 주립 대학 영문학과 4학년에 재학 중인 김쥬리입니다. 저는 미국에서 태어난 재미 교포로 한국말을 잘 하지 못합니다. 다행히 제가 다니는 대학에 한국어 과정이 있어서 두 학기를 수강하기는 했지만 아직 부족합니다. 그래서 1년 내지 1년 반 정도 귀교에서 한국어와 한국 문화를 배우고자 합니다. 작년에 귀교의 여름 5주 과정에서 공부한 친구가 추천해서 이 편지를 쓰게 되었습니다.
　저는 오는 6월 중순에 졸업할 예정입니다. 귀교의 학사일정을 알려 주시면 거기에 맞추어서 한국에 갈 계획을 세우고자 합니다. 또한 제가 귀교에 입학하기 위해서 무엇을 준비해야 할지 자세히 알려 주시기 바랍니다. 아울러 기숙사에 들어갈 수 있는 지에 대해서도 알려 주시면 대단히 고맙겠습니다.
　회답을 기다리겠습니다.

2002년 2월 15일

김 쥬리 올림

서류 작성

(Document preparation)

How to write 서류

- Write a brief memo about what you would like to say to a family member or a friend.

- Write on any subject clearly expressing what you want to convey.

- From the following, choose one and create a short but concise card, including time, place, and anything else important about the event. Choices: an invitation, a birthday card, a Christmas card, a New Year's card.

차 례

17. 메모	Memoranda
18. 초대장	Invitations
19. 카드 · 봉투	Cards and envelopes
20. 이력서	Résumés
21. 기타 서류	Other documents

17. 메모 (Memoranda)

어휘

모집	recruitment
~중	time during which
요망	desire
알림	informing
안내	guidance
중고품	secondhand goods
판매	selling
과제물	homework
들르다	to stop by
경유하다	to go by way of
문의하다	to inquire
부하 직원	staff (under someone), subordinates
결재	sanction, approval
미결	pending
보류	reservation
사절	refusal
주차	parking (of a car)
출입	coming [going] in and out, exit and entrance
금지	prohibition
보관하다	to take custody [charge]
영업	business
구입	purchase
배달원	delivery person
구인	help wanted
구직	seeking employment
개인 지도	private lessons
몇 마디	few words
~을/를 적다	to write down
메모 꽂이	memoboard
게시판	bulletin board
종이 쪽지	scrap of paper
아무래도	no matter what one may do

17. 메모

> **문형**

~(으)ㅁ (contraction of ~(으)ㅂ니다)

관계자 이외에는 출입을 금함.
회의 중임.
교육부 장관으로 임명함.
Off limits except to the persons concerned.
Conference now in session.
Appointed to the Minister of Education.

~는 대로

급한 일이 생겼으니 돌아오는 대로 집으로 연락하기 바랍니다.
일이 끝나는 대로 출발합시다.
박사님께서 귀국하시는 대로 의논해 보겠어요.
An emergency has come up, so please call home **as soon as** you get back.
Let's leave **as soon as** we finish our work.
As soon as the professor comes back from abroad, I will consult him.

~(으)ㄹ 것 (contraction of ~(으)ㄹ 것이다)

한국 경제 2002년에는 회복될 것.
우회전 차량은 미리 우측 차선에 진입할 것.
이력서는 반드시 우편으로 접수시킬 것.
Korean economy **is expected to** recover from the recession in 2002.
Vehicles making a right turn **should** move to the right lane in advance.
Applicants' résumés **should** be sent by mail only.

~기 바람 (contraction of ~기 바랍니다)

시상식에는 전원 참석하기 바람.
필요한 분은 한 부씩 가져가시기 바람.

지정된 구역에 주차하시기 바람.
Everyone is **(requested)** to be present at the award ceremony.
(Requested to) take one brochure per person.
(Requested to) park at the designated parking lot.

연습

[연습 1] 다음과 같은 경우에 알맞은 메모를 써 보십시오. 내용을 분명하게 전달하면서 재미있는 글이 되도록 쓰십시오.

(1) 외출하면서 어머니에게
(2) 친구 집을 방문했는데 친구가 외출하였을 때
(3) 우편물이 없어지는 우편함에
(4) 방 친구에게 전화가 왔는데 그 친구가 외출했을 때
(5) 학교에서 책이나 필통을 주웠을 때
(6) 라디오를 시끄럽게 틀고 있는 옆자리 학생에게
(7) 카페에서 음악 신청할 때
(8) 외출 중인 방 친구의 물건을 빌릴 때
(9) 주차를 잘못한 사람에게

[연습 2] 다음 경우에 맞는 광고문을 써 보십시오. 글도 쓰고 그림도 그려서, 벽에 붙였을 때, 여러분의 것이 눈에 잘 띄게 하십시오.

(1) 피아노, 기타와 같은 악기를 가르치는 아르바이트를 구하는 경우
(2) 오피스텔을 같이 쓸 방 친구를 찾는 경우
(3) 배낭 여행할 친구를 찾는 경우
(4) 테니스나 태권도와 같은 운동을 같이 할 친구를 모으는 경우
(5) 이사하거나, 학기가 바뀌어서 팔고 싶은 가구나 책이 있는 경우
(6) 언어 교환을 할 수 있는 외국인을 찾는 경우
(7) 클럽 활동을 할 신입생을 모집하는 경우

모범 실례

(1) 친한 친구에게
   나 중앙 도서관 2층으로 간다.   지영

(2) 모임에 늦는 친구에게
   진호야, 우리가 전에 만났던 길건너 맥주 집으로 간다.
   이 메모 보는 대로 그리 와.   인수

(3) 같은 방 친구에게
   혜란아, 기차 시간이 다 되어서 지금 떠나야겠어.
   너를 보고 가려고 했는데 왜 이렇게 늦게 오니?
   다음 월요일에 돌아 올 거야. 방 정리를 못하고 가서 미안해.
   그대신 돌아와서 맛있는 것 사 줄게. 안녕.

(4) 교수가 연구실 문에
   보고서는 옆에 있는 주머니에 넣을 것.

(5) 학장실 문에
   외출 중임.
   볼일이 있는 분은 사무실에 문의하시기 바람.

(6) 회사에서
   (a) 사장실 문에
      일이 있는 사람은 비서실을 경유하십시오.

(b) 윗사람께

과장님, 사장님께서 전화하셨어요.
들어오시는 대로 전화해 달라고 하셨습니다.
오후 5시 10분   박진호 드림

(c) 부하 직원에게

이 서류를 두 부 복사해서 보관하기 바람.

(d) 회식 공고

내일 지하 식당에서 회식이 있으니 일이 끝나는 대로 모두들
참석하시기 바람.   영업부장

(7) 판매 안내

```
다음 물건이 필요한 사람을 찾습니다!
독서용 스탠드: ○○사 제품, 1년 사용, 시가 5만 원, 판매 2만 원
책장: ○○사 제품, 4년 사용, 150 x 30 x 230(cm), 4만 원
연락처: (전화) 444-5555, 이사가는 모니카
```

(8) 신문을 보고 싶지 않을 때

○○일보 사절.

(9) 여행 갈 때 우유 배달원에게

우유 아저씨, 10일 동안 우유 넣지 마세요.

(10) 성가대 모집

```
대상:      1, 2학년 남녀 학생으로서 찬송가를 안 부르면 못
           사는 사람.
활동 목적: 병원, 고아원, 양로원을 다니면서 찬송하려고 함.
신청 장소: 학생 회관 304호.
신청 기간: 일 년 내내/지금 빨리!
```

18. 초대장 (Invitations)

어휘

생신	(an elder's) birthday
회갑	sixtieth birthday
칠순	seventy years (of age)
잔치	banquet
돌잔치	first birthday party
입학식	school entrance (ceremony)
졸업식	graduation (ceremony)
초대장	invitation card
결혼 청첩장	wedding invitation
약도	hand-drawn map
약혼식	engagement (ceremony)
축의금	congratulatory money (gift)
부의금	condolence money (gift)
출판 기념회	party celebrating a book's publication
기념일	anniversary
주최	sponsorship, promotion
음악회	concert
발표회	exhibition
취임식	inaugural (ceremony)
이임식	farewell (ceremony)
전시실	exhibition hall
강당	auditorium
환영회	welcome party
송별회	farewell party
신년 하례	New Year's celebration
사은회	thank-you party (for teachers)
종강 파티	end-of-semester party
뒤풀이	party (after a meeting)
단합 대회	get-together (to strengthen solidarity)
학회	academic conference
참석	attendance

참석 여부	whether a person attends (a meeting) or not
성의껏	with one's whole heart, wholeheartedly
화촉을 밝히다	to celebrate a wedding, have a wedding ceremony
자리를 빛내다	to brighten (glorify) the event
영광으로 생각하다	to feel honored
축전을 보내다	to send a congratulatory telegram
삼가 조의를 표하다	to express condolences respectfully

문형

~기를 바라다/빌다/기원하다

어서 완쾌하셔서 퇴원하시기를 바랍니다.
결혼을 축하합니다. 두 분 행복한 가정 이루시기를 빕니다.
이번 입학 시험에서 좋은 성적으로 합격하기를 바란다.

Please recover quickly so you can be discharged from the hospital.
Congratulations on your wedding. **I hope** the two of you are happy (as a family) together.
I hope you do well and pass the entrance exam with a high score.

~더라도

늦더라도 갈테니까 기다려 주십시오.
내가 바빠서 못 가더라도 축전은 꼭 보내겠습니다.
비가 오더라도 기념 행사는 할 것입니다.

Even if I'm late, I'm still going, so please wait for me.
Even if I'm busy and can't go, I'll make sure to send you a congratulatory telegram.
Even if it rains, the commemorative event will go on.

~었(았/였)사오니 (humble form of ~었(았/였)으니)

일이 이 지경에 이르렀사오니 다 저의 잘못입니다.
저의 모친의 회갑연을 맞아 조촐한 자리를 마련하였사오니 꼭 참석해 주십시오.

다음 달에 결혼을 하게 되었사오니 바쁘시더라도 꼭 결혼식에
참석해주십시오.

It was absolutely my fault **that** things ended up like this.

On my mother's sixtieth birthday, we will have a grand party to celebrate. **(So)** please come and join the party.

I am getting married next month. **(So)** please come to my wedding ceremony.

연습

[연습 1] 초대장은 언제 보냅니까? 누구에게 보냅니까? 초대장에 꼭 써야 할 것들은 어떤 것이 있습니까? 여러분이 받은 초대장 중에서 마음에 드는 것이 있으면 친구들에게 보여 봅시다.

[연습 2] 이번 주말에 집에서 파티를 할 계획입니다. 그런데 이 파티에는 주제가 있습니다. 예를 들면, 이상한 선글라스를 쓰고 한다거나, 동물의 마스크를 쓰는 가면 무도회이거나, 또는 바로크 음악을 주제로 한 댄스 파티이거나요. 옷은 주제에 맞추어서 재미있게 입고 오라고 하고, 음식은 각자 준비해 오라고 하고 싶습니다. 이 파티에 오라는 초대장을 써 보십시오.

[연습 3] 다음은 어느 사진 서클 전시회의 초대장입니다. 여러분도 서클 행사에 초대하는 글을 써 보십시오.

```
    초대의 글

고향을 잃어버리고
가슴 기댈 언덕을 찾는 그대에게
고향을 보여 드리고 싶습니다.
꼭 오셔서 자리를 함께 해 주시기를 바랍니다.

시간: 2002년 7월 15일 ~ 29일
장소: 학생 회관 1층 전시실

      ○○ 사진 서클 22기 일동
```

[연습 4] 아래의 글은 학회에서 주최하는 발표회의 초대장입니다. 이것을 참고하여 과에서 주최하는 연구 발표회에 초대하는 초대장을 써 보십시오.

모시는 말씀

안녕하십니까?

오는 8월 31일은 우리 학회가 태어난 지 90돌이 되는 날입니다. 이 날을 맞이하여 다음과 같이 기념 발표회를 마련하였사오니 바쁘시더라도 꼭 나와 주시기 바랍니다.

   때: 2002년 8월 31일 (목요일) 오후 4시
   곳: 한글 회관 강당

*발표회가 끝나고 그 자리에서 축하 잔치가 있습니다.

2002년 8월 14일
한글 학회

[연습 5] 아래의 글은 종강파티 초대장입니다. 이것을 참고하여 친구를 종강파티에 초대하는 글을 써 보십시오.

종강 파티 초대장

준 웨스트에게

   한 학기동안 바빠서 이야기도 못 했구나. 이제 학기말 시험이 끝나고 나면 한참은 얼굴 보기도 어렵지 않겠니? 그래서 말인데 이번 토요일 6시, 우리집에 모여서 종강 파티라도 하자. 다른 계획이 있더라도 모처럼 내가 초대하는 것이니 시간 좀 내. 그럼 그 때 만나기로 하고, 안녕.

2002년 5월 15일
홍 영식

[연습 6] 다음은 결혼 청첩장입니다. 자기 결혼 청첩장을 직접 만들어 보십시오. 결혼식장을 쉽게 찾아 갈 수 있도록 약도도 그리고, 또 예쁜 그림도 그려보십시오.

삼가 모십니다

하나님의 은총 가운데 성장한 두 사람이
다음과 같이 결혼식을 가지려고 하오니
바쁘시더라도 꼭 참석하시어 자리를 빛내 주시면 고맙겠습니다.

최대인
이하영의   장남   윤일 군

권민구
전민혜의   차녀   수빈 양

일시: 2002년 6월 12일 (토요일) 12시
장소: 행복 예식장

19. 카드·봉투 (Cards and envelopes)

문형

~(으)시길 (contraction of ~(으)시기를 바랍니다)

즐거운 성탄 맞으시길.
행복한 한해 되시길.
신의 축복이 가득하시길.
I wish you a merry Christmas.
I wish you a happy New Year.
I wish for God's blessing on you.

~기를 빌며 (contraction of ~기를 빌면서)

우리의 우정이 영원하기를 빌며.
새해에도 가정에 웃음 가득하기를 빌며.
멋지게 사회에 첫 발을 내딛기를 빌며.
Wishing for eternal friendship with you.
Wishing your family happiness in the New Year.
Wishing you to a successful start in your first career.

1. 카드 쓰기

모범 예문

(1) 크리스마스 카드

> 김윤환 선생님과 사모님께
>
> 　즐거운 성탄을 맞이하여
> 　선생님 댁에
> 　하느님의 축복이 가득하시기를 빕니다.
>
> 　　　　　　　　최정윤 올림

> 나의 다정한 친구 영하에게
>
> 　성탄 축하!
> 　즐겁고 행복하게 지내길!
>
> 　　　　　　　　제시카가

(2) 연하장

> 　금년 한 해 동안 저에게 베풀어주신 은혜,
> 　　　　감사합니다.
> 　새해에도 건강하시고 하시는 모든 일이 뜻대로
> 　　되시기를 기도 드립니다.
>
> 　　　　　　　　김영호 올림

> 희망 찬 새해를 맞이하여
> 선생님의 가정에 만복이 깃들기를 기원합니다.
>
> 　　　　　　　　정 찬 올림

> 다가오는 2003년에는
> 모든 일이 네 뜻대로 되기를 빌며.
>
> 　　　　　　　　　　　　　친구 혜수가

> 새해에도 우리들의 우정이 변함없기를 바란다.
>
> 　　　　　　　　　　　　　너의 영원한 벗 철수

(3) 생일 축하 카드

> 너의 스물 한 번째 생일을 축하한다.
> 더욱 예뻐지고 좋은 일만 있기를 바래.
>
> 　　　　　　　　　　　　　미나

(4) 졸업 축하 카드

> 찰스야, 졸업을 축하한다.
> 그동안 쌓은 실력을 마음껏 펼쳐 보렴.
> 너의 앞날에 행운이 가득하기를 빈다.
> 졸업식에 참석하지 못하는 것을 미안하게 생각하며.
>
> 　　　　　　　　　　　　　크리스

(5) 결혼 축하 카드, 축의금

> 두 분의 결혼을 진심으로 축하합니다.
> 행복한 가정 이루십시오.
>
> 　　　　　　　　　　김지숙 드림

> ## 축 화 혼
> **일금 오만원**
>
> 2002년 12월 5일
>
> **주식회사 삼환 이준표**

(6) 축전

> 　　　　대학 합격 축하　존 훠드

> 　　　　　　축 입사　영수

> 과장 승진을 진심으로 축하드립니다.　정진수 올림

(7) 부의

> 삼가 고인의 명복을 빕니다.
> **일금 삼만원**
> 2002년 11월 8일
> **이 홍 식**

2. 봉투 쓰기

(1) 사각봉투

　(a) 봉투 앞면에 보내는 사람과 받는 사람의 이름과 주소를 쓴다.
　(b) 어떤 때는 긴 봉투의 형식에 맞추어서 뒷면에다가 보내는 사람의 주소와 이름을 쓰기도 한다.

(2) 긴 봉투

　(a) 세로 쓰기를 하는 봉투지만 요즘에는 가로 쓰기도 한다.
　(b) 이름 아래에는 받을 사람이 손윗사람이면 '님께'나 '귀하'를 쓰고, 친구나 아랫사람이면 '에게'나 '앞'을 쓴다.
　(c) 한국 주소는 큰 것에서부터 작은 것을 쓴다. 나라 이름, 도시, 구, 동, 번지의 순이다.

　예 : 대한민국 서울특별시 서대문구 연희동 700번지

```
┌─────────────────────────────────────────────┐
│ 전라남도 목포시 동구 항구동 14번지            ┌──┐ │
│    김 철 수 올림                              │우표│ │
│                                              └──┘ │
│   □□ □□                                          │
│                                                   │
│              서울특별시 서대문구 신촌동 134번지    │
│                 이 영 희 님께                      │
│                         □□ □□                    │
└─────────────────────────────────────────────┘
```

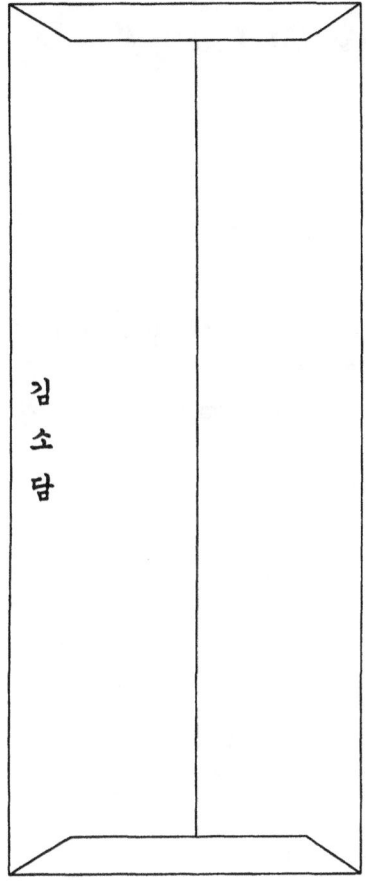
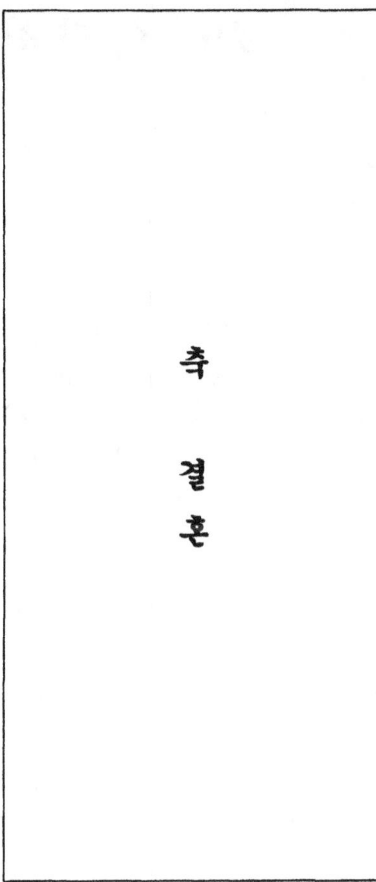

20. 이력서 (Résumés)

어휘

인적 사항	personal data
성명	full name
성별	(the distinction of) sex, gender (difference)
주민 등록 번호	citizen registration number
주민 등록증	(personal) citizen registration card
호주	head of a family
세대주	head of a household
출생지	birthplace
신장	height
체중	weight
건강 상태	health
결혼 관계	marital status
가족 관계	family (status)
본적	permanent address
현주소	current address
학력	educational background
최종 학력	last educational institution attended
학사	university graduate, B.A. or B.S.
석사	master's degree, M.A. or M.S.
박사	Ph.D.
학위	academic degree
경력	career
입사	entering a company
상벌	reward and punishment
자격증	certificate of qualification
소지	possession
특기	special ability, talent, skill
단체	organization, association
가입	joining, entrance, becoming a member of
병역	military service
조회	inquiry

공증	official endorsement
보증인	guarantor
신원 보증	(personal) reference
재정 보증	financial sponsorship
확인하다	to confirm
소지자	possessor
진술	statement
진실	truth
틀림없음	free from mistakes, correct
이상과 다름없음	I affirm the above statement to be correct
구직	job hunting

문형

~어(아/여) 오다/가다

2001년부터 현재까지 외신부에서 근무해 왔습니다.
나는 그를 10년이나 가까이서 보아 왔으므로 보증할 수 있다.
김포 국제 공항이 영종도로 옮겨 갔습니다.

I **have** served as editor of this foreign news department since 2001.
Since I'**ve** known him for close to ten years, I can vouch for him.
Kimpo International Airport **has** moved to Youngjongdo.

~(으)며

특기는 수영이며 해양 구조원 자격증을 가지고 있다.
대학교에서는 회계학을 전공하였으며 제약 회사에서 일한 경력이 있음.
불어를 자유로이 구사할 수 있으며 일본어로는 간단한 회화를 할 수 있다.

I am an excellent swimmer **and** am certified as a beach lifeguard.
I majored in accounting during college **and** have worked in a pharmaceutical company.
I am fluent in French **and** know enough Japanese to carry on a simple conversation.

~(으)로

그는 서민으로 자랐으나, 커서는 자수성가한 재벌이 되었다.
통역관으로 국제 회의에 참석했다.
김 부장은 직장을 관둔 다음 프리랜서로 활동하고 있다.
He was born and bred (as) an ordinary person, but later became a self-made tycoon.
He attended the international conference **as** an interpreter.
Having resigned from work, Division Chief Kim works **as** a freelancer.

연습

[연습 1] 다음 질문에 대답을 써 보십시오.

(1) 아래 인적 사항을 써 보십시오.
   성명:
   성별:
   생년월일:
   현 주소:
   전화 번호:

(2) 학력을 써 보십시오.

(3) 자격증이나 특기가 있습니까?

(4) 보증인은 누구인지 그 이름을 쓰십시오.

[연습 2] 다음은 편지 형식으로 쓴 이력서입니다. 이것을 연습 1에 있는 항목별로 고쳐 써 보십시오. 편지의 내용으로 알 수 없는 사항들은 직접 작성해 보십시오.

○○회사 귀하

   저는 1975년 3월 2일에 서울에서 태어났으며 1997년 2월에 서인대학교 영문과를 졸업하고 문학사 학위를 받았습니다. 1999년 2월에 동 대학원 영문과 어학 과정을 수료하고 문학 석사 학위를 받았습니다.
   저는 대학 재학 중인 1995년 5월에 전국 대학 영어 스피치 콘테스트에서 우수상을 받았으며 1995년 8월부터 1년간 교환 학생으로 호주 그리피스 대학에서 공부했습니다.
   저는 2000년 3월 ○○은행에 입사하여 2002년 9월까지 외환계에 근무했으며, 그 이후로는 프리랜서로 통역과 번역 일을 해 오고 있습니다.
   혹시 저에 대해서 더 알고 싶은 것이 있으시면 서인대학교 영문학과의 김진암 교수께 문의하십시오.
   저에게 귀 회사에 입사할 수 있는 기회를 주신다면 최선을 다할 것을 약속드립니다.

2003년 8월 25일

이 정 연 드림

[연습 3] 모범 예문에 있는 두 종류의 이력서를 보고 여러분도 자기의 이력서를 써 보십시오.

> 모범 예문

이 력 서

성명: 최 철 수
성별: 남
생년월일: 1975년 6월 29일
현주소: 서울특별시 종로구 평창동 126번지 13호
전화번호: 322-1846
가족관계: 기혼, 1남 1녀

학력 및 경력사항:

  1994년 2월 대일고등학교 졸업
  1994년 3월 고려대학교 경영학과 입학
  1996년 5월 육군 입대
  1997년 5월 육군 상병 제대
  1997년 9월 고려대학교 경영학과 3학년 복학
  1999년 8월 고려대학교 경영학과 졸업
  1999년 10월 ○○건설 입사, 인사부에 근무
  2002년 4월이후 현재까지 인도네시아 지사에 근무

이 력 서

성 명	최 철 수 (인)	주민등록번호
		660629 - 1041523

생년월일 서기 *1975* 년 *6* 월 *29* 일생 (만 *33* 세)

현 주 소	서울특별시 종로구 평창동 126번지 13호
호주관계	호주와의관계 : 본인 　 호주성명 : 최철수

년	월	일	학 력 및 경 력 사 항	발 령 청
1994	2		대일고등학교 졸업	
1994	3		고려대학교 경영학과 입학	
1996	5		육군 입대	
1997	5		육군 상병 제대	
1997	9		고려대학교 경영학과 3학년 복학	
1999	8		고려대학교 경영학과 졸업	
1999	10		○○건설 입사, 인사부 근무 시작	
2002 현재	4		○○건설 인도네시아 지사 근무 시작	
			2002. 9. 12 위 사실과 틀림없음	

21. 기타 서류 (Other documents)

어휘

입국	entry into a country
출국	departure from a country
신고(서)	report (form)
작성하다	to draw up
여권	passport
사증	visa
출발지	place of departure
목적지	destination
편명	flight number
서명하다	to sign
도장을 찍다	to stamp one's seal
결재를 하다	to sanction
세관	customs office
출입국 관리소	immigration bureau
출생지	birthplace
발급	issue
체류	stay
자격	qualification
유효 기간	free period
근무처	place of employment
담당	charge
업무	business
본국	home country
세대주	householder, head of a household
동반자	companion, dependent
규정	rules
거래	transactions
자택	house
휴대용 전화	cellular phone
삐삐	beeper
호출하다	to page

21. 기타 서류

비밀 번호	PIN
공관	public hall
사항	details
계좌 번호	account number
이자	interest
지급	payment
예금주	depositor
입금(표)	deposit slip
출금	withdrawal
돈을 찾다	to withdraw
현금 인출기	ATM
통장	bankbook
신용 카드	credit card
대금	price, cost
납부(일)	payment deadline
마감 날짜	deadline
면제	exemption
제외	exception
상담하다	to have a business talk
월부금	amount budgeted per month
가계(부)	household accounts

연습

[연습 1] 다음은 대한민국 입국 신고서 및 출국 신고서입니다. 작성해 보십시오.

대한민국 입국 신고서 ARRIVAL CARD/REPUBLIC OF KOREA

한글 이름 SURNAME GIVEN NAMES		漢字 姓名	
생년월일 DATE OF BIRTH 년Year 월Month 일Day	주민 등록 뒷번호 RESIDENT ID NUMBER		남 MALE 여 FEMALE
국적 NATIONALITY		여권 번호 PASSPORT NO.	
한국내 주소·전화 번호 ADDRESS & PHONE NO. IN KOREA			
직업·직장명 OCCUPATION		여행 목적 PURPOSE OF VISIT	
출발지 DEPARTED FROM		편명 FLIGHT NO./SHIP'S NAME	
		서명 SIGNATURE	

대한민국 출국신고서 DEPARTURE CARD/REPUBLIC OF KOREA

한글 이름 SURNAME GIVEN NAMES		漢字 姓名	
생년월일 DATE OF BIRTH 년Year 월Month 일Day	주민 등록 뒷번호 RESIDENT ID NUMBER		남 MALE 여 FEMALE
국적 NATIONALITY		여권 번호 PASSPORT NO.	
한국내 주소·전화 번호 ADDRESS & PHONE NO. IN KOREA			
직업·직장명 OCCUPATION		여행 목적 PURPOSE OF VISIT	
목적지 DESTINATION		편명 FLIGHT NO./SHIP'S NAME	
		서명 SIGNATURE	

21. 기타 서류

[연습 2] 다음은 대한민국 내 외국인 등록 신청서입니다. 작성해 보십시오.

성명 및 성별 Name in full and sex	(Last)　　　　(First)　　　　(Middle) 漢字姓名 (　　　　)		( )남M ( )여F	국 적 Nationality	
생년월일 Date of birth	출생지 Place of birth		직 업 Occupation		
여권사항 Passport	번호 Number	발급일자 Date of issue	유효기간 Date of expiration		입국일자 Date of entry 입국장소 Port of entry
사증사항 Visa	번호 Number	발급일자 Date of issue	발급공관 Issuing authority		체류자격 Status of sojourn (　　) 체류기간 Period of sojourn
근무처사항 Office	명칭 Name	직위 및 담당업무 Position		사업자등록번호 Business registration no.	전화번호 Tel.
본국의 주소 Address in home country					
대한민국내 체류지 Address in Korea				전화번호 Tel.	
세대주명 Name of householder			세대주와의 관계 Relationship to householder		
동반자 Dependent	성명 Name in full		성별 Sex	생년월일 Date of birth	관계 Relationship

출입국관리법 제31조의 규정에 의하여 위와 같이 외국인등록을 신청합니다.
I hereby apply for registration as abovementioned in accordance with Article 31 of the Immigration Law.

　　신청일　　　　　　　　신청인　　　　　　　　서명
　　Date of application　　　Applicant　　　　　　Signature

[연습 3] 다음은 은행 거래 신청서입니다. 작성해 보십시오.

성 명 (업체명)		전화	자택	(지역번호:) -
			직장	(지역번호:) -
주민(사업자) 등록번호			휴대폰	
주 소		우편 번호 —	서명	
직장명		실제생일 (창립일)	(음·양)	결 혼 기념일	
비밀번호					

[연습 4] 다음은 은행에서 돈을 찾을 때 작성해야 하는 용지입니다. 써 보십시오.

계좌번호		비밀번호			지정인출일자	
금 (₩) 위 금액 또는 위 계좌의 이자(이익)를 지급·해지하여 주십시오. (위 신탁의 최종계산을 승인합니다) 년 월 일 　예 금 주 　　　(수익자) 인					수표 청구하실 때	
					만원권	매
					₩ 매	
					₩ 매	
					합계 ₩	

[연습 5] 다음 영수증을 써 보십시오

영 수 증

No. _____

_____ 귀하   ₩ _____

일금

내역 _____

상기 금액을 정히 영수하였습니다.

발행일   년   월   일   발행인

설명문
(Expository writing)

How to write 설명문

- Expository writing presents a clear explanation of a subject to readers who do not know much about it.

- Expository writing should be objective, conveying knowledge or information rather than thoughts or feelings.

- Avoid abstract language; use concrete terms in order to explain clearly. Give examples, or compare and analyze.

차 례

22.	오락	Recreation
23.	설명서	Explanations and descriptions
24.	취미	Hobbies
25.	풍습	Customs
26.	음식 이야기	Talking about food

22. 오락 (Recreation)

어휘

여가	spare time
민속 놀이	folk game
윷놀이	*yut* (a game)
윷판	*yut* board
말	token (in *yut*)
장기	*changgi* (a Korean chess game)
바둑	*paduk* (a game)
오목	game of *paduk* with five pieces in a row
체스	chess
화투	Korean playing cards
고스톱	*kosutop* (a Korean card game)
카드 놀이	card game
벌칙	penal regulations
돈 내기	bet on money
술 내기	bet on drinks
남녀노소	male and female, old and young
편을 나누다	to divide into teams
공기 놀이	marbles, jackstones
수건 돌리기	ring-around-the-rosy (played with a towel)
보물 찾기	treasure hunt
보울링	bowling
당구	billiards
그네	swing
연날리기	kite-flying
시간 낭비	waste of time
두다	to play (chess, *paduk*)
던지다	to throw
치다	to hit, to strike
굴리다	to roll
돌리다	to turn
맞추다 (맞히다)	to hit (the mark)
사격	shooting

번지 점프	bungee jumping
전자 게임	video game
오락실	video arcade
노래방	karaoke
끝말 잇기	alphabet/vocabulary game
스무고개	(the game of) Twenty Questions
심판	referee
판정	decision, judgment
공정하다	to be fair
무효	invalidity
선의의 경쟁	competition in good faith
서바이벌 게임	survival game

문형

~지 않으면 안 되다

무슨 놀이든지 게임의 규칙을 잘 따르지 않으면 안 됩니다.
일단 경기를 시작하면 최선을 다하지 않으면 안 된다.
우리는 정신 건강을 위해서 오락 시간을 갖지 않으면 안 된다.
Whatever game you play, you **must** follow the rules carefully.
Once you start a match, you **should** do your very best.
To maintain our morale we **should** have a separate recreational time.

~거나 하면

아이들이 전자 오락을 자주 하거나 하면 눈이 나빠진다.
윷가락이 두 개 이상 윷판 밖으로 나가거나 하면 무효가 된다.
비행기에서는 영화를 보거나 소설책을 읽거나 하면 시간이 빨리 갑니다.
If children play electronic games **or something similar** too often, their eyesight will deteriorate.
Among other violations if two or more *yut* sticks land outside the mat, the toss doesn't count.
If you watch a movie **or** read a book on the plane, time goes by faster.

~(으)면 ~(으)니까/(는/ㄴ)다니까

많이 먹으면 졸리니까 점심은 적게 드세요.
웃으면 건강해진다니까 많이들 웃고 삽시다.
잠을 너무 적게 자면 머리가 둔해진다니까, 적당히 자야 합니다.

If you eat a lot, you will feel sleepy, **so** why don't you have a small lunch?
Because they say that **if** we laugh we become healthier, let's live with much laughter.
Because it is said that **if** we sleep too little our brains become dull, we should get the proper amount of sleep.

연습

[연습 1] 여러분이 수수께끼 놀이를 한다고 생각하고 ( ) 안에 알맞은 단어를 찾아 쓰십시오. 그리고 주어진 단어로 수수께끼를 만들어 보십시오.

(1) 나는 사람을 늘 따라다니며, 빛이 있는 곳을 매우 좋아합니다.
　　여러분은 나를 볼 수는 있지만 만지거나 가질 수는 없습니다. 비가
　　오거나 하면 볼 수도 없습니다. 여러분뿐만 아니라 이 세상의 모든
　　물건들이 나를 가지고 있습니다. 나는 무엇일까요?
　　　　　　　　　　　　　　　　　　　　　(　　　　　　)

(2) 내 몸은 자꾸 작아져서 없어집니다. 내 몸은 던져도 부러지거나 깨지지
　　않습니다. 나는 잘못된 것을 없애는 대신 내 몸의 일부도 없애
　　버립니다. 초등학생들은 나를 사용하지 않으면 안 될 걸요. 나는
　　무엇일까요?
　　　　　　　　　　　　　　　　　　　　　(　　　　　　)

(3)
_____
_____
_____
_____
　　　　　　　　　　　　　　　　　(　주 사 위　)

[연습 2] 다음 설명을 읽고 빈칸에 알맞은 말을 써 넣으세요.

가로 열쇠

2. 큰 길 양쪽에 줄지어 서 있는 나무
4. 종이나 옷감 등을 자를 때 사용하는 것
6. 땅 밑으로 다니는 기차
8. 태양계에서 태양에 가장 가까이 있는 별
9. 아주 이른 아침, 날이 밝을 때쯤
11. 산, 바다, 강, 땅의 모양, 길 등을 줄여서 종이 위에 그린 것
13. 귀가 크고 길며 눈이 빨간 동물
14. 산에 올라가서 소리를 지르면 되돌아오는 소리
15. 아이들이 부르는 노래
18. 돌 하나를 던져서 새 두 마리를 잡는 것
20. 작고 가벼운 하얀 공을 치고 받는 운동 경기
22. 길이나 차안에서 다른 사람이 가지고 있는 돈이나 물건을 훔쳐 가는 것, 또는 그런 사람
24. 장미꽃 줄기에 있는 것, 찔리면 아픕니다
25. 정치적인 이유 등으로 자기 나라에 있지 못하고 다른 나라로 몸을 피하는 것
27. 대학교 졸업 후 더 공부하기 위해 가는 학교
28. 아이들이 노는 곳
29. 한국의 동남쪽에 있는 도시, 옛날 신라시대의 수도

세로 열쇠

1. 비온 뒤 하늘에 뜨는 일곱 가지 색깔
2. 부모와 자식, 형제 자매, 부부 등을 말함
3. 사물을 설명하여 그 이름을 알아맞히는 놀이
5. 큰 도시 주변에 발달하여 큰 도시와 연결되어 있는 작은 도시
7. 계절에 따라 사는 곳을 바꾸는 새
10. 진흙에 모래나 석회 등을 섞어 네모나게 구워 낸 돌, 집을 지을 때 사용하는 것
12. 부모가 없는 아이들이 모여 사는 집
13. 금요일 다음날
16. 해마다 하나씩 많아지는 것
17. 빨래하는 기계
19. 돌로 만든 도구를 사용하던 시대
21. 없던 것을 새로이 만들어냄
22. 여름에 갑자기 세차게 내리다가 곧 그치는 비
23. 이가 아프면 가는 병원
25. 먼 곳에 있는 것을 볼 수 있도록 만든 기계
26. 형제 중에 제일 나이가 많은 사람

[연습 3] 귀여운 동생 리나가 포켓볼을 배우고 싶어합니다. 포켓볼을 잘 하는 여러분은 리나에게 알기 쉽게 가르쳐 줄 수 있겠지요? 먼저 아래 대화를 완성해 보면 가르칠 때 큰 도움이 될 겁니다.

> **리나:** 난 전혀 못하니까 처음부터 자세히 설명해 주지 않으면 안 돼.
> **아담:** 염려 마. 먼저 경기 도구부터 보자. 이 당구대 위에서 경기를 하는 거야.
> **리나:** 그건 알아. 여기 있는 긴 막대기로 공을 때리는 거지? 이름은 모르지만.
> **아담:** 그건 _____
> **리나:** 옆에 분필 같은 것은 뭐야?
> **아담:** 쵸크라는 건데_____
> **리나:** 그래서 저 사람들이 쵸크를 자주 탭에 문지르는구나.
> **아담:** 그래. 이번엔 공을 보자. 공 종류는_____
> _____
> 공을 이렇게 삼각형이 되도록 놓는데, 한 가운데에
> _____
> **리나:** 이 까만 공은 왜 남겨두지?
> **아담:** 그건 수구라서 _____
> **리나:** 이제 공을 다 놓았으니 경기하는 법을 설명해 줘.
> **아담:** 그래, 잘 들어. _____

[연습 4] 평소에 좋아하는 운동이 있습니까? 그 운동을 모르는 사람도 많이 있을 겁니다. 그 사람을 위해서 연습 2와 같은 대화 형식으로 운동의 방법과 규칙을 설명해 보십시오.

[연습 5] 한국의 민속놀이 가운데 남녀 노소 누구나 즐기는 것으로서 윷놀이가 있습니다. 다음 예문과 같이 여러분 나라의 민속놀이를 한 가지 자세히 소개해 보십시오.

> 모범 예문

윷놀이

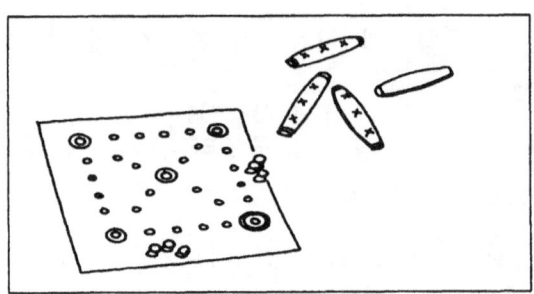

　윷놀이는 설날이나 대보름에 많이 하는 한국의 대표적인 민속놀이이다. 가족이나 친척이 많이 모이거나 하면 더 흥겹게 놀 수 있다.
　윷놀이는 윷과 말판, 그리고 말이 필요하다. 윷은 둥근 나무를 두 개로 쪼개서 만들고, 말판은 종이에 그리면 된다. 말은 돌이나 나무 조각을 사용하는데 요즘에는 동전이나 바둑알 같은 것을 쓴다.
　놀이 방법은 두 사람 이상이 편을 나누어 한다. 윷을 던져서 나타난 수대로 말판에 말을 놓아, 말 네 개가 먼저 말판을 돌아나오는 편이 이기는 것이다. 윷을 던지면 나무의 둥근 쪽이 밑으로 가기도 하고, 둥근 쪽이 위로 가기도 하는데, 한 개가 젖혀지면 도, 두 개가 젖혀지면 개, 세 개가 젖혀지면 걸, 네 개가 젖혀지면 윷, 네 개가 엎어지면 모라고 한다. 말판에서 도는 한 칸, 개는 두 칸, 걸은 세 칸, 윷은 네 칸, 모는 다섯 칸을 앞으로 나갈 수 있다. 윷이나 모가 나오면 계속해서 윷을 놀 수 있다.
　그런데 이렇게만 하면 너무 단순해서 재미가 없으니까 사람들은 게임의 재미를 살리기 위해서 몇 가지 규칙을 덧붙여서 한다. 자기 편의 앞 사람이 도를 했고 자기도 도를 했다면 앞에 있는 도를 개의 위치에 놓지 않고 말을 두 개 겹쳐서 그냥 도에 놓는 것이다. 그러면 그 다음 자기 편이 할 때 이 두 개가 한꺼번에 앞으로 나갈 수 있는 이점이 있다. 또 하나 예측할 수 없는 규칙은 말이 가다가 상대방이 있는 자리에서 멈추게 되면 상대편의 말을 잡는 것이다. 이 때는 윷이나 모가 났을 때와 마찬가지로 그 사람이 계속해서 윷을 놀 수 있다.

이러한 규칙들 때문에 처음에 잘 나가던 편이 갑자기 상대편에게 다 잡혀서 죽기도 하고 추월당하기도 하며, 이제는 졌구나 하고 힘없던 편이 잠깐 사이에 승리의 빛이 보이고 환호성을 지르게 되는 것이다.

윷놀이는 집 안이나 밖, 어디서나 할 수 있는 놀이지만 윷가락이 멀리 가지 않도록 방 안에서는 담요나 돗자리를, 집 밖에서는 가마니나 멍석을 깔고 한다. 윷놀이가 언제 시작되었는지는 확실하지 않으나, 윷의 역사는 약 1500년쯤 되는 것으로 보고 있다.

23. 설명서

(Explanations and descriptions)

어휘

공공 시설	public services
판매기	vending machine
공용~	public, (for) common use
송수화기	handset
표시되다	to be indicated
반환	return
재통화	calling again
재발신	redial
절차를 밟다	to follow procedure
탑승	boarding
구좌	account
소화제	aid to digestion, medication for digestion
작용	action
특성	distinctive quality
효소	enzyme
성분	ingredient
촉진시키다	to hasten, to accelerate
효능, 효과	effect
소화불량	indigestion
식욕 부진	poor appetite
과식	overeating
용법	directions (for use)
용량	dosage
복용하다	to take (of medicine)
증상	symptom
주의 사항	matters that demand special attention
간	liver
환자	patient

23. 설명서

중지하다	to discontinue
약사	pharmacist, druggist
상의	consulting
저장	preservation
밀폐 용기	airtight case
직사 광선	direct (ray of) light
습기	moisture, humidity
서늘하다	to be cool
보관하다	to keep
녹화	video recording
전자렌지	microwave oven
마중나가다	to go out to greet
겹치다	to overlap
속력을 내다	to speed up
골목	alley, lane
부딪치다	to run against, to collide with
목격하다	to witness
가정하다	to suppose
부상당하다	to be injured

문형

~어(아/여) 있다

상자 안에 제품과 설명서가 같이 들어 있습니다.
이 곳에는 무인 카메라가 설치되어 있습니다.
빨간 불이 켜져 있으면 기계가 작동하고 있는 것입니다.

The product and the instructions **are** both in the box.
A surveillance camera **is** set up here.
If the red light **is** on, the machine is in operation.

~다가

약을 복용하다가 부작용이 생기면 복용을 중지하십시오.
이 길로 쭉 가다가 첫번째 사거리에서 우회전하십시오.

택시가 과속으로 달리다가 반대 방향에서 오던 트럭과 정면 충돌했다.
If you experience side effects **while** taking the medication, discontinue use.
Keep going straight on this road **and then** make a right turn at the first intersection.
While speeding, the taxi collided with a truck coming from the opposite direction.

~어(아/여) 드리다

그분께 역으로 가는 길을 가리켜 드렸다.
이 점 통지해 드립니다.
어머니의 일을 도와 드려라.
I've shown the gentleman the way to the station **(for him)**.
I wish to inform you that **(for you)**.
Help your mother with her work **(for her)**.

~는/(으)ㄴ/(으)ㄹ 경우

위급한 경우, 911로 전화하세요.
집에 불이 난 경우, 우선 집밖으로 대피하세요.
제품이 작동하지 않는 경우, 먼저 전원플러그가 꽂혀있는지 살펴보세요.
In an emergency, call 911 first.
In case of (house) fire, first (of all), evacuate all family members.
When the machine does not work, first check whether the plug is connected or not.

23. 설명서

```
연 습
```

[연습 1] 다음은 서울 시내에서 공중전화를 사용하는 방법을 그림과 함께 설명한 것입니다. 아래의 그림과 설명을 참고하여, 여러분이 살고 있는 곳의 공공시설, 예를 들면, 지하철표 판매기, 공중 전화, 공용 세탁기 같은 것들 중에서 하나를 골라 그 사용 방법을 이해할 수 있도록 쉽게 설명해 보십시오.

(1) 송수화기를 든다. (2) 숫자 0이 표시된 후 화살 표시가 위로 오도록 카드를 넣는다. (3) 원하는 번호를 눌러서 통화한다. (4) 송수화기를 놓으면 카드는 반환된다.

재통화할 때는 재발신 버튼을 누른다.
카드 판매소: 지하철 서점(오른쪽으로 100m), 전화국.

[연습 2] 다음 중 하나를 골라서 그 일을 하기 위해 어떤 절차를 밟아야 하는지 그 과정을 설명해 보십시오.

(1) 비행기 탑승하기
(2) 은행에 새로운 구좌를 만들기
(3) 여권 발급 받기

[연습 3] 다음은 어떤 소화제의 설명서입니다. 여러분도 약국에서 살 수 있는 약 중에 하나를 골라 그 약에 대한 설명서를 만들어 보십시오.

작용, 특성:	소화에 필요한 여러 가지 효소 및 성분들이 들어 있어 소화를 촉진시킵니다.
효능, 효과:	소화 불량, 식욕 부진, 과식 등에 효과가 있습니다.
용법, 용량:	성인은 한 번에 한 알, 하루에 세 번 복용합니다. 증상이 심한 경우에는 한 번에 두 알 복용합니다.
주의사항:	간이 나쁜 환자나 다른 약을 복용하고 있는 환자, 7세 미만의 어린이는 이 약을 복용하지 마십시오. 2주정도 복용해도 좋아지지 않을 경우, 복용을 중지하고 약사 또는 의사와 상의하십시오.
저장 방법:	밀폐 용기에 넣어 직사 광선을 피하고 습기가 적은 서늘한 곳에 보관하십시오.

[연습 4] 현대인은 수많은 기계 덕분에 편하게 살아가지요. 다음 중 하나를 골라 그 사용법을 상세히 설명해 보십시오.

(1) 텔레비전 방송 녹화 방법
(2) 비디오 카메라 사용법
(3) 컴퓨터에 연결된 프린터 사용법
(4) 전자렌지 사용법

[연습 5] 우리는 가끔 길에서 교통사고가 나는 것을 볼 때가 있습니다. 택시가 속력을 내고 달리다가 골목에서 나오는 오토바이와 부딪쳤는데 마침 여러분이 옆에 서 있다가 그 장면을 목격했다고 가정합시다. 경찰에서 여러분을 증인으로 택했다면 여러분은 그 사고 장면을 설명해야 합니다. 여러분은 시간이 없어서 사고를 설명하는 편지를 보내려고 합니다. 사고가 나기 전 택시와 오토바이가 달리는 모습, 부딪치는 장면, 부딪친 후에 부상당한 모습을 자세하게 써 보십시오.

23. 설명서

모범 예문

옷 설명서

품질보증서

1. 이 상품은 엄격한 품질관리와 공정관리를 거쳐 만들어져 외관, 규격, 물성검사에서 합격한 것입니다.
2. 상품에 표시되어 있는 섬유혼용율, 치수, 세탁방법을 착용전에 꼭 확인하십시요.
3. 만약 본 제품의 품질에 이상이 있어 피해보상을 원하실 때에는 반드시 「품질보증서」 또는 「영수증」을 지참하시기 바랍니다.
4. 피해보상 또는 수선을 원하실 때에는 본 제품 구입 특약점 또는 가까운 소비자 보호실로 연락해 주십시요.
5. 이 상품의 품질보증기간은 구입하신 날로 부터 1년까지 입니다.

품 명	
규 격	
구입일	년 월 일
구입처	
가 격	

(주)원 미
서울 서초구 방배동 1026-28
승한 B/D 1층
TEL:(02)523-0915
FAX:(02)525-3246

검사필

피해보상기준

1. 이 상품을 구입하신 뒤 품질에 이상이 있을 때에는 아래에 적힌 내용과 같이 보상하여 드립니다.

구 분	보 상 기 준
원단불량 부자재불량 또는 봉제불량일 경우	구입하신 날로부터 1년이 채 안된 상품은 무상으로 수리하여 드립니다. 단, 봉제불량은 1년이 넘은 후에라도 무상으로 수리하여 드립니다.
사이즈 부정확 및 디자인, 색상에 불만이 있으실 경우	제품 구입후 10일 이내로써 제품에 손상이 없을때 동일가격, 동일제품 교환을 원칙으로 함.
상하1착중, 한쪽에만 이상이 있을경우	상하1착중 모두 교환 또는 무상으로 수리하여 드립니다.

2. 소비자 부주의에 의한 상품훼손 및 세탁 잘못에 의한 변형, 품질보증기간(1년)이 경과한 상품의 품질이상에 대해서는 보상의 책임을 지지 않으며 수리가 가능할 때에는 유상 수리하여 드립니다.
3. 상하 한 착인 경우 한쪽에만 이상이 있어도 한 착으로 처리합니다.
4. 다음의 경우에는 환불해 드립니다.
   - 표시된 가격을 초과하여 물품을 구입했을 경우 그 초과금액.
   - 광고 또는 품질표시와 제품이 다를 경우.
   (단, 15일 이내에 환불을 요청할 경우)

24. 취미 (Hobbies)

어휘

한가하다	to be at leisure
틈을 내다	to make time (to do) something
기분 전환	pastime, diversion, recreation
독특하다	to be peculiar
특이하다	to be unique
다양하다	to be various, to vary
유난히	unusually
권하다	to recommend
사진 촬영	photography
골동품	antiques
수집	collection
서예	calligraphy
낚시	fishing
동양화	Oriental painting
서양화	Western painting
유화	oil painting
악기를 다루다	to play a musical instrument
달리기	running
수영	swimming
태권도	Taekwondo
~을/를 즐기다	to enjoy
신나다	to be in high spirits, to become elated
~에 푹 빠지다	to indulge in
활력	vigor
까딱하면	at the slightest provocation
과감히	boldly, daringly
선뜻	readily, willingly
뒹굴다	to roll over in bed; to idle away one's time
경쟁시대	competitive era
시달리다	to be harassed
장만하다	to purchase, to prepare
생활에 지치다	to be tired out (worn out) from life

수준급(프로급)이다	to reach an excellent/professional level
오아시스 없는 사막	desert without an oasis
주머니를 털다	to spend one's last penny

문형

~(으)ㄹ 정도로

먹는 걸 잊어버릴 정도로 축구를 좋아해요.
수영은 나이 많은 사람도 할 수 있을 정도로 좋은 운동이래요.
우리 형은 못하는 것이 없을 정도로 취미가 다양해요.
I like soccer **so much that** it can make me forget to eat.
(They say) swimming is a good sport **that** even old people can enjoy.
My brother has a lot of hobbies, **(so many that it seems) that** he's good at everything.

~(으)면서

기분이 우울할 때는 피아노를 치면서 노래를 부릅니다.
직장 생활을 열심히 하면서 취미 생활도 즐깁니다.
오랜만에 만난 친구들과 술을 마시면서 즐거운 이야기를 나누었습니다.
When I'm feeling sad, I sing **while** playing the piano.
I work hard at my job and, **at the same time**, have time to enjoy my hobbies.
Some old friends and I shared some good conversation **over** a few drinks.

~(으)ㄴ (이)후에

동생은 집을 나간 이후 두번 다시 돌아오지 않았다.
비온 후에 흐리다.
병석에 누운 이후 다시는 일어나지 못했다.
After he ran away from home, my brother never returned.
Rain **at first,** cloudy **later**.
He lay down never to rise **thereafter**.

24. 취미

~든지

누가 뭐라고 하든지 자기가 하고 싶은 일을 해야 행복하다.
어디를 가든지 내 집보다 더 좋은 곳은 없다.
무슨 일이 있든지 나는 놀라지 않겠다.

What**ever** others **may** say, in order to be happy one has to do what s/he wants.
Go wher**ever** you **may**, there is no place like home.
What**ever may** happen, I am prepared for it.

연습

[연습 1] 친구들과 토론을 한 다음 질문에 대답을 써 보십시오.

(1) 가장 많은 사람들이 즐기는 취미는 무엇일까요?
(2) 취미가 있는 사람과 취미가 없는 사람의 차이는 무엇일까요?
(3) 좋은 취미와 나쁜 취미가 있을까요?
(4) 여러분은 어떤 취미가 있습니까? 그 취미를 어떻게 즐깁니까?

[연습 2] 다음 세 문장을 각각 한 단락의 첫 글로 삼아 글을 써 보십시오.

요즘 건강에 도움이 되는 취미 생활을 하고 싶어하는 사람이 많다.
_____
_____
그 중에서 남녀노소 누구든지 쉽게 할 수 있는 것은 _____ 이다.
_____
_____ 를
하기 위해서는 우선 _____ 를 준비해야한다. _____
_____
_____

[연습 3] 취미로 살아 있는 생명체를 기르는 사람도 많습니다. 사람들이 즐겨 기르는 애완 동물로는 개, 고양이, 앵무새, 거북이, 이구아나 등 여러 가지가 있고 난초와 같은 식물을 자식처럼 키우는 사람도 있습니다. 여러분이 이 중의 하나를 기른다고 생각합시다. 그런데, 여러분은 앞으로 약 한 달 가량 여행 때문에 집을 비우게 되었습니다. 그 동안 친절한 이웃집 아주머니에게 아끼는 애완 동물(식물)을 맡기려고 합니다. 그 아주머니께서 실수하시지 않도록 애완 동물(식물) 기르는 방법을 잘 설명해 보십시오. 아주머니께 드리는 글을 써 보십시오.

[연습 4] 계절에 따라 산과 바다 등 아름다운 자연 속에서 신나게 즐길 수 있는 취미도 있습니다. 다음 중 하나를 골라 그 취미를 가장 잘 즐길 수 있는 장소와, 준비물, 방법, 효과 등에 대해 써 보십시오.

스킨스쿠버다이빙

스키

급류 타기

행글라이딩

모범 예문

아름다운 사진, 그 첫걸음

　여러분은 취미로 그림을 그리고 싶은데도 소질이 없어 포기하고 있지는 않는가? 그런 사람이라면 나는 선뜻 사진을 권하곤 한다. 소질보다는 관심과 노력만으로도 손쉽게 그림같은 아름다운 사진을 찍을 수 있기 때문이다. 그 뿐이 아니다. 언제, 어디서든지 사진기와 필름만 있으면 즐길 수 있는 것도 사진 촬영의 매력이다. 그럼 어떻게 시작해야 할까?

　물론 제일 먼저 사진기를 준비해야 한다. 처음에는 너무 기능이 복잡하지 않은 소형 카메라로 시작하는 것이 좋다. 카메라를 산 후에 설명서와 사진 촬영 입문서는 틈틈이 볼 수 있도록 가까운 곳에 둔다. 그 다음, 찍고 싶은 풍경이나 사물 혹은 사람을 그냥 찍어 본다. 몇 장쯤 찍다가 카메라의 설명서에 있는 기능을 한 가지씩 이용해서 찍어 본다.

　필름 한 통을 다 찍은 후에 책을 보면서 찍은 사진을 꼼꼼히 살펴본다. 무엇이 잘못 되었는가? 그 점을 생각하면서 다시 사진을 찍는다. 처음 찍은 사진과 비교해 본다. 사진을 잘 찍는 사람과 같이 이야기를 해본다면, 더 빨리 멋진 사진을 찍을 수 있을 것이다.

25. 풍습 (Customs)

어휘	
음력	lunar calendar
양력	solar calendar
설날	New Year's Day
떡국	rice-cake soup
차례를 지내다	to perform a service honoring ancestors
설을 쇠다	to celebrate New Year's Day
세배	formal bow of respect to one's elders on New Year's Day
세뱃돈	money given for 세배
설빔	New Year's clothes
한복	Korean (traditional) clothes
저고리	(Korean) jacket (part of 한복)
대보름	Taeborum holiday (falls on January 15 of the lunar calendar)
오곡밥	*ogokpap*, rice with five kinds of grain
나물	seasoned vegetables
부럼	nuts eaten on 대보름 (to guard oneself against boils for a year)
잣	pine nuts
호도	walnut
밤	chestnut
땅콩	peanut
부스럼	swelling, a boil
제기차기	kind of shuttlecock game played with the feet
쥐불 놀이	setting fire in the fields on 대보름
추석	Harvest Moon Day (falls on August 15 of the lunar calendar)
조상	ancestor(s)
햅쌀	first crop of rice (for the year)
송편	rice cake steamed on a layer of pine needles (eaten on 추석)

25. 풍습

햇과일	new fruit of the year
오곡백과	(all kinds of) grains and fruits
귀성	returning home, visiting parents in one's hometown
산소	grave
성묘	visiting ancestors' graves
강강수월래	women's dance performed under the moonlight on 추석
씨름	Korean wrestling
추수감사절	Thanksgiving Day
칠면조	turkey
부활절	Easter
산타크로스	Santa Claus
선물	present
잊혀지다	to be forgotten
고유	characteristics, peculiarity
전통	tradition
축제	festival
풍속	custom
민족	racial/national group
연례 행사	annual event

문형

~기 위해서

부활절에는 예수의 부활을 기념하기 위해서 예쁘게 색칠한 계란을 나눠 줍니다.

설을 쇠기 위해서 가게 문을 닫았습니다.

성묘를 하기 위해서 고향에 간다.

On Easter, **in order to** commemorate Christ's resurrection, we hand out beautifully painted Easter eggs.

We closed the store **to** celebrate New Year's Day.

We return to our hometown **to** visit the family graves.

~도록

일년 동안 건강하게 지내도록 부럼을 먹습니다.
오랜만에 한 자리에 앉은 우리는 밤 늦도록 술을 마셨습니다.
명절에는 고향에 돌아가도록 회사에서 버스를 내줍니다.

We eat *purŏm* **so** we can stay healthy throughout the year.
Because we were together for the first time in a long while, we drank **until** it was late at night.
On major holidays, the company provides a bus **so that** its employees can go back to their hometowns.

~밖에 없다

하나밖에 없는 목숨을 소중히 여겨야합니다.
이 일은 의논할 상대가 너밖에 없다.
젊은 시절은 한번밖에 없다.

We need to cherish the only life **that we have**.
I have **no one but** you to turn to for advice.
We are young **only** once.

~어(아/여)도 ~기만 하다

김치는 언제 먹어도 맛있기만 하다.
고전이 된 문학작품은 아무리 반복해서 읽어도 재미있기만 하다.
자주 듣는 노래지만 이런 노래는 언제 들어도 슬프기만 하다.

Kimchee is **always** delicious, when**ever** I eat it.
No matter how many times you read it, classical literature gives you **(only)** enjoyment.
Though it is sung often, this type of music **always** makes listeners sad (when**ever** they listen).

연습

[연습 1] 한국의 명절은 주로 음력으로 쉽니다. 명절 중의 하나인 설날은 음력 1월 1일이지요. 설날 아침에는 조상에게 차례를 지내고 떡국을 먹습니다. 아이들은 어른에게 세배를 하고 어른들은 절 값으로 세배 돈을 줍니다. 설날에 입는 옷을 설빔이라고 하는데 여자 아이들은 색동 저고리를 입습니

다. 여러분 나라에서는 새해를 잘 맞이하기 위해서 무엇을 하는지 새해 풍습을 소개해 보십시오.

[연습 2] 한국에는 귀신을 쫓는 풍습이 있습니다. 예를 들면 아기 생일에 귀신이 도망가도록 붉은 수수팥떡을 해 먹인다든지, 손없는 날에 이사나 결혼을 한다든지, 동짓날 팥죽을 먹는다든지, 부적을 지니고 다닌다든지 하는 것들이 있습니다. 여러분이 알고 있는 귀신을 쫓는 풍습을 설명해 보십시오.

[연습 3] 농사를 짓는 모든 민족은 가을 수확을 감사하는 명절을 지냅니다. 다음은 한국의 추석에 대한 글입니다. 아래 글에 이어서 여러분 나라의 가을 명절 이야기를 써 보십시오.

> 한국의 추석은 음력 8월 15일입니다. 추석은 여름에 땀 흘려 농사지은 것을 추수해서 조상에게 드리고 감사하는 날입니다. 조상의 산소에 가서 성묘를 하고, 햅쌀로 빚은 송편과 햇과일을 먹으며 즐깁니다. 밤에는 둥근 달 아래서 밤새도록 동네 처녀들이 모여 강강수월래를 부르면서 춤을 춥니다.
> 우리 나라에도 이와 비슷한 명절이 있습니다. _____
> _____
> _____
> _____
> _____
> _____
> _____

[연습 4] 다음은 러시아 학생이 쓴 종교 기념일에 대한 이야기입니다. 이 이야기를 읽고 여러분 나라의 종교 기념일에 대한 이야기나, 혹은 여러분이 가지고 있는 종교 기념일에 대한 이야기를 써 보십시오.

러시아의 그리스도 부활절

　러시아에서 제일 중요한 명절은 부활절이다. 그것은 러시아가 그리스도의 나라이기 때문이다. 부활절은 4월의 끝에서 두번째 금요일에 지낸다. 러시아 사람들은 이 날이 되기 전 40일 동안 육식을 금하고 채식만을 하고, 정신적인 절제 생활을 한다. 마음을 가라앉히기 위해서 말을 적게 하고, 오락을 삼간다.

　축제 전에 청소를 깨끗이 하고 음식을 만든다. 원통 모양의 단 빵을 만들고, 돼지 넓적다리를 누른 색이 나도록 맛있게 굽는다. 전통적으로 계란에 색칠을 하는데, 이것은 러시아의 대표적인 미술이 될 정도로 발달하였다. 옛날 러시아의 황실에서는 계란 장식을 만들어서 군중들에게 나누어주기도 하였다고 한다.

　축제의 밤에는 사람들은 단 빵과 계란을 교회에 가지고 가고 교회에서는 재미있는 행렬을 보여 준다. 교회에서 돌아오는 길에 아는 사람을 만나면 축하를 하고 계란을 선물로 준다. 집에 돌아와서는 식탁에다가 가지고 온 계란과 단 빵과 그 밖에 음식을 놓고 가족들이 둘러앉는다. 식탁은 특별히 히아신스로 장식을 하여 아름답다. 이날은 보통 전화 벨 소리가 유난히도 자주 울리고, 집안 곳곳에서 나오는 부활절 축하의 목소리가 집안을 시끄럽게 한다.

> 모범 예문

까치 설날

　설날 하루 전인 섣달 그믐, 까치 설날, 우리 집에는 할머니와 할아버지를 모시고 살기 때문에 옛날부터 전해 내려오는 풍속을 그대로 따른다.
　해마다 이 날이 되면 대청소를 하고 차례 지낼 준비를 한다. 장을 보고, 떡국 끓일 흰떡을 썰고, 세배 오는 손님에게 대접할 음식을 장만한다. 요즘은 가게에서 썬 떡을 사는 가정이 많지만, 우리 집에서는 할머니와 어머니, 그리고 온 가족이 둘러앉아 떡을 빚고, 썰고, 한 쪽에서는 밤을 까고 하는 일을 연례 행사처럼 하고 있다. 이 시간이야말로 우리 집 식구들만이 갖는 오붓한 시간이다. 밤늦도록 언제나 할머니의 구수한 이야기가 꽃을 피운다. 젊으셨을 때 할아버지와 연애하던 이야기, 아버지의 어릴 적 이야기, 기억할 수 없는 우리들의 아기 때 이야기가 해마다 재생된다. 늘 듣는 이야기지만 언제 들어도 이런 이야기는 재미있기만 하다. "아이들은 밤 12시가 되기 전에 자면 눈썹이 하얗게 세니까 절대로 자면 안 된다"는 말이 겁이 안 날 정도로 졸립지 않다.
　까치 설날 저녁에는 새옷으로 갈아입고, 부모님께 묵은 세배를 드린다. 설빔은 안 하지만 깨끗하게 손질한 옷을 입고, 일 년 동안 건강하게, 무사히 지냈음을 보고하는 뜻으로 큰절을 한다. 그리고 다가올 내년에 더욱더 부지런히 일해서 훌륭하게 될 것을 약속한다. 나는 설날의 세배보다도 이 까치 설의 인사가 마음을 정리하고 결심하는 뜻에서 더 의미가 있는 것 같다.
　12월만 되면 1년 동안 쌓인 스트레스를 풀기 위해서 망년회를 한다. 직장 동료들과 동창들과, 또는 친구들과 모여 술을 마시고 들떠서 한바탕 노는 것이 요즘의 풍속도이다. 하지만, 나는 왠지 우리 집의 이 따뜻한 시간보다 더 좋은 시간은 없는 것 같다.

Daisy Ha

그림같은 부활절 풍경

부활절은 기독교에서 나왔습니다. 이 날은 예수의 부활을 기념하는 날입니다. 보통 4월의 첫 일요일입니다. 많은 사람들은 이 날 교회에 갑니다.

그렇지만 이날은 아이들한테 특별한 날 입니다. 부활절의 착색 달걀을 만듭니다. 먼저 달걀을 끓이고 그 다음에 물들입니다. 분홍색, 보라색, 빨간색, 노란 색, 파란 색, 초록색, 오렌지색, 등등 여러가지 색이 있습니다. 다음에는 페인트와 펜으로 그림을 그리거나 예쁜 디자인을 칠합니다.

부활절에 공원에 가면 아이들을 많이 볼 수 있습니다. 보통 교회에서 오니까 아이들이 예쁘게 옷을 입고 옵니다. 여자들은 귀여운 파스텔색 봄 드레스를 입고 있습니다. 아이들은 모두다 바구니를 들고 있습니다. 이 바구니 속에는 가짜 풀 밖에 없습니다. 아이들 사이에는 토끼 한 마리가 있습니다. 영어로 "Easter Bunny"라고 합니다. 이 흰 토끼는 사실은 토끼 복장을 한 어른입니다.

시간이 되면, 아이들은 눈을 감고 토끼는 깡총깡총 뛰면서 밝은 달걀과 사탕을 숨깁니다. 사탕은 보통 "제리 비느"라고 하는데 콩 같이 생겼고 색깔은 밝습니다. 토끼가 달걀을 다 숨기면 아이들이 찾아서 바구니에 넣어요. 달걀은 어디에나 있을 수 있습니다. 나무, 풀, 놀이터, 관목, 등등. 다 괜찮습니다. 아이들은 달리고, 소리를 지르고, 여기저기 달걀을 찾으려 신나게 다닙니다. 아기들은 아직 너무 어려서 못 찾아 다니니까 토끼가 사탕을 나누어 줍니다.

26. 음식 이야기 (Talking about food)

어휘

반찬	side dishes
국	soup
찌개	stew
갈비	short ribs
전골	beef and vegetables with soup
해물탕	soup with mixed seafood
설렁탕	soup made with bone, organs, and rice
볶음	stir-frying
떡볶이	spicy dish made with rice cakes
국수	noodles
분식	flour-based meals
잡채	stir-fried vegetables, meat, and noodles
만두	dumpling
빈대떡	green-pea pancake
파전	green-onion pancake
생선전	pan-fried (filets of) fish
튀김	(deep) fried food
야채	vegetables
육류	meat
영양가	nutrition
싱싱하다	to be fresh
변하다	to change
상하다	to go bad, to spoil
쉬다	to go bad, to spoil
썩다	to rot, to spoil
짜다	to be salty
싱겁다	not to be salty enough, to be bland
달다	to be sweet
쓰다	to be bitter
맵다	to be hot and spicy
시다	to be sour

식품	food
야채를 씻다	to clean vegetables
껍질을 벗기다	to peel
썰다	to slice
채치다	to shred vegetables
다지다	to mince
끓다	to boil
볶다	to fry, to pan-broil, to stir-fry
지지다	to pan-fry, to sauté
부치다	to cook on a griddle
삶다	to boil
찌다	to steam
굽다	to roast, to bake
치다	to sprinkle
뿌리다	to sprinkle
붓다	to pour
무치다	to season
섞다	to mix
젓다	to stir
뒤집다	to turn over
조리하다	to cook
그릇에 담다	to put in a dish
상을 차리다	to prepare a meal
설거지하다	to wash dishes
양념	seasonings
깨	sesame
간장	soy sauce
된장	soybean paste
고춧가루	powdered red pepper
고추장	thick, sticky-rice paste mixed with red peppers
후춧가루	ground pepper
참기름	sesame oil
생강	ginger
파	green onion
마늘	garlic
조리법	recipe

26. 음식 이야기

문형

~을/를 비롯해서

아버지를 비롯해서 우리 식구들은 매운 음식을 좋아하는 편이다.
일본은 회를 비롯해서 생선 요리가 발달되었습니다.
철수를 비롯해서 많은 사람들이 내 의견에 찬성했다.
From my father **on down**, everyone in our family tends to like spicy food.
In Japan, fish dishes, especially those **including** raw fish, are sophisticated and plentiful.
Many people, **including** Chŏlsu, agreed with my opinion.

~다든가 ~다든가

음식을 더운 곳에 둔다든가 냉장고에 넣었다 꺼냈다 한다든가 하면 상해요.
짜게 먹는다든가 맵게 먹는다든가 하면 위에 나쁩니다.
너도 음식을 만든다든가 설거지를 한다든가 무엇이든지 해.
If you store food in a warm place **or** keep taking it in and out of the refrigerator, it will go bad.
If you eat food (that is) too salty **or** too spicy, it's bad for your stomach.
Either cook **or** wash the dishes, but do something!

뭐니뭐니해도

뭐니뭐니해도 경제계에서는 그 사람이 제일이야.
뭐니뭐니해도 김치에는 잘 삭인 멸치국물이 제격이야.
뭐니뭐니해도 음식은 맛이 제일 중요하다.
After all, he is the greatest figure in the business world.
Among other things, kimchee matches perfectly with well-brewed anchovy sauce.
Whatever else might be said, taste is the most important factor in making food.

~(으)ㄹ 뿐만 아니라

그는 화가일 뿐만 아니라 시인이기도 하다.
그분은 한국을 위해서 일했을 뿐만 아니라 세계 평화를 위해서도 애썼다.
금연은 경제적일 뿐만 아니라 건강에도 좋다.

He is **both** a painter **and** a poet.
He worked **not only** for Korea **but also** did his best for world peace.
Not smoking is **not only** economical **but also** good for the health.

연습

[연습 1] 이 지구상에는 수많은 음식들이 있습니다. 그 중에는 다음과 같이 독특한 유래를 가지고 있는 음식도 많이 있습니다. 독특한 유래나 역사를 가지고 있는 음식을 찾아서 소개해 봅시다.

약 식

약식은 약밥이라고도 하는데 먼저 찹쌀을 쪄서 밥을 만들고 여기에 대추라든가 잣이나 밤이라든가 하는 건강에 좋은 열매와 참기름, 꿀, 간장 등을 넣어 다시 찐 것으로 정월 대보름에 먹는 음식이다. 역사책에 의하면 신라 시대의 한 왕이 어느 해 정월 대보름 날 까마귀의 도움으로 목숨을 구할 수 있었다고 한다. 그 왕은 까마귀에게 보답하기 위해 찰밥을 지어 먹였는데 이 풍습이 지금까지 전해 내려와 요즘도 정월 대보름이면 약식을 만들어 먹는다. 또한 약식은 보통 잔칫상에서 빠지지 않는 음식이다.

샌드위치

두 쪽의 빵 사이에 여러 가지 재료를 넣어 먹는 음식인 샌드위치는 18세기 프랑스의 한 백작의 이름을 따서 붙인 이름이다. 그는 도박을 무척 좋아해서 한번 도박을 시작하면 24시간 동안 탁자를 떠나지 않았다고 한다. 그의 하인은 주인이 도박을 하면서도 음식을 먹을 수 있도록 빵 조각 사이에 고기, 야채를 비롯해서 영양가 있는 것을 끼워서 갖다 주었는데, 이때부터 이 백작의 이름을 따서 그 음식을 샌드위치라고 불렀다고 한다.

26. 음식 이야기

[연습 2] 여러분이 가장 자신있게 잘 만들 수 있는 **음식의 조리법을 자랑해** 보십시오.

[연습 3] 여러분의 고향에서는 어떤 음식이 유명합니까? **언제부터 그 음식을 먹게 되었는지**, 그리고 어떻게 만드는지 자세히 설명해 보십시오.

[연습 4] 다음은 이 지구상에서 가장 많은 사람들이 즐겨 마시는 음료 중의 하나인 커피에 대한 글입니다. 빈 칸을 채워 보십시오. 이외에도 많은 사람들이 **즐겨 먹는 음식, 예를 들면 아이스크림이라든가, 치즈라든가, 포도주 같은 음식 중 하나를 골라** 다음과 같은 구성으로 설명해 보십시오.

커피를 **최초로 발견한** 사람은 누구일까요? 여기에는 다음과 같은 이야기가 전해 내려옵니다. 옛날 아랍 지방에 살던 한 사람이 자신이 기르는 양들이 어떤 나무의 **붉은 열매**를 먹은 후 흥분하고 들떠서 잠을 자지 **않는다는** 사실을 알게 되었습니다. 그래서 그 열매를 여러 가지 방법으로 시험하던 중 검고 **쓴** 맛이 나는 액체를 추출해내는 데 성공했다고 합니다.

커피를 처음으로 마신 사람들은 아랍 사람들로 그들은 커피를 "신이 내린 소중한 약"이라고 생각하였으며 커피를 마시면 건강해 질 수 있다고 믿었습니다. 커피는 아라비아에서 **터키**를 통해 유럽으로 전해졌고 17세기 후반에 남미에까지 전해졌다고 **합니다.**

커피의 원산지는 아프리카의 에디오피아이지만 지금은 남미 전 지역에서 전 세계 생산량의 **90%** 이상을 생산하고 있습니다. 이 지역은 비가 많이 오는데다가 땅이 기름지고 기후가 온화하기 때문에 1년에 두 번이나 커피를 수확할 수 있기 **때문이지요.**

커피는 붉은 색의 작은 **열매인데** 그 **껍질**을 깨면 두 개의 알맹이, 즉 커피콩이 나옵니다. 이것을 크기, **발효** 상태, 깨끗한 정도 등에 따라 분류한다고 합니다.

커피의 종류는 _____ 을/를 비롯해서 _____

_____

커피를 맛있게 마시는 **방법**은 ____ 다든가 ____ 다든가 _____

_____

모범 예문

김치 담그기

　　한국 음식 가운데 제일 유명한 것은 뭐니뭐니해도 김치입니다. 한국 사람들은 무슨 음식을 먹든지 김치와 함께 먹으니까 식탁에는 꼭 김치를 올려놓아요. 또 음식점에서는 무엇을 주문하면 김치는 반드시 나올 뿐만 아니라 김치가 모자라면 얼마든지 더 달라고 해도 괜찮을 정도로 김치 인심이 후하답니다. 그래서 이제부터 한국 음식에서 빼놓을 수 없는 김치 담그는 법을 설명해 보겠습니다.

　　준비물:　배추 2포기　　　　　　젓갈 (소금) 약간
　　　　　　고추 가루 3/4 컵　　　　생강 다진 것 1 찻숟갈
　　　　　　마늘 다진 것 3숟갈　　　파 채친 것 1/4 컵
　　　　　　설탕 1/2 숟갈　　　　　　조미료 약간

　　먼저 배추를 반으로 쪼개서 하루 정도 소금물에 담그세요. 이 때 소금물이 너무 짜면 안 됩니다. 배추가 적당히 절었으면 맑은 물에 3번 정도 씻으세요. 배추를 적당한 길이로 썰고 거기에 고추 가루를 비롯해서 마늘, 생강, 젓갈, 소금, 설탕 등 여러 가지 양념을 넣고 섞으면 됩니다. 이때 고추 가루가 매우니까 고무 장갑을 끼고 하세요. 고추 가루와 소금은 한꺼번에 다 넣지 말고, 적당히 섞어지면 맛을 봐 가면서 더 넣는 것이 좋아요. 맵게 먹느냐 짜게 먹느냐에 따라서 고춧가루와 소금을 적당히 쳐야 하니까요. 그 다음에 그릇에 담아서 보통 온도에서 익혀 가지고 냉장고에 넣으세요. 실패를 두려워하지 마세요. 여러 번 도전하면 맛있는 김치를 만들 수 있게 될 테니까요. 김치는 찌개를 끓인다든가 김치 부침을 한다든가 만두를 빚는다든가 이렇게 다양하게 요리를 할 수도 있어요.
　　김치는 발효 식품으로서 위와 장을 튼튼히 해 주고, 식욕을 증진시켜 입맛을 돋우어 주지요. 또 비타민을 비롯해서 무기질이 풍부하여 각종 질병 예방에도 좋대요. 이런 음식이니 만드는 법을 알아 두면 좋겠지요?

26. 음식 이야기

전정원 선생에게 배우는
실패하지 않는 맛김장 비결
맛김치·김장김치

총각김치

멸치젓국을 넣고 파와 갓을 섞어 버무린 남쪽지방의 별미김치다. 김장 담그기 전에 동치미와 같이 담그는데 일반 배추김치보다 일찍 먹는 편이다.

● 재료

비늘김치

무를 생선비늘처럼 저며놓아 칼집을

고급 작문

(Advanced composition)

감상문
(Descriptions of impressions)

How to write 독후감, 영화 감상문

- After reading a book or watching a movie, write your thoughts and feelings.

- For the introduction, write about what motivated you to read the book or to watch the movie, then write your overall impression, and, finally, analyze the author's thoughts.

- For the body of the essay, write about the plot and your impressions of characters and scenes.

- After writing all your thoughts, opinions, and criticisms, conclude with any new insights.

How to write 기행문

- Start by making travel plans for an actual trip, describe what you see, hear, and feel vividly, so that readers feel as if they are on the trip, too.

- Summarize your feelings when you left home for the trip, your feelings after the trip, and any new thoughts you may have had.

How to write 서정문

- Come up with a moving or stimulating subject that has a deep emotional effect on you.

- Expressing your feelings is important, but you cannot move the reader by conveying only your feelings. To bring in the reader, make sure that the situation or subject is also interesting to a third person.

차 례

27. 독후감   Impressions of a book
28. 영화 감상문   Appreciation of a film
29. 기행문   Travel writing
30. 서정문   Lyric writing

27. 독후감 (Impressions of a book)

어휘

인물	character
사건	event
배경	setting
추리 (탐정, 연애) 소설	mystery (detective, love) story
희곡	drama
문학 작품	literary work
전기	biography
지은이, 저자, 작가	writer
출판사	publishing company
베스트 셀러	bestseller
고전	classic
원서	original (language) edition
주제	theme
소재	subject matter
줄거리	synopsis (of a play or a story)
느낌	impression, feeling
감동	being moved emotionally
감명 받다	to be deeply impressed
우러나다	to come from one's heart
흥미진진하다	to be very interesting
발단	beginning
전개	development
절정	climax
결말	end
비판	criticism
평가	evaluation
아쉽다	to miss
기대되다	to be expected
뜻밖이다	to be unexpected
대목	part
권유	inducement

추천	recommendation
동기	motive, motivation, incentive
창작	creating
묘사하다	to describe
풍자하다	to satirize
비유하다	to compare, to liken
시점	point of view
시각	point of view (*lit.* angle of view)
단숨에 읽다	to read (a book) in one sitting
호기심이 생기다	curiosity is aroused
공감이 가다	to sympathize with
나 같으면	if it were I
독서의 계절	season suitable for extensive reading
독서 삼매경	(being) buried in books
기가 막히다	to be stunned, to be aghast

문형

~게 되다

나는 그 책을 읽은 후부터 고통을 겪는 사람들에 대해서 생각하게 되었다.
한국 생활을 시작한 지 일 년, 이제 나는 젓가락질도 익숙해졌고 한국말로 농담도 할 수 있게 되었다.
컴퓨터 통신의 발달로 시간과 공간 제약없이 원하는 사람과 대화를 나눌 수 있게 됐다.

After reading that book, I **came to** think about people who go through pain.
It's been a year since I started living in Korea. Now I've adjusted to using chopsticks and am now **able to** tell jokes in Korean.
Through the development of electronic communication, it **has become** possible to converse with someone without restrictions of time and space.

~는/(은)ㄴ/(으)ㄹ 듯이

그는 죽은 듯이 꼼짝않고 누워 있었다.

27. 독후감

분노에 치민 그는 나를 잡아먹을 듯이 노려보았다.
그 여자는 마치 아무런 관심이 없다는 듯이 계속 다른 데만 쳐다보고 있었다.

He lay there without flinching, **as if** he were dead.
The infuriated man glared at me **as if** he were going to pounce and eat me.
The woman kept staring elsewhere, **as if** she were not at all interested.

~는지/(으)ㄹ지/~(으)ㄹ는지

내가 대신 가면 어떨는지.
사흘 후에 떠나는 것이 어떠실는지요?
어떤 식으로 사과를 해야 할지 모르겠어요.

(I wonder) what if I go in your place?
(I wonder) how would it be for you to leave three days later?
I don't know **how** I should make an apology.

~(이)라고

세간에서는 그를 의적이라고 평한다.
그를 선동자라고 부르는 것은 당연하다.
부부는 첫아기 이름을 티모디라고 지었다.

He is generally reputed **to be** a righteous thief.
It is just to label him **(as)** an agitator.
The couple named their first baby **(as)** Timothy.

연습

[연습 1] 우리는 책을 읽으면 여러 가지 이유로 감명을 받습니다. 다음을 읽고 떠오르는 작품의 이름과 지은이를 써 보십시오.

(1) 주인공이나 등장 인물이 인상적인 작품:
(2) 사건이 너무나 흥미진진한 작품:
(3) 새롭고 놀라운 세계를 알게 해 준 작품:

(4) 삶의 진실과 진리를 깨닫게 해 준 작품:

(5) 자기 자신의 고민이나 경험과 비슷한 작품:

[연습 2] 여러분이 읽은 책에서 인상적이었던 인물을 골라 그 인물에게 편지를 써 봅시다. 편지에는 그 인물에 대한 칭찬이나 격려, 또는 충고와 비판 등을 써 보십시오.

[연습 3] 모험담이나 추리 소설을 읽은 후, 그 책의 중심 사건을 간단히 쓰고, 재미있었던 이유가 무엇이었는지 써 보십시오.

[연습 4] 한국 단편 소설인 "소나기"를 읽어 봤습니까? 혹시 읽지 않았다면, 이 기회에 한번 읽어 보십시오. 읽고 나서 아래 감상문을 완성해 보십시오.

이 책의 주인공은 이름이 없다. 그래도 우리는 그 소년과 소녀를 아주 잘 이해할 수 있다. 여름날의 소나기처럼 _____

_____

_____

_____

_____

_____

_____

_____

_____

_____

이번 여름에도 우리의 뜨거운 가슴을 적셔 줄 소낙비가 오겠지.

[연습 5] 같은 책을 두 번 이상 읽는 경우는 많지 않을 것입니다. 그러나 어떤 이유에서든지—감동을 주거나, 너무 재미있어서, 슬프고 힘들 때 위로를 주거나, 혹은 특별한 추억을 떠오르게 해서—두 번 또는 여러 번 읽은 책이 있다면, 처음 읽었을 때와 두 번 세 번 읽었을 때 그 느낌이 달랐을 것입니다. 어떻게 달라졌는지 글로 써 보십시오.

[연습 6] 수학, 과학, 철학, 문화 인류학 등 전문적인 분야의 책들은 독자에게 새롭고 놀라운 세계를 알려 줍니다. 그 중 여러분의 세계관을 형성하거나 바뀌게 한 것은 어떤 것이 있습니까? 그 책에서 처음 알게 된 새로운 지식은 무엇이었습니까? 신대륙과도 같은 그 사실을 접한 후 여러분에게 어떤 변화가 있었는지 정리해서 써 보십시오.

모범 예문

괴테의 젊은 베르테르의 슬픔을 읽고

'자연'에 대한 끝없는 사랑과 인간에 대한 열정으로 자신의 몸을 바칠 듯이 덤벼들었던 청춘 시절의 괴테. 그의 나이 25세 때 불과 4주일만에 불붙어 써 내려간 "젊은 베르테르의 슬픔"이란 불덩이 같은 사랑의 이야기들. 괴테가 남긴 세계 최대의 이 러브 스토리를 떠올리노라면 나는 심장까지도 울렁울렁거림을 느낀다.

친구에게 자기의 심정을 고백하는 편지 형식으로 씌어진 이 소설은 마치 음악의 악보로 엮어진 듯이 거의 완벽한 리듬을 타고 있다. 괴테의 모든 시와 소설과 희곡들이 그렇듯이, 괴테는 시든 산문이든 거의 천재적인 음악성을 살리면서 게르만족들의 전통적인 민요 가락(Ballade)을 중시했기 때문이다.

서간문 소설 "젊은 베르테르의 슬픔." 괴테 자신의 체험을 그대로 담은 이 소설은, 주인공이 베르테르와 그의 연인 로테다. 복잡한 인간 사회에 염증을 느낀 베르테르가 시골에서 만난 다정하고 순결한 처녀와의 사랑에 그만 흠뻑 빠져 버린다. 어쩌면 좋은가. 그러나 그녀는 이미 알베르트라는 약혼자가 있었다. 마침내 자신이 만들어 낸 사랑의 마술에 넋까지 빼앗기고 베르테르는 이루어질 수 없는 사랑을 고민하다가 권총 자살로 자신의 인생을 마감하게 된다. 동서고금을 막론하고 사람이라면 누구나 한번쯤은 겪어 왔던, 또 앓을 수밖에 없는 저 사랑의 열병! 그리고 그 사랑의 열병을 규제하는 인간 사회의 법규와 제약! 그러나 그 사랑의 열병은 자연과 인간만이 가질 수 있는 영혼과 정신으로 비로소 구제될 수 있다는 것이 아마도, 괴테가 남긴 "젊은 베르테르의 슬픔"의 테마가 아닐는지.

나는 나폴레옹이 전쟁 중에도 휴대품처럼 지니고 다녔다는 이 책을 최근 다시 읽으면서, 결론은 이렇게 내렸다. "사랑은 마약과도 같은 것이지만, 사랑만이 한 개인은 물론 한 사회, 그리고 이윽고는 인류를 구원할 수 있는 길을 열어 준다."라고.

시인 김준태

27. 독후감

[위대한 게츠비 ([The Great Gatsby])]를 읽고

　　이 책은 20세기 미국 문학의 대표적인 소설 중의 하나이다. 특히 젊은이가 읽으면 아주 충격적일 것이다.

　　게츠비는 부자가 됐지만 또 자체 때문에 돈을 모으지는 않았다. 오직 사랑을 위해서 부자가 되느라고 해섰다. 얼마나 대단한가! 게츠비는 자기 자신과 인생과 재산을 이십년만에 다시 만난 여자에게 바쳤다. 아마 이 소설을 좋아하는 사람들은 꿈 속에서나마 이런 인생을 살고 싶을 것이다.

　　그런데 또 이런 이유 때문에 [위대한 게츠비]는 아주 위험한 소설이다. 젊은이들은 이 책을 읽으면서 어떤 생각을 할까? 아마 몇몇은 이것을 바르게 볼 것이다 그 덕분 이 소설이 참 어려웠다고 생각해서 자기 길을 선택하고 자기 생활에 만족하고 편하게 살 수 있을 것 같다.

　　다른 몇몇은 이 이야기가 너무 대단해서 나도 이렇게 살고 싶다고 생각하겠지. 그리고 바로 학교를 그만 두고 이렇게 살아보려고 하다가, 이런 생활이 원이 없어서 어느 구름 걷 날 자기 별을 보면서 걸어 가다가 장물에 빠져 버릴지도 모른다.

　　나머지도 역시 이 소설이 훌륭하다고 생각하겠지만 이런 인생은 재 성격에 맞지 않을 것 같아서 처음부터 아무 것도 안 할 것이다. 하지만 이 책이 마음에서 떠나지 않아서 먼날 잠을 못 자고 많이 울 것이다. 어느 날 새벽 3시에 정상에 없었다가 이 책을 생각하면서 소설을 쓰기 시작할 것이다. 그리고 다음 세대의 젊은이들도 이 새로운 소설을 읽고 이런 일들이

Moon

되풀이 될 것이다.

　물론 사람마다 다양한 생각이 있으니까 누구도 다른 길로 갈 수 있다. 그래도 그 사람은 거듭 중요하지 않다.

　사람들은 대부분 아름다운 사랑을 원한다. 부자도 되고 싶어한다. 그러니까 [위대한 개츠비]가 인기가 많지. 하지만 왜 이 세상에서 가능하지 않은 사랑을 하고 싶어하나? 아름다운 사랑을 찾는 대신 '아다'를 사귀거나 그게가 여자면 부자인 남자를 잡고, 남자면 예쁜 (성형이가 잘 빠진) 여자를 사귀어야 한다. 개츠비와 같은 실수를 하지 마십시오! 돈을 좋아하면 돈을 막 모아야 합니다. 완전한 사랑을 원한다면 산골에 가서 호숫가에서 나무로 집을 만드세요. 아름다운 사랑도 할 수 있고 부자도 될 수 있다는 실수를 하면 틀림없이 어느 날에 개츠비처럼 거기 수영장에서 시체를 떠오를 거니까.

이 재 성

28. 영화 감상문 (Appreciation of a film)

어휘

배우	actor, actress
주연	leading role
조연	supporting role
감독	director
관객	audience
시나리오(영화 각본)	scenario, script
원작	original work
영상 매체	visual media
시간과 공간	time and space
장면	scene
필름	film
영화 제작	film production
영화제	film festival
영화관	theater, cinema
상영	screening
스타	star
음향	sound (effects)
특수 촬영	visual effects
세트	(film) set
조명	lighting
상상력	(power of) imagination
명작	masterpiece
코미디	comedy
비극	tragedy
멜로 드라마	melodrama
전쟁 영화	war film
서부극	Western (film)
첩보물	spy film
공상 과학 영화	science-fiction film
만화 영화	(animated) cartoon
기록 영화	documentary (film)
컬트 영화	cult movie

일일 연속극	soap opera
컴퓨터 그래픽	computer graphic
무성 영화	silent film
주제가	theme song
배경 음악	background music
스턴트 맨	stunt man
대역	substitute, understudy
분장	makeup
연기	acting
대사	lines (of a play)
자막	subtitle
오락성	entertainment
예술성	artistic merit
대중적	popular
환상적	fantastic
매력적이다	to be charming
호평받다	to be well received
찡하다	to have a lump in one's throat
뭉클하다	to be heavy on one's heart or stomach
짜릿하다	to be thrilling
무시무시하다	to be horrible
숨 막히다	to be suffocating
두근두근거리다	to have palpitations
식은땀이 흐르다	to be in a cold sweat
배꼽이 빠지게 웃다	to laugh oneself to death, to laugh one's head off
눈물이 핑 돌다	tears come to one's eyes
흥분하다	to be excited
김새다	to lose interest

문형

~는/(으)ㄴ/(으)ㄹ 듯하다

하늘을 직접 나는 듯한 느낌이 드는 장면이었다.
꿈꾸는 듯한 여주인공의 표정은 너무 아름다웠어.

28. 영화 감상문

토끼가 화면에서 튀어나올 듯한 생동감을 잊을 수 없다.
The scene (was one that) made me feel **as if** I were really flying in the sky.
The lead actress's dream**like** expression was really beautiful.
(I can't forget how) the image was so real that it **looked as if** the rabbit were going to leap right out of the screen.

~(으)로부터

국제 영화제에서 상을 받고도 관객들로부터 외면 당하는 영화가 있다.
그 사람만큼 팬들로부터 숱한 꽃다발과 박수를 많이 받은 배우도 드물 것이다.
일일 연속극이 시청자들로부터 호평받기는 쉽지 않다.
Even if a movie wins a prize at an international film festival, it may still be disliked **by** moviegoers.
Actors who have received as many flowers or as much applause **from** their fans as that actor are rare.
It's not easy for a soap opera to receive a positive response **from** its viewers.

~게 하다

건전지를 새 것으로 바꾸어 시계를 가게 하였다.
옛날에는 집안에 불이 꺼지지 않게 하는 것이 주부의 할 일 중의 하나였다.
엄한 아버지는 아들이 집에 오면 숙제부터 하게 하였다.
(By) changing to a new battery, he **got** the clock going.
In the old days, one of the housewife's jobs at home was to **keep** the fire burning.
A strict father **made** his son do his homework first when he came (back) home.

연습

[연습 1] 여러분은 영화를 얼마나 좋아하십니까? 좋아하는 정도가 어떻든지, 영화는 책이나 연극과는 다른 맛이 있지요. 친구들은 어떤 재미 때문에 영화를 보는지, 어떤 때 영화를 보게 되는지 물어 보십시오.

[연습 2] 영화의 종류는 아주 많습니다. 애정 영화, 액션 영화, 코믹 영화, 서부 영화 등등. 여러분이 좋아하는 것은 무엇입니까? 어떤 점이 좋습니까? 또 싫어 하는 종류가 있다면 싫은 점이 무엇인지 써 보십시오.

취향 종류	영화 제목들	좋은 점, 혹은 싫은 점
애정 영화		
액션 영화		
코믹 영화		
공상 과학 영화 (SF)		
음악 영화		

[연습 3] 여러분은 영화를 선택할 때 어떤 점을 먼저 생각합니까? 좋아하는 배우나 감독? 또는 장르? 아니면 영화 평론가나 주위 사람들의 평인가요? 어떤 영화는 비평가들로부터는 호평을 받지만 관객들로부터는 외면을 당하기도 합니다. 친구와 영화 선택 기준과 그 이유를 이야기해 보고 글로 써 보십시오.

[연습 4] 소설이나 시처럼 영화에서 가장 많이 다루는 주제도 사랑이라고 생각합니다. "러브 스토리", "로미오와 줄리엣", "닥터 지바고", "남과 여", "폴링 인 러브", 그리고 "전망 좋은 방", "시애틀의 잠 못 이루는 밤", "사랑과 영혼", "바람과 함께 사라지다", "레드-블루-화이트" 등등.

(1) 이들 중에서 여러분이 경험해 보고 싶은 사랑은 어느 영화에 나왔습니까?
(2) 그 영화의 감독 이름과 배우 이름은 무엇입니까?
(3) 어떤 사랑이었습니까? 슬픈 사랑? 신비한 사랑?
(4) 가장 감동적인 장면을 자세히 묘사해 보십시오.
(5) 그 때 흐르는 음악은 어땠습니까?

28. 영화 감상문

(6) 주연 배우의 연기 가운데 가장 멋진 장면을 기억해 보세요. 그 때의 얼굴 표정이나 몸짓을 글로 그려 보세요.

[연습 5] 연습 4의 답을 묶어 하나의 글로 완성해 보십시오.

_____
_____
_____
_____
_____
_____
_____
_____
_____
_____
_____
_____

[연습 6] 훌륭한 영화 중에는 소설을 각색하여 영화화한 것도 많지요. 시드니 폴락 감독의 "아웃 어브 아프리카"도 덴마크 여류 작가 아이삭 디네센의 소설을 영화로 만든 것입니다. 영화와 소설을 다시 본 후에 다음 대화를 완성해 보십시오.

다니엘: 제인, 오후에 바쁘지 않으면 같이 영화 보러 갈래?
제인: 그럴까? 하긴 시험도 끝났으니 기분 전환도 할 겸 그거 괜찮겠다.
다니엘: 그럼 뭘 볼까? 너는 어떤 영화를 좋아하니? 나는 전쟁 영화나 서부 영화보다 _____
제인: 난 메릴 스트립을 좋아하는데, 마침 그녀가 주연을 한 "아웃 어브 아프리카"를 다시 상영하고 있다니까 한번 더 보고 싶은데.
다니엘: 응, 나도 그 영화를 전에 보긴 했는데 그 여자는 대단한 미인은 아니지만 _____
제인: 그 영화는 그녀의 연기력도 볼만할 뿐만 아니라 구식 축음기에서 흘러나오는 모차르트 음악은 _____
_____
다니엘: 그랬나? 음악이 잔잔하고 좋았던 것 같긴 하지만 그보다도 나는
_____
제인: 아! 생각나. _____
_____
나는 원작 소설도 읽었는데 _____
_____

[연습 7] 이번 주말에 요즘 가장 인기있는 영화를 한 편 보고 나서 감상문을 써 보십시오. 언제, 어디서, 누구와 무엇을 보겠습니까?

따뜻한 애니메이션

만화 영화의 주인공으로는 영국에서 만든 단편 애니메이션 "눈사람" (스노우맨: 1982년 작, 20분) 속에 등장하는 눈사람 "스노우맨"이 가장 애착이 간다. 영국의 디자인 작가가 연필로 탄생시킨 스타이다. 동화 작가인 브릭스는 눈 내리는 크리스마스와 북극에 사는 산타의 이미지를 부드러운 선을 사용하면서도 정감있게 표현해서 동심과 상상의 세계를 우리 주변의 일상으로 돌려준 작가이다. 한 마디 대사도 없는 "스노우맨" 역시 같은 이미지를 풍기며, 각박한 삶을 살아가는 우리를 동경과 축제가 가득한 세계로 인도하여 꿈꾸는 듯한 환상을 느끼게 한다.

"스노우맨"은 영화 속에서 함께 등장하는 소년의 손으로 만들어진다. 크리스마스는 소년에게 혼자만의 어떤 꿈과 기대감에 사로잡히게 하고 그것은 자신이 만든 눈사람에게 아빠의 모자와 목도리를 둘러주는 정겨움으로 나타난다. 그날 밤 정말로 그 눈사람은 살아나서 소년 방에도 들어와 소년과 함께 아빠 흉내를 내고 동네를 한바퀴 돌아 주며, 먼 북극의 나라로 하늘을 날아 여행을 시켜 주는 것이 아닌가! 이 장면은 영화를 보고 있는 관객으로 하여금 직접 하늘을 나는 듯한 느낌이 들게 한다. 또한 어떤 면에서 이 영화는 가정적이며 존경스러운 아버지상을 다시 생각하게 한다.

집 앞 뜰에서 사뿐히 떠올라 산타의 고향을 찾아 하늘을 함께 나는 소년과 스노우맨의 모습! 북극 바다의 고래가 내뿜는 증기 위를 둘이 날아갈 때 울리는 맑은 노랫소리.... 부성애에 대한 영원한 향수와 따뜻한 감동을 오랫동안 잊혀지지 않게 하는 명장면이다.

29. 기행문 (Travel writing)

어휘

어학연수	study abroad (in a foreign language)
해외여행	trip (abroad)
청바지	blue jeans
옷차림	attire
입・출국수속	entry and departure formalities
절차	procedure
여행자수표	traveler's check
환전	exchange (of money)
환율	exchange rate
예매	advance sale
국경을 넘다	to cross (a border)
안내소 (인포메이션센터)	information desk
이용하다	to use
숙박	lodging, accommodations
숙소를 잡다 (정하다)	to stay at (an inn or a hotel)
경비	expenses
절약하다	to economize
바닥나다	to run out, to be used up
숙식	room and board
유스호스텔	youth hostel
유레일패스	Euro rail pass
공공요금	public utility charges
교통편	transportation
차창	car (bus, train) window
관광명소	sightseeing spot
유적지	historical site
입장료	admission (fee)
발달하다	to develop
명물	special product
표정이 밝다	to look bright
무뚝뚝하다	to be blunt

29. 기행문

미소를 짓다	to smile
상냥하다	to be gentle
소박하다	to be simple
대조적이다	to be in contrast to
이국적이다	to be exotic, to be foreign
색다르다	to be out of the ordinary
풍경	scenery, landscape
박물관	museum
관람객	visitor
실감하다	to realize
장관을 이루다	to offer a grand spectacle
탁 트이다	to be wide open
소매치기	pickpocket
메모하다	to jot down
기록하다	to record
기억하다	to remember
뭐니뭐니 해도	when all is said and done
보기와는 달리	to be different from how it appears
한눈에 다 보이다	to get the whole picture
한 폭의 그림같다	to be pretty as a picture

문형

~기로는

뭐니 뭐니 해도 산 좋고 물 맑기로는 설악산이 제일이다.
여행을 잘 다니시기로는 우리 부모님을 따를 사람이 없을 것이다.
볼만한 유적지가 많기로는 이태리가 제일이다.

When all is said and done, **for** beautiful scenery and fresh water, Mt. Sorak is the best.
(**As for** traveling,) I don't think there's anyone who travels around as much as my parents.
As far as historical sites worth seeing are concerned, I think Italy is the best place to go.

~(으)로 해서 (=~을/를 거쳐서)

구불구불한 시골길로 해서 과수원까지 걸어갔다.
방학에 홍콩으로 해서 한국에 갔다 오고 싶다.
이번에는 부산으로 해서 제주도로 가 보는 것이 어떻겠습니까?
I walked all the way to the orchard **by way of** the winding country road.
I want to **stop by** Hong Kong on my trip to Korea this vacation.
This time, how about going to Cheju-do **by way of** Pusan?

~(으)니까

나이가 젊으니까 그런 실수를 하는 것도 당연하다.
소문 들으니까, 김씨가 장사해서 돈을 많이 벌었다더군.
날씨가 많이 따뜻해졌으니까 이제 밖으로 나갈 수가 있다.
Young **as** he is, it is natural for him to make such a mistake.
According to what I hear, Mr. Kim made very good money out of his business.
Now that the weather is (so) much warmer, we can go outdoors.

~(으)ㄹ 수 있다

시간만 넉넉하면 충분히 할 수 있다.
바보라도 그 정도는 알 수 있을 것이다.
누구든지 시인이 될 수 있다.
If we have enough time, we **can easily** do it.
Even a fool **could** understand that.
Everyone **has it in** him to be a poet.

연습

[연습 1] 다음 질문에 대답을 써 보십시오.

(1) 지금까지 여행한 곳 중에서 가장 인상적이었던 곳은 어디인가요?
(2) 어떻게 그 곳에 가게 됐습니까?

(3) 어떤 교통 수단을 이용했으며, 어디로 해서 그곳까지 갔습니까? 어떤 숙소에서 얼마동안 머물렀습니까?
(4) 그 곳의 자연과 날씨는 어땠습니까?
(5) 그 곳이 왜 인상적입니까?

[연습 2] 지금까지 여행을 한 곳 중에서 자연 환경과 경치가 가장 아름다웠던 곳은 어디였나요? 그림을 그리듯이 그 곳을 묘사해 보고 그 당시의 느낌을 써 보십시오.

[연습 3] 여러분이 지금 살고 있는 곳에 여행을 오려고 하는 사람에게 근처에 구경 할 곳을 소개하는 글을 써 보십시오. 그 글을 읽고 꼭 오고 싶은 마음이 들도록 써 보십시오.

[연습 4] 여러분이 잘 알고 있는 유적지가 있다면 그 곳에 대한 여행 안내문을 써 보십시오. 여러분이 관광 안내원이 되었다고 생각하고 읽는 사람이 관광할 마음이 생기도록 유적지에 대한 역사적인 배경과 일정, 경비, 출발 일자 등을 써 보십시오.

[연습 5] 여행 경험을 살려서 다음의 글을 완성해 보세요.

> 바빠서 여행을 자주 가지 못한다고 투덜댔지만, 생각해 보니까 그래도 가 본 곳이 적지 않은 것 같다. 눈 쌓인 산, 흥겹던 축제, 내 모자를 날려보낸 바람, 너무 매워서 울면서 먹었던 음식.... 그리고 그 모든 것들을 추억으로 남게 해준 사람들. 그 곳에서 만났던 이들의 따뜻한 웃음이 떠오른다.

[연습 6] 하루에 다녀오는 여행도 많이 하겠지만, 보통 여행을 하는 경우에는 며칠에서 몇 달이 걸리지요. 아주 길게는 몇 년이 걸리는 여행도 있고요. 그렇게 다녀오는 여행을 정리하는 기행문을 쓰기란 쉽지 않을 겁니다. 그럴 때 일기로 쓰는 기행문이 어떻겠습니까? 여행하는 그날그날, 특별한 일과 느낌을 적으면 되니까, 며칠이든 몇 년이든 부담없이 여행을 정리할 수 있을 겁니다. 가장 최근에 했던 여행을 일기처럼 써 보십시오.

2003년 1월 11일 수요일 오전 보슬비

　새벽 일찍 시내를 산책했다. 1720년대 스페인 풍의 성당과 건물이 질서있게 자리잡고 있다. 대통령이 일하는 국립 궁은 경비를 하고 있지만 누구나 구경할 수 있다고 한다. 그래서 들어가 보고 싶었지만 너무 일러서 아직 문을 열지 않았기 때문에 오후에 다시 들르기로 하였다.

　호텔 아침 식사는 괜찮은 편이었다. 식사 후에 걸어서 관광 안내소에 갔는데, 근무하는 안내원은 60세쯤 된 할머니 두 분이었다. 매우 친절하고 자상하게 내가 원하는 것들을 설명해 주고, 아주 유용한 자료도 주셔서, 여행 내내 큰 도움이 됐다.

[연습 7] 우리가 살아가는 인생, 바로 그것을 여행이라고 보는 사람들이 많습니다. 왜 그런 생각을 하게 될까요? 우리의 삶과 여행의 비슷한 점이 있기 때문이겠지요? 여러분은 그 공통점이 무엇이라고 생각하십니까? 이런 주제로 글을 써 보십시오.

29. 기행문

모범 예문

빗속의 런던

　프랑크푸르트로 해서 런던의 히드로 공항에 도착한 것은 오전 8시 30분이었다. 입국심사를 마치고 짐을 찾아 대합실로 나오니 단체 여행을 온 관광객들, 나처럼 배낭을 맨 젊은이들이 여기저기 눈에 띄었다. 여행자들이 하나 둘 대합실을 빠져나가고 나도 지하철을 탔다. 영국의 지하철은 마주 앉으면 겨우 한 사람이 지나다닐 정도로 폭이 좁았다.
　빅토리아 역에서 내려 런던의 명물인 빨간색 2층 버스를 타고 시내 관광을 시작했다. 자리를 잡고 창밖을 내다보고 있는데 목걸이 통을 맨 흑인 차장이 와서 요금을 받고 표를 끊어 준다. 높은 자리에 앉아 런던 시내를 구경하고 있으니까 내가 유럽에 와 있다는 것이 다시 한번 실감이 난다. 붉은 색과 갈색의 집들, 깨끗하고 단정한 거리들, 번화가라 해도 높은 건물이나 현대식 건물이 없었다. 고풍스러운 모습을 지니고 있는 런던 시내를 관광하고 있는데 갑자기 비가 쏟아지기 시작했다. 날씨가 변덕스럽기로는 런던을 따를 데가 없다더니 정말 그렇다.
　오후에는 배를 타고 템즈강을 유람했다. 국회의사당과 15분마다 시간을 알려주는 빅벤 시계탑, 국왕의 대관식과 장례식이 거행되는 고딕 양식의 웨스트민스터 사원, 그리고 런던탑과 타워브리지가 템즈 강변을 배경으로 한 폭의 수채화처럼 늘어서 있다. 템즈강 관광을 마치고 하이드파크를 둘러보고 있는데 또 다시 비가 쏟아지기 시작한다. 코트와 우산이 필수적이라는 말을 이해할 수 있었다.
　저녁에는 빅토리아 역의 여행 안내소에서 소개해 준 유스호스텔에 여장을 풀었다. 샤워장에서 나오니 웬 남자가 내게 악수를 청한다. 나와 같은 방을 쓰게 된 스위스 대학생이었다. (혼자서 여행을 하다 보면 우연히 만나는 사람들과 쉽게 친해지게 되는데 그것이야말로 여행이 주는 값진 선물이라고 할 수 있을 것이다.) 그는 이번 유럽 여행을 통해 만난 배낭 여행객 중에서 가장 영어를 유창하게 하는 사람이었다. 서로의 이야기를 하다가 저녁 식사 하러 가자는 그의 제안에 밖으로 나가니 비는 아직도 내리고 있었다.

여행 이야기

　지난 겨울에 저와 친구는 같이 용평으로 1박2일로 스키여행을 갔어요.

　여행하기 일주일 전에 친구가 여행사에 전화를 해서 관광버스표하고 호텔을 예약했어요. 여행 하는날에 우리는 낮열두시에 서울에서 출발했어요. 그때 스키철이어서 많은사람이 용평관광지에 갔기 때문에 교통이 아주 복잡했어요. 우리 버스 안에서 관광객도 많았어요. 한국사람도 있고 외국사람도 있었어요. 버스를 탈 때 심심했는데 우리는 앞에 앉은 한국여자한테 소개한 후에 한국말로 많이 이야기했어요. 아주 재미있었어요. 창밖으로 한국 시골풍경을 처음 봤는데 겨울 시골풍경이 정말 아름답다고 생각했어요.

　용평에서 우리 호텔방은 온돌방이고 크고 깨끗했어요. 우리는 조금만 쉰 후에 밤 스키를 탔어요. 저는 스키를 탄 일이 없어서 자주 넘어졌어요. 하지만 친구가 스키를 잘 타기 때문에 저한테 가르쳐주었어요.

스키를 탄 후에 우리는 노래방에 가서 노래도 부르고 술도 많이 마셨어요. 아주 즐거웠어요.

　　다음날 아침 우리는 일찍 일어나서 식사를 빨리 한 후에 용평에서 여기저기 관광도 하고 사진도 많이 찍었어요. 용평이 서울보다 교통이 더 편했고 공기도 더 신선했어요. 이렇게 좋은 환경에서 지내니까 기분이 좋아졌어요.

　　낮에 호텔에서 점심을 먹고 관광버스로 다시 서울로 돌아왔어요. 우리는 지난 밤에 조금만 잤기 때문에 피곤해서 버스 안에서 졸았어요.

　　이번 여행은 아주 즐거웠어요. 다음 방학 때 친구가 부산 갈 계획이라고 말했어요. 저도 같이 가고 싶은 마음이 생겼어요. 방학이 빨리 오면 좋겠어요.

30. 서정문 (Lyric writing)

어휘

반복하다	to repeat
맞이하다	to go to meet
도대체	on earth
영원히	forever, permanently, eternally
가라앉다	to calm down
위로하다	to comfort
여백	unfilled space, margin
연둣빛	yellowish green, light green
보라색	purple
감추다	to hide, to conceal
암시하다	to hint, to suggest
서운하다	to be sorry, to be sad
역경	adverse situation
한아름	armful
불쑥	suddenly, unexpectedly
온통	all, wholly
품다	to embrace, to hug
막아주다	to keep away
차라리	rather (than)
울렁이다	to palpitate (of the heart)
후련하다	to feel relieved
허전하다	to feel lonesome
뭉클하다	to feel a lump in one's throat
감상적이다	to be sentimental
벅차다	to be full (of the heart)
예민하다	to be sensitive
잔잔하다	to be quiet
평화롭다	to be peaceful
흔들리다	to be shaken, to sway
(슬픔에) 젖다	to be overwhelmed (by sorrow)
(생각에) 잠기다	to be absorbed in thought
요술을 부리다	to use magic

30. 서정문

자존심이 상하다	to be hurt (of pride)
겁에 질리다	to be frightened
바람을 쏘이다	to be exposed to the wind
햇빛을 쪼이다	to be exposed to the sun
자연과 어울리다	to be in harmony with nature
기진맥진하다	to be completely exhausted
좌절하다	to be frustrated, to be baffled

문형

~(으)니

날이 새니 비가 개어서 알프스 경치를 카메라에 담을 수 있었다.
산 위에 올라오니 세상이 내 발 밑에 있구나!
주위를 둘러보니 아는 사람이라곤 아무도 없어 나는 몹시 당황했다.

When day broke, the rain stopped, and I was able to take photographs of (the scenery of) the Alps.
Coming to the top of the mountain, I see the whole world under my feet!
After looking around, I realized there was no one around that I knew, so I became agitated.

~더니

먹구름이 몰려오더니 비가 쏟아지기 시작했다.
순이가 사랑에 빠지더니 아주 아름다워졌다.
영희는 그 그림을 보더니 눈이 동그래졌다.

After I saw the dark clouds coming overhead, rain began to pour down.
Suni became very beautiful **after (I noticed that she was)** falling in love.
Younghee's eyes widened **when (I noticed)** she saw that picture.

~기에

날씨가 덥기에 웃옷을 벗었다.

사장님이 자리에 안 계시기에 비서에게 말을 전하고 왔다.
초대를 받았기에 파티에 참석하였다.
As it was warm, I took off my coat.
The president was out, **so** I left a message with his secretary.
Because I was invited, I went to the party.

연습

[연습 1] 이 과의 어휘 난에 있는 단어들 중에는 느낌을 나타내는 것이 많습니다. 이 외에 느낌을 나타내는 말들을 적어 보십시오.

[연습 2] 사람은 대체로 현실적이고 이성적일 때가 많습니다만 때에 따라서는 감상적이 될 때도 있습니다. 생각보다는 마음이 앞설 때, 머리보다는 가슴이 뛸 때, 그 때가 어떤 때인지 다음 빈칸을 채우십시오.

행복	① 병아리처럼 엄마품에 안겨 있을 때. ② ③
분노 (화)	① 자존심이 상했을 때. ② ③
사랑	① ② ③
슬픔	① 사랑하는 가족을 잃었을 때. ② ③

[연습 3] 다음 글을 읽고 어떤 느낌이 듭니까? 그와 비슷한 기분을 느낄 수 있는 감상적인 글을 써 보십시오.

얼마 전 텔레비전 프로그램에서 사회자가 "다시 태어날 수 있다면 무엇이 되고 싶습니까?"하고 여러 사람에게 묻는 것을 보았다. 사람들은 가수나 사장이나 교수가 되고 싶다고 했다. 그러나 나에게 묻는다면 나는 사람이 아닌 새로 태어나고 싶다고 할 것이다.

왜냐고? 새는 전쟁도 분노도 모르고, 자연을 파괴하는 부끄러운 짓도 하지 않으니까. 만일 다시 태어날 수 있다면, 새가 되리라. 새처럼 생명의 색으로 곱게 물든 옷을 입고, 푸른 자연을 날아 다니면서, 자연에 대한 사랑을 노래하리라. 자유로운 날개짓으로 하늘 위에 그림을 그리리라.

낮에 여러 형태로 움직였던 구름들이 요술을 부리는지 빗방울이 되어 떨어지기 시작했다. 뒤이어 우리 방 창으로 빗발이 부딪쳤다. 유리창은 빗줄기로 흐려지고 창밖의 풍경은 한 폭의 추상화처럼 윤곽이 흐려진다. 때때로 스치는 번갯불이, 자연은 어쩐지 분노를 동반하고 싶은 모양이다. 빗방울이 떨어지고 번개가 치니 갑자기 노루 가족이 생각났다.

이런 때에 노루 가족은 어떻게 하고 있을까?

그 귀여운 어린 노루 새끼들은 천둥의 무서움을 알고나 있을까? 어미 노루도 함께 겁에 질려 떨고 있겠지. 떨어지는 세찬 빗줄기에 어린 새끼들이 온통 젖어 버릴 텐데, 어미 노루는 그들을 품어 안아 조금이라도 빗줄기를 막아 주고 있을까? (이정순의 "강한 여자는 수채화처럼 산다" 중에서)

> 청춘! 이는 듣기만 하여도 가슴이 설레는 말이다. 청춘! 너의 두 손을 가슴에 대고 물방아 같은 심장의 고동을 들어 보라. 청춘의 피가 끓는다. 끓는 피에 뛰노는 심장은 거선의 기관같이 힘있다. 이것이다. 인류의 역사를 꾸며 내려온 동력은 꼭 이것이다. 이성은 투명하되 얼음과 같으며, 지혜는 날카로우나 갑속에 든 칼이다. 청춘의 끓는 피가 아니면 인간이 얼마나 쓸쓸하랴? 얼음에 싸인 만물은 죽음이 있을 뿐이다. (민태원의 "청춘예찬" 중에서)

> 풍경은 시간마다 변하였는데 처음 며칠이 지난 다음부터는 점점 아름다워질 뿐 아니라 곳곳에서 웅장하고 놀라운 모습을 드러내기도 했다. 이른 봄의 아름다움 속에서 나무들은 녹색과 붉은 색과 황금색으로 깨어나 생동하고 있었다. 꽃과 꽃나무들은 절정에 달해 있었고, 수확물들이 가장 매력적일 때였으며, 새들은 덤불 속에서 울고, 향기로운 냄새가 가득히 물위를 떠돌았다. 여기저기 황소가 무릎을 덮은 물 속에서 풀을 뜯고 있었다. 강물은 수정처럼 맑았고, 그 부서지는 물방울 조각들은 티벳의 하늘처럼 푸른 하늘로부터 내리는 햇살에 반짝거렸다. (비숍의 "한국과 그 이웃나라" 중에서)

[연습 4] 다음 글을 읽어 보십시오. 여러분이 다음 글 속의 "나"와 같은 경험을 했다면, 무슨 생각을 했겠는지 곰곰이 생각해 보십시오. 여러분은 혹시 살아가면서 더 중요한 것과 덜 중요한 것, 먼저 해야 할 것과 나중에 해야 할 것을 바꾸어서 생각하고 있지는 않는지요. 이 글을 완성시켜 보십시오.

언젠가 그 노인이 내게 무얼 설명하면서 땅바닥에 집을 그렸습니다. 그 그림에서 내가 받은 충격은 잊을 수 없습니다. 집을 그리는 순서가 판이하였기 때문입니다. 지붕부터 그리는 우리들의 순서와는 거꾸로였습니다. 먼저 주춧돌을 그리더니 그 다음에 기둥·도리·대들보·서까래·지붕의 순서로 그렸습니다. 그가 집을 그리는 순서는 집을 짓는 순서였습니다. 일하는 사람의 그림이었습니다. 세상에 지붕부터 지을 수 있는 집은 없습니다. 그럼에도 불구하고 지붕부터 그려온 나의 무심함이 부끄러웠습니다.

[연습 5] 다음은 도시 한 가운데에서 고향을 느낄 수 있게 하는 가게의 이름들입니다. 여러분의 마음을 가장 이끄는 하나를 골라 따뜻한 글을 써 보십시오.

(1) '바보네 가게'
어쩐지 이름이 정겹지요? 그 가게에서 물건을 사면 쌀 것 같지 않습니까?

(2) '엄마가 차려준 밥상'
뭐니뭐니해도 엄마가 차려준 밥상이 최고 아닙니까?
_____
_____
_____

(3) '이박사 냉면'
냉면에 관해서는 박사인가 봐요. 얼마나 맛있을까요?
_____
_____
_____

> 모범 예문

달밤

내가 잠시 낙향해서 있었을 때의 일.

어느 날 밤이었다. 달이 몹시 밝았다. 서울서 이사 온 윗마을 김 군을 찾아갔다. 대문은 깊이 잠겨 있고 주위는 고요했다. 나는 밖에서 혼자 머뭇거리다가 대문을 흔들지않고 그대로 돌아섰다.

맞은 편 집 사랑 툇마루에 웬 노인이 한 분 책상다리를 하고 앉아서 달을 보고 있었다. 나는 걸음을 그리로 옮겼다. 그는 내가 가까이 가도 별 관심을 보이지 아니했다.

"좀 쉬어 가겠습니다." 하며 걸터앉았다. 그는 이웃 사람이 아닌 것을 알자,
"아랫마을서 오셨소?" 하고 물었다.
"네, 달이 하도 밝기에...."
"음, 참 밝소."
허연 수염을 쓰다듬었다.

두 사람은 각각 말이 없었다. 푸른 하늘은 먼 마을에 덮여 있고, 뜰은 달빛에 젖어 있었다.

노인이 방으로 들어가더니 안으로 통한 문 소리가 나고, 얼마 후에 다시 문 소리가 들리더니, 노인은 방에서 상을 들고 나왔다. 소반에는 무청 김치 한 그릇, 막걸리 두 사발이 놓여 있었다.

"마침 잘 됐소. 농주 두 사발이 남았더니...." 하고 권하며, 스스로 한 사발을 쭉 들이켰다. 나는 그런 큰 사발의 술을 먹어 본 적은 일찍이 없었지만, 그 노인이 마시는 바람에 따라 마셔 버렸다. 이윽고, "살펴 가우." 하는 노인의 인사를 들으며 내려왔다.

얼마쯤 내려오다 돌아보니 노인은 그대로 앉아 있었다.

윤오영

시 · 시조
(Writing poetry)

How to write 시

- Before you start, first think about nature, people, things, and so on, using all your senses.

- Jot down a theme that uses all the characteristics you just thought of.

- Making the greatest use possible of your thoughts and feelings, write a poem.

- Use detailed and specific descriptions to touch the reader.

- Try using analogies or symbolism to express your theme effectively.

How to write 시조

- "Shijo" is orthodox, traditional Korean poetry.

- Shijo includes 3 lines and 6 half-lines:
  - Line 1: Half-line 1—3 syllables, then 4 syllables
    Half-line 2—3 or 4 syllables, then 4 syllables
  - Line 2: Half-line 1—3 syllables, then 4 syllables
    Half-line 2—3 or 4 syllables, then 4 syllables
  - Line 3: Half-line 1—3 syllables, then 5 syllables
    Half-line 2—4 syllables, then 3 syllables

- The rhythm of shijo is 3 or 4 feet.

- Writing shijo involves 3 steps. The first segment starts with thoughts and feelings, the second takes the first segment and develops it further, and the last segment brings all the ideas together.

차 례

1. 시   Poems
2. 시조   Korean verse

31. 시 (Poems)

연습

[연습 1] 다음은 시를 산문처럼 길게 늘어 놓은 것입니다. 시는 노래하듯 읽어야 하기 때문에 호흡과 내용에 맞춰 행과 연으로 나누어야 합니다. 이 글을 시답게 행과 연으로 나누어 보십시오.

서시 (序詩)

윤동주

죽는 날까지 하늘을 우러러 한 점 부끄럼이 없기를, 잎새에 이는 바람에도 나는 괴로와 했다. 별을 노래하는 마음으로 모든 죽어가는 것을 사랑해야지. 그리고 나한테 주어진 길을 걸어 가야겠다. 오늘 밤에도 별이 바람에 스치운다.

국화 옆에서

서정주

한 송이의 국화꽃을 피우기 위해 봄부터 소쩍새는 그렇게 울었나 보다. 한송이의 국화꽃을 피우기 위해 천둥은 먹구름 속에서 또 그렇게 울었나 보다. 그립고 아쉬움에 가슴 조이던 머언 먼 젊음의 뒤안길에서 이제는 돌아와 거울 앞에 선 내 누님같이 생긴 꽃이여. 노오란 네 꽃잎이 피려고 간밤엔 무서리가 저리 내리고 내게는 잠도 오지 않았나 보다.

[연습 2] 다음은 앞에 있는 어휘가 나타내는 의미를 비유로서 표현한 것입니다. 이 어휘들을 다른 비유로 표현해 보십시오.

보기	연습
눈동자: 호수 같이 맑은 너의 눈동자	_____같이 _____ 너의 눈동자
인 생: 장미 빛 같이 아름다운 인생	_____같이 _____ 인생
소 녀: 코스모스 처럼 가냘픈 그대	_____처럼 _____ 그대
외로움: 겨울나무 처럼 쓸쓸한 내 마음	_____처럼 _____ 내 마음

[연습 3] 다음은 밤과 그 밤을 보내는 나, 그리고 밤과 나와의 관계를 표현한 시입니다. 여러분은 밤이라고 하면 어떤 느낌이 듭니까? 빈칸에 써 보십시오.

밤

김동환

밤은
푸른 안개에 싸인 호수,
나는
잠의 쪽배를 타고 꿈을 낚는 어부다.

밤

밤은
_____
나는
_____

[연습 4] 사랑하는 사람을 위해서, 사람이 아닌 다른 무엇이 되어, 어떤 일을 하고 싶다는 생각을 해 본 적이 있습니까? 그런 생각을 하면서 다음 시를 완성해 보십시오.

내가 만일

안치환

내가 만일 하늘이라면
그대 얼굴에 물들고 싶어
붉게 물든 저녁 저 노을처럼
나 그대 뺨에 물들고 싶어

내가 만일 시인이라면
그대 위해 노래하겠어
_____처럼
행복하게 노래하고 싶어

내가 만일 구름이라면
_____
_____처럼
_____

세상에 그 무엇이라도
그대 위해 되고 싶어
오늘처럼 우리 함께 있음이
내겐 얼마나 큰 기쁨인지
사랑하는 나의 사람아 너는 아니
이런 나의 마음을

[연습 5] 요즘 여러분 가슴을 가득 채우고 있는 것은 무엇입니까? 한 편의 시로 노래해 보십시오.

[연습 6] 여러분이 가족이나 친구 또는 애인을 "사랑하는 까닭"은 무엇입니까? 아래 시와 같은 구조로 두 연을 더 써 보십시오.

사랑하는 까닭

내가 당신을 사랑하는 것은 까닭이 없는 것이 아닙니다.
다른 사람들은 나의 고운 얼굴만을 사랑하지마는, 당신은 나의 하얗게 센 머리도 사랑하는 까닭입니다.

내가 당신을 그리워하는 것은 까닭이 없는 것이 아닙니다.
다른 사람들은 나의 미소만을 사랑하지마는, 당신은 나의 눈물도 사랑하는 까닭입니다.

내가 당신을 기다리는 것은 까닭이 없는 것이 아닙니다.
다른 사람들은 나의 건강만을 사랑하지마는, 당신은 나의 죽음도 사랑하는 까닭입니다.

내가 당신을_____
_____
_____

내가 당신을_____
_____
_____

[모범 예문]

세월이 가면

박인환

지금 그 사람 이름은 잊었지만
그 눈동자 입술은
내 가슴에 있네.

바람이 불고
비가 올 때도
나는 저 유리창 밖 가로등
그늘의 밤을 잊지 못하지.

사랑은 가고 옛날은 남는 것.
여름날의 호숫가, 가을의 공원
그 벤취 위에
나뭇잎은 떨어지고,
나뭇잎은 흙이 되고
나뭇잎에 덮여서
우리들 사랑이
사라진다 해도,

지금 그 사람 이름은 잊었지만
그 눈동자 입술은
내 가슴에 있네.

내 서늘한 가슴에 있네.

꽃

김춘수

내가 그의 이름을 불러주기 전에는
그는 다만
하나의 몸짓에 지나지 않았다.

내가 그의 이름을 불러주었을 때
그는 나에게로 와서
꽃이 되었다.

내가 그의 이름을 불러준 것처럼
나의 이 빛깔과 향기에 알맞는
누가 나의 이름을 불러다오.
그에게로 가서 나도
그의 꽃이 되고 싶다.

우리들은 모두
무엇이 되고 싶다.
너는 나에게 나는 너에게
잊혀지지 않는 하나의 눈짓이 되고 싶다.

아침

보이꼬 파블로 (Boyko Pavlov)
불가리아

어디서 왔느냐고 물어보지 말고
몇살이냐고 물어보지 말고
왜 아직 혼자인지 물어보지 마라
네 마음에 들면
보이지 않는 곳까지 같이 갈래
별이 총총한 하늘 밑에서
제비처럼 새집을 짓고 싶어
가을 비속에서 오래오래 걸어도
둘이 손을 잡고
우릴 기다리는 아침을 만날 수 있어

연세대학교 한국어학당 주최
제2회 전국 외국인 백일장 장원

32. 시조 (Korean verse)

연습

[연습 1] 다음은 자연을 노래한 시조인데 단어나 구절을 띄어 쓰지 않았습니다. 시조 호흡에 맞춰 각 구는 / 로, 각 장은 // 로 나눠 보세요.

(1) 나비야청산가자범나비너도가자가다가져물거든꽃에들어자고가자꽃들이 푸대접하거든잎에서나자고가자.

(2) 산에도나리나니들에도뿌리나니산과들에오시는비내집에는안오시랴.아이야새밭갈아라꽃심을까하노라.

(3) 버들잎에구는구슬알알이짙은봄빛찬비라할지라도임의사랑담아옴을적이서뼈에스민다마달수가있으랴.

[연습 2] 어떻습니까? 시조 짓기가 생각보다 쉬울 것 같지 않습니까? 이번엔 꽃이 피는 순간의 감동을 노래한 시조의 초장과 중장을 감상한 후, 그 느낌으로 종장을 지어 보세요.

초장: 꽃이 피는 것은 하늘이 열리는 것과 같은 일
⇒ 꽃이 피네, 한 잎 한 잎 한 하늘이 열리고 있네.

중장: 개화의 마지막 순간의 긴장
⇒ 마침내 남은 한 잎이 마지막 떨고 있는 고비

종장: 주위 자연도 긴장하여 숨죽이고 지은이도 눈을 감았음.
⇒ _____

[연습 3] 다음은 한국인이 좋아하는 시조들입니다. 시조 전체의 흐름에 맞도록
( )에 알맞은 말을 넣어 완성해 보세요.

```
산수를 그리라면   창공을 그리라.
노래를 부르자면 (        ) (         )
시원한 바람이 오면   나의 귀도 열리라.

                            장하보 "오월"
```

```
말은 가자 울고 님은 잡고 아니 놓네
석양은 재를 넘고 갈 길은 천리로다
저 님아 가는 날 잡지말고 (           ) 잡아라.

                            작자 미상
```

```
태산이 높다 하되     (                   )
오르고 또 오르면     (                   )
사람이 제 아니 오르고 (                   )

                            양사언 "태산이"
```

[연습 4] 다음 시의 종장을 써 보세요.

```
                  고향 생각
                                    이은상
어제 온 고깃배가 고향으로 간다 하기
소식을 전차하고 갯가로 나갔더니
_____



(전차: 전하려고)
```

[연습 5] 시처럼 시조도 다양한 주제에 대해 다양한 소재로 노래할 수 있다는 것을 확인했을 겁니다. 자연, 사랑, 신념, 교훈 등 요즘 여러분이 관심을 가지고 있는 것으로 시조를 한 수 읊어 보십시오.

<답> 연습 2. (바람도 햇볕도 숨을 죽이네), (나도 그만 눈을 감네)
　　　연습 3. (오월을), (노래하리)
　　　　　　 (지는 해를)
　　　　　　 (하늘 아래 뫼이로다.), (못 오를 이 없건마는), (뫼만 높다 하더라)
　　　연습 4. 그 배는 멀리 떠나고 물만 출렁거리오.

모범 예문

내 고향 남쪽 바다 그 파란 물 눈에 보이네.
꿈엔들 잊으리오, 그 잔잔한 고향 바다.
지금도 그 물새들 날으리, 가고파라 가고파.

　　　　　　　　　　　이은상 "가고파" 중에서
　　　　　　　　　　　―남쪽 고향을 그리워하는 노래.

구름 빛이 좋다 하나 검기를 자주 한다.
바람 소리 맑다 하나 그칠 적이 많고 많다.
좋고도 그칠 때 없기는 물뿐인가 하노라.

　　　　　　　　　　　윤선도 "오우가" 중에서
　　　　　　　　　　　―영원한 것인 물을 찬송함.

동짓달 기나긴 밤을 한 허리를 베어 내어
춘풍 이불 아래 서리서리 넣었다가
어른님 오신 날 밤이어든 구비구비 펴리라.

황진이 "동짓달 기나긴 밤을"
―긴 겨울밤 님을 애타게 기다리는 맘.

겨울

커다란 흰 방을 묵묵히 내려 온다.
내 신발 밑에서 서걱서걱 소리 난다.
되돌아 나의 발자국 흔적이 사라진다.

사만다 고르스키 (미국)

한국어학당

먼 곳에서 우리들 여기에 모여 왔다.
백지에 가까스로 색깔이 번져졌다.
더욱 더 짙고 싶으나 졸업날이 눈 앞이네.

가와우찌 미끼 (일본)

신문기사
(Newspaper accounts)

How to write 기사

- Current events and facts are the basis of a news article.

- A news article is composed of three parts:
    1. title
    2. a summary of an incident
    3. a specific timeline and concrete descriptions

- Using the six W's (who, what, when, where, why, and how), write a succinct article.

How to write 광고

- First, know something about the item you want to advertise.

- Create a title that will attract consumers.

- Make the body of the advertisement interesting, eye-catching, and impressive.

- Use a specific method to attract and draw in the audience.

차례

33. 사건·사고	Incidents and accidents
34. 광고	Advertisements

33. 사건 · 사고 (Incidents and accidents)

어휘

발생하다	to occur, to happen
여객기	passenger plane
~(으)로 향하다	to be going toward
이륙 직후	right after taking off
상공	sky
비상 착륙	forced landing
추락	crash
승무원	crew
승객, 탑승자	passenger
전원 사망	no survivors in an accident
명단	list of names, passenger manifest
밝혀지다	to become known, to be identified
현장	scene of action
지점	spot
동원하다	to mobilize
구조 작업을 벌이다	to rescue
신원 불명(미상)	unidentified
숨지다	to die
다치다	to be hurt
중상(경상)을 입다	to be wounded seriously (slightly)
부상자	wounded (injured), casualty
생존자	survivor
충돌하다	to collide, to crash
추돌하다	to collide (crash) with from behind
추월하다	to pass
앞서가다	to go ahead of
중앙선을 침범하다	to cross the dividing line on a highway
핸들을 꺾다	to turn the steering wheel
들이받다	to run into
뚫다	to go through, to pierce
부서지다	to be broken

운전 미숙	inexperienced driving
폭탄	bomb
터지다	to burst
폭발하다	to explode
안전 사고	safety failure
화재	fire
발화	outbreak of fire
구조(소방)대원	rescue party
진화 작업을 벌이다	to extinguish, to put out
불길이 잡히다	to be got under control (of fire)
피해 면적	damaged area
가옥	building
이재민	victims (of a disaster)
추산하다	to estimate
신고하다	to report
절도	theft
무장하다	to bear arms, to be armed
복면 강도	masked robber
침입	invasion
총기	small arms
흉기	lethal weapon
위협	threat
털다	to steal
범인	criminal
용의자	suspect
혐의가 있다	to be suspected of
찌르다	to pierce
목격하다	to witness
소리치다	to shout
침투하다	to infiltrate
적발하다	to expose
고발하다	to report (a person to the authorities)
컴퓨터 통신	electronic communications
도청	wiretapping
불법적으로	illegally

문형

~다고/라고 밝히다

외무부는 사고기에 탑승한 승객의 명단에 한국인은 없다고 밝혔다.
경찰은 이번 사고로 24명이 숨지고 70명이 다쳤다고 밝혔다.
The Ministry of Foreign Affairs **disclosed that** there were no Koreans on the passenger manifest for the plane that crashed.
The police **revealed that** there were 24 deaths and 70 people injured in this incident.

~(으)로 보다

당국은 이 사고의 피해액이 5억이 넘는 것으로 보고 있다.
경찰은 숨진 운전사 김씨가 중앙선을 침범했다가 급히 핸들을 오른쪽으로 꺾으면서 사고가 난 것으로 보고 있다.
경찰은 이들이 시동을 걸고 차에서 잠을 자다 질식해 숨진 것으로 보고 정확한 사고 경위를 조사 중이다.
Authorities **estimate that** the damage from this accident will amount to more than 500,000,000 won.
The police **speculate that** the accident happened when Mr. Kim, the driver who died in the accident, crossed the center line and turned his steering wheel sharply to the right.
The police **believe that** the individuals died from suffocation after starting their car and falling asleep in it. Further investigations as to the specific details of the incident are underway.

~(으)ㄹ 수 없다

급한 일로 어제는 올 수 없었다.
배는 폭풍우 때문에 떠날 수가 없었다.
몸이 아파서 당신의 초대에 응할 수 없어 죄송합니다.
Urgent business **kept me from** coming yesterday.
The storm **prevented** us **from** starting.
I am sorry I **cannot** accept your kind invitation because of my illness.

33. 사건 · 사고

~(으)라면

하라면 해.
가라면 가야지요.
굳이 달라면 주겠지만 이 물건이 꼭 필요한 지 다시 한번 더 생각해
  보세요.
Do **as** you are told.
If you insist, I have to go.
If you insist, I shall give it to you, but think one more time whether you really need it.

연습

[연습 1] 다음의 정보를 가지고 짧은 기사를 작성하고, 제목을 붙여 보십시오.

여객기 고장 □□ □□

【부산=조형래기자】 강릉을 _____ 던 _____ 가
_____
_____는 바람에
승객들이 한때 불안에 떨었다.
    18일 _____ 승객 1백 40명을 태우고 _____
_____175편 MD82 여객기(기장 김병창)가 _____
_____(으)로 경찰은 보고
있다.

(1996년 3월 19일 화요일 조선일보)

누가: 강릉을 출발, 부산으로 향하던 대한항공 여객기
언제: 18일 오후 2시 20분쯤 비행기 이륙 직후
어디서: 서울 김포 공항
무엇을/어떻게: 비상 착륙
왜: 항공기 착륙 바퀴(랜딩기어)가 접히지 않아

[연습 2] 여러분은 요즘 무슨 신문을 봅니까? 최근에 나온 신문 기사 중 하나를 골라서 연습1과 같이 개요를 작성하고 기사를 써 보십시오.

[연습 3] 다음 기사를 읽고 기사의 앞 부분을 작성해 보십시오. 그리고 제목도 붙여 보십시오.

LPG 택시 □□
트럭에 □□··· □□ 3명 □□

【대구=김동석기자】 _____
_____
_____
_____

    13일 오후 8시 45분쯤 경북 ○○군 ○○면 ○○공항 입구 도로에서 4.5t 트럭(운전자 원호길·29)이 앞서 가던 스텔라 택시(운전자 여환길·43)를 추돌하자 택시 안에 있던 LP가스가 폭발하면서 김미경씨(여·41·문경시 점촌동) 등 승객 3명이 숨지고 운전자 여씨가 중상을 입었다.
    경찰은 택시가 추돌 당한 뒤 가스통의 연결 밸브 등이 터지면서 새어 나온 가스가 폭발한 것으로 보고 있다. 그러나 LP가스 택시가 추돌 사고 때 폭발 사고를 낸 것은 이례적인 일이어서 연결 밸브 등에 구조상의 결함이 있는지를 정밀 조사 중이다. 현재 전국에 운행 중인 LP가스 차량은 30 여 만 대에 달한다.

(1996년 3월 15일 금요일 조선일보)

[연습 4] 다음 사회면 기사를 보고 사건 개요에 이어서 내용을 구체적으로 상세히 보도해 보십시오.

은행에 3인조 강도

○○시 공기총 위협 . . . 1억 7천만원 털어

【수원=이효재 기자】 2일 오후 2시 45분쯤 ○○도 ○○시 ○○동 ○○은행 ○○지점에 3인조 복면 강도가 침입, 현금 수표 등 1억 7천 여 만원을 빼앗아 달아났다.

○○은행 ○○지점 직원 강기만 씨(35)는 _____
_____
_____
_____라고 말했다.

범인들은 _____
_____
_____
_____
_____

(1996년 4월 3일 수요일 조선일보)

[연습 5] 다음 사진 중 하나를 골라서 기사를 직접 작성해 보십시오.

◇美 열차탈선 美 버지니아州 게인스발에서 2일 열차 탈선사고가 났음. 열차 엔진에서 약 2천 갤런의 디젤유와 미확인 발화성 액체가 유출됐다. 〔게인스빌=AP팩〕

◇멕시코 화산폭발

◇카메라에 잡힌 UFO의 모습. 하늘을 가르며 UFO가 편대비행을 하고 있다.

모범예문

54시간만에 불길 잡혀

피해면적 3천ha "20년래 최악"

[高城=林虎英·洪憲杓 記者] 지난 23일 강원도 고성군 죽왕면 마좌리 군부대 사격장에서 발생한 산불은 발화 54시간만인 25일 오후 7시쯤 불길 대부분이 잡혔다.

군인, 군청 직원, 주민 등 5천여명을 동원해 진화작업을 벌이고 있는 강원도는 이번 산불이 86년 4월의 고성군 수동면에서 발생한 군사훈련장 산불의 피해(80ha)를 훨씬 넘어 최근 20년래 최악의 산불이라고 밝혔다. 현지에서는 피해면적이 3천ha를 넘어서는 것으로 보고 있다.

이 산불로 사망한 5개 마을에서 모두 가옥 72채가 불에 탔으며 1백명의 이재민이 발생했다. 경찰은 25일 현재까지 난 여의원의 재산피해가 20…것으로 추산했다.

美, 인터넷 국제해커 적발

아르헨거주 대학생…韓國컴퓨터에도 침입

[워싱턴=AP·DPA聯] 美연방 수사국(FBI)은 인터넷을 이용, 미국 대학 및 국방부 등 군사시설의 컴퓨터에 침입해 위성 및 방송, 엔지니어링 분야 특수정보를 훔친 아르헨티나 출신의 대학생을 고발했다고 재닛 리노 美법무장관이 29일 밝혔다.

FBI측은 이 대학생이 아르헨티나 부에노스 아이레스에서 인터넷을 이용, 불법적으로 컴퓨터에 침투한 혐의를 받고 있다고 설명했다.

FBI측은 이 대학생이 아르헨티나 훌리오 세사르 아르디타(21)를 적발했다고 밝히고 범인은 현재 살고 있는 부에노스 아이레스에서 컴퓨터를 이용, 한국을 비롯 멕시코, 칠레, 브라질 등 세계 여러 나라의 컴퓨터에도 침투한 바 있다고 밝혔다.

리노 장관은 기자회견에서 법원의 허가에 의한 컴퓨터 통신망 도청을 통해…했다.

21세기 신문

인공인 차별 — 해결할 수 있을까?
[사회적인 문제로]

요즈음에 나타나는 사건들을 다 관찰하면 큰 사회적인 문제를 발견할수 있습니다. 지난 주 동안에 어떤 은행 회장과 공무원 털몽들이 살인 당했습니다. 그리고 어제도 대흥회사 사장 김 태원이 총 맞고 죽었습니다. 위에 말한 피해자들은 한 점이 다 같습니다. 그 사람들은 모두 유전학으로 태어난 사람들이었습니다.

40년 전에 시작된 유전학 산업이 요즈음에 큰 사회적인 문제를 일으키고 있습니다. 이 산업은 부모님들이 원하는대로 애기의 얼생체를 태어나기 전에 바꿔서 보통 애기보다 더 똑똑하게 만들고, 더 건강하게 만들고, 더 잘 생기게 만듭니다. 그런데 그렇게 있는는 방법은 그 애기의 머리를 좀 더 크게 만드는 나쁜 영향이 있습니다. 그래서 누가 그렇게 태어났는지 머리의 크기로 알 수 있습니다. 그런 애들은 어린애부터 다는 애들한테 놀림을 받고 차별을 당합니다. 좀 이상해서 노린지만 러두는 큰 관계가 있는답니다. 이 유전학적인 애들은 공부도, 운동도 잘하고 얼굴도 잘 생겼습니다. 유전학적인 애들 중에서 50%는 서울 대학에 입학합니다. 그리고 요즘 사회에서는 중요한 자리는 유전학적인 사람들이 많이 차지하고 있고 차별도 많이 당하고 있습니다. 위에 쓴것 처럼 살인 사건도 많이 있고 보통 유전학적인 사람들 머리가 좀 커서 가게에 들어가도 사람들 타고 괴로움을 당하고 있습니다.

이 문제를 해결하기 어렵습니다. 이 유전학적인 사람들이 사회에 중은 자리를 공정치 못하고 바로 다 차지하는것을 보는 평민들한데 그냥 나두라고 그런 말을 하기 어렵습니다. 반대로 자기들의 상황을 안 택한 유전학적인 사람들한데도 잘 못됐다는 말은 할수 없습니다. 그런데 이런 문제들이 나타난만큼 보고 오즈음에 번영하고 있는 유전학 산업을 제한할 필요가 있다고 느껴집니다. 〈任煐중기자〉

우주여행 시대 선언!!
기준 "JUST"
화성 3년동안 4초원
토성 4년동안 7초원
자세한 선명은 여기...
〈우주여행사〉

여러분, 애들 때문에 고민하십니까?
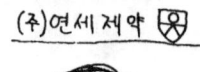
대흥회사

이제 안심하십시오!
㈜ 연세제약

☆ 자외선 증가에 따라 피부암 발생율도 점점 늘고 있습니다. 이런 시대에 사는 현대인의 상식은 일상생활에 있어서도 자외선 방지물질을 만들어 주는 "UV-GOLD"을 하루에 한알만 드시는 것입니다.
☆ 피부를 하얗게 해 주는 효과도 있습니다.

피부암 방지약이라면 역시
UV-GOLD

33. 사건·사고

원자력발전소가 대폭발

(마레이지아서)

[마=略] 소식통에 의하면 5일 미명 말레이지아에서 큰 사고가 생겼던 모양이다. 사고를 일으킨 건은 마레이지아 원자력 발전소 제5호기이다. 이 발전소는 1990년대말에 일본에서 산 것인데 조업을 시작한지 벌써 50년이 된 구식 원자력 발전소 라는 것이다.

사고의 상세한 것은 아직 보고가 없지만 약 수천명이 사망, 수만명이 대피를 개시한 모양이다. 피해를 최소한으로 막기 위해서 마레이지아 정부는 애쓰고 있다던데 피해총액은 천문학적인 숫자가 될 것인 모양이다. 주변국도 벌써 조사단을 파견할 예정이다.

인류사상 최대급 사고염려가

대낮 방출된 방사능은 벌써 대기권에 달했다던데 방사능에 오염된 비가 세계 각국에 내릴 염려가 있으니까 우리해당 각국 정부는 국민들에게 경고를 하고 있다는 것이다.

'한중 연예인커플' 탄생

'한중 연예인커플' 제1호가 탄생했다. 한국과 중국사이에 첫 '연예인부부'가 된 주인공은 한국 영화배우 최수종과 중국영화 배우 천총. 그들은 오는 1월 친총의 고향인 중국 절강성에서 중국식 결혼식을 올리고 다시 한국 서울에서 전통혼례식으로 백년가약을 맺는다. 그들 커플은 지난 6월 10일 베이징 우호호텔에서 약혼식을 갖고 '어떤 역경이 와더라도 변하지 말자'는 사랑의 반지도 교환했다.

그후에 처음 만남은 지난해 3월 중국 베이징에서 영화 '사랑은 국경을 넘어서」 촬영때 이루어졌다. 촬영이 끝나고 최수종이 키우던 위로도 그들의 사랑은 40여통의 편지와 국제진화로 더욱더 끈끈하게 영근여서 중국 여성자의 결혼을 강하게 반대하던 최수종의 부모도 그들의 진실한 사랑의 결혼을 승낙하게에 이르렀다.

현재 최수종은 중국어다 중국풍습을 공부하느라고 바빠다.

오늘의 날씨

〈서울〉 맑음 기온 10°C
〈부산〉 맑음 기온 12°C
〈동경〉 맑음 기온 13°C
〈북경〉 맑음 기온 8°C

전세계적으로 이상기상의 경향. 남극의 얼음이 녹아서 해면이 1.2m 올라왔기 때문에 홀란드 같은 토지가 낮은 나라는 수몰해 버렸다. 평균기온도 3°C 상승. 겨울에 눈이 안 오게 되었다.

오늘의 자외선 농도 5%.
오늘의 피부암 발생율 4%.
비가 올 경우의 산성농도 높음

「김영수 13관왕」

김영수(SONY 주장회사)가 저 20회 아시아무중력 해엄대회 13관왕에 올랐다. 김영수는 9일 동대문무중력 헤엄장에서 자유형 1천 5백 m 에서 타임 8시간 5분 46초로 우승한데다가 전인미답의 기록으로 13관왕에 올랐다. 김영수 담화 「몇번해도 지쳐서 미치겠어요」

우주여행에 간다

요즘 우주개발이 많이 진행되어 우주여행도 외국여행처럼 가기 쉽게 되었습니다. 50년전에는 특별한 훈련을 받은 사람만 갈수있는데 이전의 「우주여행의 본반화」라는 것은 사람들의 꿈이 이루어졌습니다. 그이유는 우주선의 진화와 훈련의 간소화에 있습니다. 비용도 외국여행에 드는 돈의 두배정도이다 매문에 젊은 사람들에게서 많은 인기가 있습니다. 특히 신혼여행으로 우주로 가고싶어하는 커플에게 인기가 있습니다. 앞으로 몇십년 후에 인류가 다른 별에서 살게 될 날이 올지도 모릅니다.

〈인간의 '원리'〉

비프스테이크, 푸아그라, 야채스프, 이것은 어제 폐막한 '국제 동물 보호회의' 거처중에 나온 음식의 일부다. 푸아그라는 세계의 삼대진미의 하나로 유명하다. 그것은 어떻게 만드나? 간단히 말하면 거위에 강제적으로 모이를 먹여서 간장을 비대하게 만들고 그간장을 가공해서 만든다. 그 푸아그라를 먹는 다음 B국의 대표가 개를 먹는 야만스러운 관습은 없애야한다고 주장했다. 웃을 수 없는 만화같은 이야기다. 냉정하게 생각해보자. 개피를 먹는다는 것과 쇠고기가 매지끄럽게 먹는다는 것에 어떤 차이가 있는가? 더구나 강제적으로 모이를 먹인 거위의 간장을 먹는 것과 비교했다면 어떤가? 어떤 동물은 먹어도 된다, 어떤 동물은 먹으면 안된다는 것은 누가 정할 수 있는가? 극단적으로 말하면 인간을 먹는 것은 왜 나쁘다고 할 수 있는가? 그것을 도덕적으로 관념적으로 설명할 수 있어도 논리적으로 납득할 수 있도록 설명할 수 있는 사람은 거의 없는 것 같다.

기독교에서 '원리'라는 말이 있다. 인간이 태어날 때부터 지녀 계속 말이다. 의미 같은 말이다.

더위가 심해지는 요즘, 그만의 맛을 느끼면서 우리 전통적 식성활문화를 연구도 할겸해서 보신탕집에 가는 것도 나쁜 것이 아닌 것 같다. 〈카〉

34. 광고 (Advertisements)

연습

감각	feeling, sense
취향	taste
최고의	top rate
품질	quality of merchandise
세계	world
~(이)라면 역시	if . . . indeed
아시죠?	you know, don't you?
표	trademark
알차다	to be substantial
서두르십시오!	Hurry up!
파격	rule-breaking
고객	customer
소비자	consumer
주도하다	to take the initiative
품격	grace
정통	orthodoxy
유행	fashion
기회	opportunity
호평	favorable comment
변함없이	without change
꾸준히	steadily
애용	favorite or habitual use
사랑을 받다	to be loved
정기 구독권	subscription card
이상	ideal

34. 광고

> **문형**

~다고요?/라고요?

머리가 가려우시다고요?
좀 더 빠른 컴퓨터를 원하신다고요?
마음을 전하는 선물이 최고라고요?
You say your head's itchy?
You say you want a faster computer?
Are you saying that the best gift is one that expresses a person's heart?

~(이)나

파격 세일! 세일 기간에는 정가의 50%나 할인 판매합니다!
신세대 취향에 맞는 참신한 디자인에다 기능이 10가지나 많아졌습니다.
일주일만 발라도 살이 5킬로나 빠집니다. 한번 믿어 보시라니까요.
Blowout Sale! During the sale all prices are reduced by as much as 50%!
In addition to a fresh, new design to fit the tastes of today's younger generation, the products utility has increased by **no fewer than** 10 functions.
If you apply it for just one week, it'll take **an incredible** 5 kilograms off your weight! Try it, it really works!

~(이)라는

나에게는 H라는 좋은 친구가 있다.
나는 한국의 유명한 절이라는 절은 다 다녀보았다.
그는 믿을만한 사람이라는 소문이 들린다.
I have a good friend **called** Mr. H.
I have visited **every single** famous temple in Korea (without exception).
Rumor has it **that** he is a trustworthy person.

연습

[연습 1] 다음 물건을 많이 팔기 위해서 보기와 같이 멋진 광고문을 **짧게** 써 보십시오.

보기: 언제든지, 어디서든지,
        사랑을 전해 드리겠습니다.
        휴대폰—와와

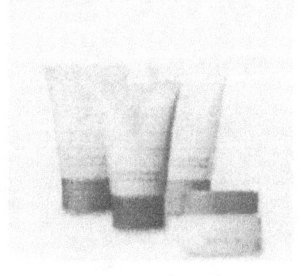 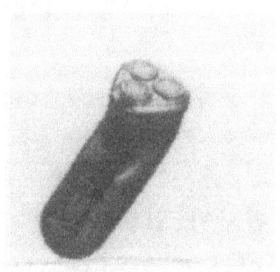 

_____   _____   _____

_____   _____   _____

_____   _____   _____

[연습 2] 다음 광고문의 내용을 읽고, 보기에서 알맞은 번호를 골라서 (　)를 채워 보십시오. 그리고 _____에 이 광고에 어울리는 컴퓨터 이름을 만들어 쓰십시오.

```
세상이  (      )
(      )  빨라진다.


꺼지지 않는  (      )
(      )  컴퓨터.


내가 (        )
세계가 원한다.


21세기 컴퓨터 _____
```

보기: ① 컴퓨터
　　　② 원한다
　　　③ 달라진다
　　　④ 빠른
　　　⑤ 세상이

[연습 3] 여러분은 무슨 자동차를 쓰고 계십니까? 다른 자동차에 비해 어떤 점이 좋습니까? 그 자동차 회사 홍보 담당자라고 생각하고 광고문을 만들어 보십시오.

[연습 4] 지금은 겨울입니다. 겨울에 에어컨을 사면 어떤 점이 좋을까요? 아마 값도 싸고 서비스도 좋겠지요? 여름에 많이 쓰는 에어컨을 지금 파는 광고를 만들어 보십시오.

[연습 5] 다음은 새로운 무선 호출기의 정보입니다. 이것을 읽고 이 제품의 광고문을 만들어 봅시다.

```
제품:       삐삐
제품명:     야누스
특징:       모양이 신세대에 어울린다.
            튼튼해서 떨어뜨려도 문제 없다.
            아주 가볍다.
            신호 소리는 열 가지나 된다.
            메시지는 설흔 개나 저장할 수 있다.
판매 장소:  야누스 대리점
판매 가격:  한 달 동안 학생에게는 특별 할인 (10%)
```

[연습 6] 비가 오는 날 우산이 없어서 혼이 난 적이 있지요? 살아가면서 생기는 힘든 일을 비가 오는 날이라고 말하기도 합니다. 그럴 때 우산처럼 도움이 되는 것이 있다면 정말 좋겠지요? 힘든 일이 생길 때 어떤 것이 우산같이 우리를 도와 줄 수 있을까요? 그것을 광고로 만드십시오.

[연습 7] 기업은 제품이나 기업 이미지를 광고하지만, 정부나 공공단체에서는 건강하고 행복한 사회를 만들기 위해서 여러 가지 공익 광고를 합니다. 다음 주제 중에서 하나를 골라 많은 사람들에게 호소하는 광고문을 쓰십시오.

① 환경 보호
② 금연
③ 질서 지키기
④ 마약 복용 금지

모범 예문

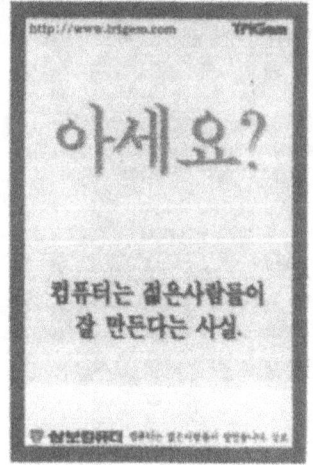

휘발유가 강하면
차는 부드러워진다

논설문 · 설득문
(Writing articles and theses)

How to write 논설문

- A thesis is a paper presenting a point of view in a logical manner.

- It is divided into three sections, introduction, body, and conclusion.

   Introduction: State the issue to be discussed and the points to be proved.
   Body: Give examples to support your points.
   Conclusion: Combine your opinion or thoughts about the issue and points presented.

How to write 설득문

- In this type of paper, one opinion is given and another contrasted in order to persuade the reader of this new contrasting view's correctness.

- Such papers use accurate information as a foundation to convince the opposition.

차례

35. 논술　　　Discussions
36. 찬반 토론　Pros and cons
37. 설득문　　Persuasion

35. 논술 (Discussions)

어휘

선정하다	to choose
유명 인사	public figure
필수품	necessities
유용하다	to be useful
도구	tool
부작용	side effect
긍정적이다	to be affirmative
부정적이다	to be negative
측면	side
바람직하다	to be desirable
논하다	to argue
자동화	automation
전산화	computerization
불완전하다	to be incomplete
직립보행	walking erect
결함	defect
극복하다	to conquer, to overcome
유전공학	genetic engineering
교배하다	to crossbreed, to hybridize
의약품	medical supplies
배자	embryo, germ
복제	cloning
유전인자	gene
동물애호가	animal lover
보신탕	soup made with dog's meat
요구하다	to claim
혐오스럽다	to be disgusting
충격을 받다	to be shocked
공개하다	to open to the public
야만적이다	to be savage
가입	joining, becoming a member of
금지시키다	to forbid

논의하다	to discuss
면담	interview
요청하다	to demand
구역질	nausea
기호 식품	food suiting one's taste
산해 진미	(all sorts of) delicacies
~에 필적하다	to be a match for
비판하다	to criticize
기준	standard
원칙	fundamental (rule)
적용하다	to apply (a rule to)
고지식하다	to be simple and honest
진화론	theory of evolution
학설	theory
창조론	creationism
수용하다	to accept
조화	harmony
화제를 모으다	to be talked about
영향력을 행사하다	to exercise influence (over)
만물의 영장	lord of (all) creation
사상 처음으로	first (in history)
대외 위상을 해치다	to damage (a country's) international image
융통성을 발휘하다	to show adaptability

문형

~에 대하여

인간 복제 시대가 과연 올 것인가에 대하여 논해 보자.
과학 기술의 발달이 인간에게 미치는 부정적인 측면에 대하여 써 보시오.
현대 사회에서 종교가 사람들에게 미치는 영향에 대하여 논하시오.

Let's debate **(about)** the possibility of a generation when human cloning would be the norm.
Please write **about** how the advancement of science and technology negatively affects humans.
Please discuss **(concerning)** the effect that religion has on individuals in modern society.

~(으)ㅁ에 따라

문화가 다름에 따라 생기는 생활 방식의 특이성을 인정해야 한다.
사회가 변화함에 따라 사람들의 가치관과 사고 방식도 달라진다.
인간의 수명이 길어짐에 따라 노후 대책에 대한 관심이 높아지고 있다.

We have to acknowledge the uniqueness of lifestyles that arise **from (according to)** differences in culture.

People's value systems and ways of thinking change **according to** how society changes.

As the average person's lifespan gets longer, people's interest in retirement planning is also increasing.

~는지/(으)ㄹ지/(으)ㄹ는지

사고란 언제 일어날지 모른다.
악에 바치면 그가 무슨 짓을 할지 모른다.
나는 어찌하면 좋을지 모르겠다.

There is **no knowing** when accidents may happen.
He **may** go to any extremes if he is cornered.
I **am at a loss** what to do.

~(으)ㄹ 만하다

아들을 미국 대학에 유학 보낼 만한 재력이 충분히 있다.
성 안에는 한 달 더 지탱할 만한 양식이 있었다.
그 아이가 갈 만한 곳은 모조리 찾았다.

He is rich **enough to** send his son to a college in the United States.
There was **enough** food **to** go another month in the castle.
We thoroughly looked for the child in every **likely** place.

연습

[연습 1] 다음을 읽고, 주어진 논술 문제에 대해 본론과 결론에서 무엇을 얘기할지 개요를 작성해 보십시오.

1982년 미국의 <타임>지는 올해의 인물로 컴퓨터를 선정해서 화제를 모았다. 해마다 가장 크게 영향력을 행사한 인물로 세계적 유명 인사를 선정해 오던 이 주간지가 컴퓨터를 그 해의 인물로 선정한 것은 컴퓨터 기술의 발전이 우리에게 큰 변화를 가져오고 있음을 잘 보여 준다. 컴퓨터는 이제 현대 생활의 필수품으로서 곳곳에서 유용한 도구로 사용되고 있다. 하지만 그에 따른 부작용도 적지 않다.

문제: 컴퓨터 기술의 발달이 사회에 가져오는 긍정적, 부정적 측면과 바람직한 방향에 대하여 논하시오.

서론: 컴퓨터 기술이 발전함에 따라 생활이 변화하는 모습들을 설명한다.

본론: 컴퓨터 기술 발전의 긍정적 측면
　　① _____
　　② _____
　　③ _____

　　: 컴퓨터 기술 발전의 부정적 측면
　　① _____
　　② _____
　　③ _____

결론: _____
　　① _____
　　② _____
　　③ _____

[연습 2] 위와 같은 구성으로 다음의 서론을 완성하고 이어서 본론과 결론 부분도 써 보십시오.

35. 논술

> 　컴퓨터 기술의 발전이 인간의 생활을 바꾸고 있다. 공장 자동화, 사무 전산화 등은 물론 가정에서도 컴퓨터는 생활 필수품이 되었다.
> 　사람들은 컴퓨터로 _____
> _____
> _____
>
> 　이처럼 컴퓨터가 생활 필수품이 되어 감에 따라 컴퓨터 기술의 발전이 갖는 긍정적, 부정적 측면을 살펴보도록 하자.
> _____
> _____
> _____
> _____

[연습 3] 다음은 인간이 만물의 영장이 될 수 있었던 이유를 논한 글의 서론과 결론입니다. 본론을 써서 글을 완성해 보십시오.

> 　(서론) 인간의 신체는 다른 동물에 비해 대단히 불완전하다. 그럼에도 불구하고 인간이 만물의 영장이 된 것은 다음과 같은 몇 가지 특성 때문이다.
> 　(본론) _____
> _____
> _____
> _____
>
> 　(결론) 이상 인간의 몇 가지 특성을 살펴보았다. 인간은 불완전한 신체를 타고났지만 생각하고 말하며 도구를 사용하고 직립 보행하는 몇 가지의 특성이 있음으로써 그런 결함을 극복하고 만물의 영장이 된 것이다.

[연습 4] 다음의 글을 읽고 유전 공학의 발달이 인류의 생활에 미치는 영향과 인간의 올바른 태도에 대해 논하시오.

> 유전 공학의 발달로 과거에는 생각하기 어려웠던 일들이 현실로 나타나고 있다. 예를 들면 사자(lion)와 호랑이(tiger)를 교배하여 나온 라이거(liger), 슈퍼 쥐, 씨 없는 수박, 감자와 토마토가 함께 열리는 식물, 유전 공학을 이용한 새로운 의약품의 개발 등 . . . .
> 　미국 조지 워싱턴 대학 메디컬 센터 연구팀이 지난 13일 사상 처음으로 인간의 배자(엠브리오)를 복제하는 데 성공함에 따라 같은 유전 인자를 가진 인간을 여럿 만들어 낼 수 있게 되었다.

[연습 5] 다음 글을 읽고 (나)를 바탕으로 하여 (가)에 나타난 여배우의 태도를 비판해 보십시오.

> 　(가) 동물 애호가인 프랑스의 여배우 브리지트 바르도는 김영삼 대통령에게 한국인이 보신탕을 먹지 못 하도록 해 줄 것을 요구했다. 바르도는 "한국을 방문한 여행객들이 이러한 혐오스러운 관습에 대하여 충격을 받고 있다."는 내용의 편지를 김 대통령에게 보냈다고 공개했다. 바르도는 이 편지에서 "이같은 야만적인 관습은 경제 협력 개발 기구 가입을 원하는 한국의 대외 위상을 해치는 것"이라면서 한국 정부가 개고기의 판매를 금지시켜 줄 것을 요구했다. 그리 논의하기 위한 면담을 김 대통령에게 요청했다.
>
> 　(나) 인도의 힌두 교도들은 쇠고기를 먹지 않고 유대인이나 이슬람교도들은 돼지고기를 혐오하며, 미국인이나 프랑스인들은 보신탕에 대한 생각만 해도 구역질을 느낀다. 어떤 지역에서는 구더기와 메뚜기가 기호 식품으로 사랑 받고 있다. 한 조사에 따르면 쥐고기를 먹는 사회도 42곳이나 된다고 한다. 고대 로마인들은 여러 나라의 산해진미를 앞에 두고도 자신들이 즐겨 먹는 썩은 생선 소스를 찾으며 "이 맛에 필적할 만한 것은 없다"고 말했다.
>
> 한양대학교 논술 고사 출제 문제

[연습 6] 인간의 행동에 있어서 '원칙주의와 현실주의' 두 가지를 생각하면서 다음 글에 나타난 미생의 행동을 비판해 보십시오. '원칙주의'와 '현실주의'를 다음과 같이 정의합니다.

(1) 원칙주의: 언제, 어떤 경우에서나 예외 없이 일정한 기준과 원칙을
    적용한다.
(2) 현실주의: 특수 상황에서는 기준이나 원칙을 적용할 때 융통성을
    발휘할 수 있다.

> 옛날 중국에 미생이라는 고지식한 사람이 있었다. 어느 날 그는 아가씨와 다리 밑에서 만나자고 약속했다. 그런데 기다리는 동안 아가씨는 오지 않고 큰비가 내려서 물이 불어나기 시작했다. 그러나 미생은 약속을 지켜야 한다는 생각으로 다리를 꽉 붙잡고 그 자리를 떠나지 않았다. 미생은 결국 물에 빠져 죽고 말았다.

[연습 7] 다음의 논술 문제 중 하나를 골라 서론, 본론, 결론을 어떻게 구성할 것인가? 그 개요를 연습 1에서와 같이 작성해 보고, 글을 써 보십시오.

(1) 악법도 법이므로 지켜야 하는가?
(2) 진화론은 하나의 학설일 뿐이다. 교과서에 진화론과 똑같은 비중으로 창조론도 수용해야 한다.
(3) 자유와 평등의 조화

> 모범 예문

생물 복제 시대

　　지난 2월 22일 스코틀랜드 과학자 이안 윌무트(Ian Wilmut)가 양을 복제하는 데 성공했다고 발표하여 세상을 놀라게 했다. 로슬린(Roslin) 연구소 연구팀은 양 복제 원리가 인간과 다른 동물들에게도 적용될 수 있다고 주장했다. 그러자 세계 여러 곳에서 인간 복제와 관련하여 많은 추측과 두려움, 그리고 갖가지 화제를 불러 일으켰다.
　　사랑하는 자식이 중병으로 죽을 경우에 대비하여 자식의 복제를 생각하는 부모가 생길 지도 모른다. 그럴 경우 복제된 자식은 친자식의 대리 인간으로 평생을 살게 되거나 필요한 때 장기를 이식해 주어야 할지도 모른다. 빌 게이츠(Bill Gates)같은 천재나 마이클 조던(Michael Jordan)같은 운동 선수를 복제하겠다고 생각하는 사람도 있을 것이다. 그러나 이것은 마치 히틀러(Hitler)가 독일 민족을 우생학적으로 개량하여 세계를 지배하겠다고 했던 것과 같아서 섬뜩한 생각이 든다. 부자가 자신의 재산을 영원히 소유하기 위해서 자기 자신을 복제할지도 모른다. 그러나 일란성 쌍둥이도 기질과 버릇이 다른데 복제된 자신이 원래의 자신과 생각과 마음이 똑같다고 볼 수도 없다.
　　인간의 역사는 과학 기술의 발달과 함께 발전하였다. 인간은 금속 기구의 발명과 농경 기술의 발달로 석기 시대에서 벗어날 수 있었다. 또한 산업 혁명도 과학 기술이 발달함에 따라 가능했다. 20세기에 들어와서 인간은 물질의 가장 작은 입자인 원자를 쪼개는 데까지 성공했다. 그러나 이같은 과학의 발달은 원자 폭탄을 낳아 인류를 공포 속으로 몰아 넣었다.
　　로슬린 연구소의 과학자들은 더 길고 부드러운 털을 가진 양을, 그리고 더 맛 좋은 고기의 소를 만들어내는 과정에서 양을 복제하게 되었다. 그러나 과학은 인간이 이를 제어할 수 있을 때만 유용하며 인간의 제어를 벗어날 때는 큰 재앙을 가져올 수 있다.

1798년에 쓰여진 소설 "프랑켄슈타인"에 나오는 인조 인간은 젊은 과학자가 사람의 시체 조각을 모아 만들어낸 것이다. 이 인조 인간은 엄청난 힘을 가지고 있었으나 자연 인간이 갖고 있는 판단력이나 도덕심 같은 것은 없었다. 그리하여 자신을 만들어낸 과학자는 물론 많은 사람들을 죽인 끝에 스스로 파멸하고 만다.

오늘의 발달된 과학은 인간을 육체적으로 복제할 수 있을지는 모르나 눈에 보이지 않는 것들, 즉 옳고 그름을 판단할 수 있는 판단 능력이나 도덕심, 영혼 같은 것은 복제할 수 없을 것이다.

36. 찬반 토론 (Pros and cons)

어휘

지지	support
허용	permission
없애다	to do away with
폐지하다	to abolish
존속시키다	to maintain
처벌	punishment
사회 질서	(social) order
유지시키다	to maintain, to keep up
대가	price, cost
예방	prevention
격리시키다	to isolate
정서	emotion, feeling
상식	common sense
여론조사	public opinion poll
도입	introduction
존재하다	to exist
부활시키다	to resuscitate
강력하다	to be powerful
말기 환자	terminally ill patient
인정하다	to admit
안락사	euthanasia
어차피	in any case, anyway
고통	pain
섭리	Providence
식물인간	comatose person
의료비	medical expenses
의료시설	medical facilities
낭비되다	to be wasted
지치다	to be exhausted
남용하다	to abuse
낙태	abortion

헌법	constitution
보호하다	to protect
해석되다	to be interpreted
해롭다	to be harmful
세금	tax
공공 장소	public area
흡연	smoking
충치	decayed tooth
심장마비	heart attack
해를 입다	to suffer damage
망치다	to ruin, to spoil
지독히	terribly, awfully
반사회적이다	to be antisocial
행위	act
공감하다	to sympathize with
하원	lower house (of parliament)
통과되다	to pass
공식 언어	official language
지정	designation
법안	(legislative) bill
상원	upper house, senate
발효되다	to become effective
구사하다	to use freely
소수 민족	minority (race)
복지제도	(public) welfare
공공 서비스	public services
민원 서류	paperwork and civil petitions
세금 고지서	notice for payment of tax
의무화하다	to make something compulsory
관공서	public institution
가령	if, suppose that
~출신	to be from, to be a native of (a place)
이민자	immigrant
사회복지국	social welfare office
범법 행위	illegal act, crime

공화당	Republican Party
민주당	Democratic Party
집단	group
현상	phenomenon
혼돈	chaos
~지경에 이르다	to be on the verge of
제공	offer
조장하다	to promote
편협하다	to be narrow-minded
위헌	violation of the constitution, unconstitutionality
연방정부	federal government
문서	document
발행되다	to be issued
분량	quantity, amount
반론	objection
대중(고급)문화예술	pop culture (classic art)
결합	union
기획	planning
시도하다	to try out
발성법	vocalization
상업적 동기	commercial motive
혹사	working hard, driving hard
음색	timbre
퇴락하다	to become dilapidated
창조되다	to be created
섣불리	rashly
추구하다	to pursue
양자	both
필요악	necessary evil
논란의 대상	subject of controversy, controversial issue
공해를 일으키다	to cause public harm, to pollute
논리적으로 전개하다	to develop logically
혜택을 박탈당하다	to have privileges taken away
일절 금지되다	to be entirely forbidden, to be proscribed
논리에 충실하다	to be (perfectly) logical

36. 찬반 토론

문형

~는/(으)ㄴ 반면에

그 사람은 자기 자신에게는 엄격한 반면에 남에게는 매우 관대하다.
그 나라는 경제적으로는 큰 발전을 이룬 반면에 정치적으로는 아직도 후진국이다.
자동차는 우리의 생활을 편리하게 해 주는 반면에 대기 오염의 주범이기도 하다.

Although the person is hard on himself, he is very understanding of others.
Although that country has greatly developed its economy, politically it is still a backwards country.
Although cars make living more convenient, they are also a main source of air pollution.

~(으)므로

그 학생은 모든 면에서 우수하므로 추천할만하다.
죄를 지었으므로 벌을 받는 것은 당연하다.
폭력 영화는 아이들에게 나쁜 영향을 줄 수 있으므로 보지 못하도록 해야 한다.

As that student is superior in every respect, s/he is worthy of commendation.
As s/he has committed a crime, it's only fair that (s)he receives a punishment.
Because violent movies can affect children negatively, we must prevent them from being able to watch them.

~마저

그의 정적들마저 그를 칭송한다.
이제 나이가 들어서 걸음마저 제대로 옮길 수가 없다.
갖은 불행 끝에 사랑하던 아내마저 잃었다.

He is admired **even** by his political enemies.
I'm too old now **even** to walk properly.
To crown his misery, he **even** lost his loving wife.

연 습

[연습 1] 다음 글을 읽고 사형 제도에 대해서 토론해 보십시오.

> 인간의 생명은 무엇과도 바꿀 수 없는 귀한 것이다. 그래서 한 인간이 다른 인간의 생명을 빼앗는 것은 가장 나쁜 범죄라고 할 수 있다. 그러나 인간이 인간을 죽이는 것이 허용되는 경우가 있다. 전쟁과 사형 제도 등이 그것이다. 물론 전쟁이나 사형은 바람직한 것이 아니며 가능하면 피해야 할 일이다. 하지만 전쟁의 경우는 그 원인이 매우 복잡한 사회 현상이므로 이를 막기 위해서는 여러 가지 노력이 필요하다. 이상과 같은 논리가 성립되는 반면에, "사형 제도는 사회적인 약속에 의해 없앨 수도 있다."는 주장도 가능하다. 실제로 오늘날에는 사형 제도를 없앤 나라들도 없지 않다. 그러나 사형 제도를 찬성하는 사람도 꽤 많다.

[연습 2] 여러분이 사형 제도에 반대하는 사람이라고 생각하고 사형 제도를 찬성하는 다음 주장들의 오른 쪽 칸에 여러분의 의견을 써 보십시오.

사형 제도 존속	사형 제도 폐지
사형은 다른 사람을 죽이거나 그와 비슷한 범죄를 저지른 사람에 대한 처벌로서 사회의 질서를 유지시킨다.	
사형 제도는 무서운 범죄를 저지를 가능성이 있는 사람에게 그 행위의 대가를 보여 줌으로써 범죄를 예방하는 효과가 있다.	
위험한 범죄자를 사회로부터 완전히 격리시키기 위해서도 사형제도는 필요하다.	
사형 제도는 일반인들의 정서와 상식에 맞는다.	

참고. 프랑스: 1979년 논란의 대상이 되었던 사형 제도에 대해 62%가 폐지를 반대함.
영국: 1983년 여론 조사 결과, 사형 제도를 도입해야 한다는 의견이 80%를 넘음.
한국: 1984년 여론 조사 대상자의 77%가 사형 제도 존속에 찬성함.

[연습 3] 여러분은 말기 환자가 죽음을 선택할 수 있는 자유를 인정하십니까, 반대하십니까? 그 이유는 무엇입니까? 환자, 가족, 의사 등 여러 입장에서 생각해 보십시오. 여러분의 가족이나 여러분 자신이 만약 이런 경우라면 어떤 선택을 하겠습니까? 아래에 있는 것은 안락사 찬반에 대한 표입니다. 여러분의 의견을 서론, 본론, 결론의 구성을 갖춘 글로 완성해 보십시오.

안락사 찬성	안락사 반대
어차피 죽을 사람이라면 고통을 빨리 끝내 주는 것이 옳다.	죽음은 자연과 신의 섭리에 맡겨야 한다.
살아날 가능성이 없는 식물 인간의 생명 유지에 의료비, 의료 시설이 낭비되는 것은 바람직하지 않다.	지친 의사와 가족이 죽을 권리를 남용할 가능성이 있다.
낙태권도 헌법이 보호하는 개인의 자유로 해석될 수 있으므로 죽을 권리도 인정해야 한다.	헌법에 죽을 권리는 없다.

[연습 4] 다음의 대화를 읽어보십시오. 여러분은 A와 B중 어느 사람 생각에 공감하십니까? 여러분의 입장을 정하고 그 의견을 논리적으로 전개해 보십시오.

> A: 담배는 건강에 해로우니까 절대로 피워서는 안돼! 세금을 두 배로 올리고 모든 담배 광고와 공공 장소에서의 흡연을 금지해야 돼.
> B: 나도 흡연이 해롭다는 것을 인정해. 그렇지만 담배 피우는 것 말고도 해로운 습관은 많아. 예를 들면 사탕을 먹는 것도 몸에 해롭지.
> A: 그 두 가지가 어떻게 같을 수 있지?
> B: 설탕을 너무 지나치게 많이 먹기 때문에 죽는 사람도 많거든. 설탕을 많이 먹으면 충치가 생기기도 하고 살이 너무 많이 쪄서 그 결과 사람들이 심장 마비로 죽을 수도 있지. 그렇지만 사탕에는 세금도 없고 또 금지시키자는 캠페인도 없잖아.
> A: 그렇지만 사탕을 먹음으로 인해 해를 입는 것은 사탕을 먹는 사람 뿐이잖아? 흡연은 흡연자뿐만 아니라 다른 사람들의 건강도 망치지. 이건 지독히 반사회적인 행위야.
> B: 잠깐. 그렇다면 자동차에 대해서는 왜 아무 말도 안 하지? 자동차는 흡연보다 더 많은 공해를 일으킬 텐데. 그런데 왜 공공 장소에서 자동차 운행을 금지시키려고 하지 않지? 예를 들면 길에서 말이야.

[연습 5] 여러분은 미국 하원에서 통과된 "영어의 공식 언어 지정 법안"에 찬성하십니까? 반대하십니까? 아래의 기사를 읽고 여러분의 주장을 논리적인 근거를 제시하며 전개해 보십시오.

> 미 하원은 지난 주 영어의 공식 언어 지정 법안을 통과시켰다. 상원에서 통과되어 만약 이 법안이 발효될 경우 영어를 제대로 구사하지 못하는 소수 민족들은 생활의 불편은 물론, 각종 복지 제도 및 공공 서비스 혜택마저 박탈당하게 된다. 민원 서류에서부터 세금 고지서에 이르기까지 영어만 사용토록 의무화되고 관공서에서의 제2 외국어 서비스는 일절 금지된다. 가령 영어를 전혀 못하는 멕시코 출신 이민자가 사회 복지국을 찾아갔을 때, 스페인어를 아는 직원이 있더라도 스페인어로 대화를 나누는 것은 범법 행위가 된다. …
> 공화당 측은 "언어 집단별 격리 현상으로 사회가 혼돈 지경에 이르렀으며, 정부의 각종 제2 외국어 서비스 제공이 그러한 현상을 조장하고 있다고 주장하는 반면에 민주당 측은 "편협한 사고에서 비롯된 위헌적 행위"라며 현재 미국민 중 영어를 모르는 인구는 3%, 연방 정부 문서 중 제2 외국어로 발행되는 분량은 1%도 안 된다는 반론이다.

[연습 6] 다음 글은 "대중 문화 예술과 고급 문화 예술의 결합"에 대한 하나의 의견입니다. 이 글에 대해 찬반의 입장을 분명히 밝히고 글로 써 보십시오.

> 테너 루치아노 파파로티는 "파파로티와 친구들"이라는 기획으로 대중 음악과의 결합을 시도해 많은 화제를 낳았다. 하지만 결과적으로 발성법의 변화와 상업적 동기에 따른 혹사로 인해 그의 빛나던 음색이 퇴락했다는 비판을 받아야 했다. 대중 문화와 고급 문화는 서로 다른 동기에 의해 창조되고 서로 다른 대상을 목표로 한다. 따라서 섣불리 이들을 결합시키려는 것은 위험한 시도가 아닐 수 없다. 각자의 논리에 충실한 발전을 추구하는 것이 양자의 발전을 위해 바람직한 것이다.

[연습 7] 여러분은 필요악이라는 말을 알고 있을 것입니다. "필요하다 해도 악이므로 없애야 한다" "악이지만 필요하므로 그 존재를 인정해야 한다" 이 두 가지 입장 중 여러분은 어느 쪽입니까? 여러분의 주장을 펴는 글을 써 보십시오.

모범 예문

서머타임 실시에 앞서 부작용 검토해야 한다

내년 4월부터 9월까지 서머타임제를 실시하겠다는 정부의 결정은 재고해야 한다. 서머타임제가 자원 절약에 기여하는 반면에, 사회적으로는 훨씬 더 큰 손실과 혼란을 예고하기 때문이다.

주변 국가들의 반대로 결국 좌절되기는 했지만 최근 프랑스 정부가 서머타임제를 폐지하려고 시도했던 것은 이 제도가 많은 문제점을 갖고 있기 때문이다. 프랑스 여론 기관의 조사에 의하면 서머타임제는 노인과, 직장인, 학생들 특히 유치원과 초등학교 학생들의 신체 리듬에 갑작스러운 혼란을 가져와 두통과 불면증 등을 호소하는 사람들이 늘어난다고 한다.

서머타임제는 유난히 여름에 낮이 길고 겨울에는 밤이 긴 유럽의 경우 자원 절약에 크게 기여할 수도 있다. 그러나 상대적으로 계절별 밤낮의 길이 변화가 적은 한국에서의 유효성은 의심스럽다.

또한 갑작스럽게 서머타임제를 실시할 경우 과학 기술 분야에서도 적지 않은 혼란을 가져올 수 있다. 유럽 지역을 대상으로 개발된 컴퓨터 소프트웨어에는 상당수가 서머타임이 시작되는 날 자동으로 컴퓨터의 시간을 변경해 주는 기능이 있다. 그러나 한국을 대상으로 개발된 소프트웨어에는 이러한 기능이 없으므로 갑작스럽게 서머타임제를 도입할 경우 컴퓨터의 시간을 일일이 수동적으로 바꿔 줘야 하는 등의 문제점이 생긴다.

이같은 문제점에도 불구하고 서머타임제를 도입하겠다면 컴퓨터 소프트웨어 개발 업체들이 새로운 제도에 대비할 수 있도록 적어도 3—4년 후부터 실시하는 것이 바람직하다고 본다.

(정성모, 1997년 5월 12일 조선일보 독자 투고난)

37. 설득문 (Persuasion)

어휘

장애자	handicapped person
불우 이웃	people in adverse circumstances, down on their luck
자원 봉사	voluntary service
굶주리다	to be starving
소외 계층	isolated class, sheltered class
고급 인력	high-quality human resources
인재 양성	cultivating people of talent
납득시키다	to persuade, to convince
타이르다	to admonish
설득력	persuasive power
굴복하다	to submit, to surrender
표어	slogan, motto
고작(이다)	at (the) best
인류학	anthropology
민속	folk customs
의지	will, intention
형성	formation
발굴	excavation
접목시키다	to graft onto
향하다	to turn toward
겨루다	to compete
자기 개발	self-development
각오	readiness
새롭다	to be new
선거	election
지원하다, 지지하다	to support
헤아리다	to consider
연설하다	to speak publicly, to deliver a speech
투표하다	to vote
표를 찍다	to vote for
사람을 뽑다	to elect (by vote)

37. 설득문

기대하다, 기대를 걸다	to expect
일꾼	able person
애정을 가지다	to have affection for
기아에 시달리다	to live on the verge of starvation
눈물어린 호소	emotional appeal
양심에 호소하다	to appeal to conscience
남녀노소 할 것 없이	male and female, old and young; regardless of age and gender difference
실패는 성공의 어머니	failure is but a stepping stone to success
전화위복	misfortune turning into a blessing
대전제	major premise
혈통	lineage, ancestry
당당하다	to be dignified
가교	bridge
한 많은	full of tears and regrets
더부살이	freeloading
양자	adopted son
푸른 꿈을 펼치다	to realize one's dream

문형

~(이)란

남을 위한 봉사란 희생이 따르는 법이다.
좋은 글이란 거짓없이 솔직하고, 재미있으면서 감동을 주는 글이다.
나와 반대 의견을 가지고 있는 사람을 설득하기란 여간 어려운 일이 아니다.

(What may be called) serving others means having to sacrifice oneself.
(What may be called) a good composition is one that is truthful, fun, and touching.
Persuading someone with an opposing opinion to my own is a very difficult thing.

~(으)로 인해(서)

그 회사는 기업 홍보로 인해 수출 실적을 올릴 수 있었다.
두 사람의 노력으로 인해서 "심장병 어린이를 돕자"는 운동은 확산되었다.

그는 설득력 있는 말솜씨로 인해서 많은 표를 얻었다.

That company was able to increase its exports **through** its publicity.

Thanks to the work of those two people, the "Helping Kids with Heart Disease" campaign spread.

Through his ability to talk persuasively, he gained many votes.

~(으)ㄴ 만큼

그는 고생한 사람인 만큼 동정심이 있다.

그는 평판난 만큼 현명하다.

K씨는 외국 생활을 오래 한 만큼 외국의 풍습에 밝다.

He is sympathetic, **as** he has seen much of life.

He is **as** wise **as** he is famous.

As might be expected from his long stay abroad, Mr. K is well acquainted with foreign customs.

연습

[연습 1] 다음은 우리가 흔히 보는 표어들입니다. 여러분도 생각나는 것이 있으면 써 보십시오.

꺼진 불도 다시 보자, 자나깨나 불조심.
5분 먼저 가려다 50년 먼저 간다. (과속 운전 주의)

_____

_____

[연습 2] 다음과 같은 불우한 이웃을 보면 어떤 생각이 듭니까? 그 때의 느낌을 써 보십시오.

(1) 교통 사고로 인해서 목발을 짚거나 휠체어를 타고 다니는 사람들을 보았을 때.
(2) 남편에게 폭력을 당하여 도망치는 여성의 고민의 들을 때.
(3) 부모가 없어서 사랑에 굶주린 고아를 보았을 때.
(4) 기아에 시달리는 사람들의 이야기를 들을 때.

37. 설득문

[연습 3] 위와 같은 경우에 여러분은 동정심이 생겨서 그들을 돕고 싶은 마음이 들 것입니다. 그런데 사람의 마음이란 다 같지 않아서 그렇지 않은 사람도 있을 것입니다. 위의 이야기 중 하나를 골라서 반대 의견을 가진 사람이 동정심이 생겨 같이 도울 수 있도록 호소하는 글을 써 보십시오.

[연습 4] 다음은 한 대학생이 자기가 하고 싶은 연구를 위해서 장학금을 신청하는 글입니다. 본론에 해당하는 부분을 호소력 있게 써서 장학금을 받을 수 있게 해 보십시오.

첫째 단락은 서론으로서 한국에 대해서 관심을 가지게 된 배경,
둘째 단락은 본론으로서 연구의 주제와 장학금을 꼭 지급해 달라고 하는 내용,
셋째 단락은 결론으로서 장학금을 받으면 앞으로 어떤 일을 해서 기여하겠다는 내용입니다.

수신: ○○ 재단 이사장님
발신:
제목: 장학금 신청서

저는 ○○○대학 ___학년에 재학 중이며 저의 전공은 _____입니다. _____
_____
_____

제가 한국에 가서 연구하고 싶은 것은 _____
_____
_____
_____

이사장님께서 이번 기회에 저를 한국에서 많은 것을 체험하면서 공부할 수 있게 해 주십시오. 그렇게만 해 주신다면 _____
_____
_____
_____

[연습 5] 여러분은 부모님과 대화를 많이 하십니까? 부모님과 말이 잘 통하는 편입니까? 만일 부모님과의 의견 대립으로 인해서 불편하게 되었을 때 부모님을 설득하는 글을 써 보십시오. 예를 들면 여러분이 전공을 바꾸고 싶은 경우 부모님께 허락을 받기 위한 글이라든지, 취직을 하려고 하는데 부모님이 별로 원하지 않는 직장에 들어가게 되었을 때 부모님을 설득하는 글, 또는 결혼 상대자가 부모님 마음에 들지 않는 경우에 그 상대자와의 결혼을 허락해 달라고 설득하는 글 등을 써 보십시오.

스웨덴에서 만난 입양 여성에게

먼저 당신에게 진심으로 사과합니다. 거기에 대해서는 당신이 어떻게 비난하더라도 변명할 말이 없다고 생각합니다. 이러한 사과를 대전제로 해서 두 가지 말을 당신에게 하고 싶습니다. 하나는 우리 나라가 고아를 팔아먹는다고 하는데 그런 예도 있습니다. 그러나 우리 나라가 고아를 해외로 보낸 것은 반드시 돈 때문만은 아닙니다. 우리 나라에는 혈통을 지나치게 중요시하는 경향이 있어서 자기 혈통이 아닌 남의 혈통의 자식을 기르지도 사랑하지도 못하는 좋지 않은 관습이 있습니다. 나는 우리의 이러한 결점을 부끄럽게 생각하며 빨리 고쳐야 한다고 생각합니다.

또 하나 당신 자신을 위해서 말하고 싶은 것이 있습니다. 그것은 당신이 자기의 운명을 사랑하고 현재의 상황을 전화위복으로 만들라는 것입니다. 당신은 이제 아름답고 당당한 스웨덴 사람입니다. 그러나 당신은 어디까지나 한국계의 스웨덴인입니다. 이것은 바꿀 수가 없습니다. 당신은 이 운명을 솔직히 받아들이고 잘 활용하십시오. 당신은 한국과 아시아에 대한 지식과 경험을 풍부하게 쌓은 한국계 스웨덴인이 되십시오. 아울러 양국간의 가교가 되십시오. 지금 당신의 나라인 스웨덴은 이제 날로 아시아에 대해서 관심이 커져 가고 있습니다. 스웨덴은 당신을 아주 소중한 국민으로 취급하게 될 것입니다. 그렇게 되면 한 많은 더부살이 양자가 아닌 것입니다.

김대중, "스웨덴에서 만난 입양 여성" 중에서

21세기 당신의 꿈을 펼칠 수 있는 HI 회사의 가족이 되십시오

아시아의 태양이 점점 그 모습을 들어내고 있습니다. 세계는 한국을 발견한 것입니다. 소비자들은 한국의 상품을 인정하게 되었고 기업인들은 한국 시장을 발견하게 되었습니다. 경제적으로 가장 급격한 발전을 보이고 있는 한국은 개발국의 한 표본이 되었습니다.

우리 HI 자동차 회사는 이러한 한국의 발전을 주도하고 있는 대기업입니다. 세계 30개 국에 자동차를 수출하는 우리 회사는 금번에 이 러시아 지역에 현지 공장을 설립할 계획을 세우고 있습니다. 30만 평 부지에 년간 40만 대를 생산하여 유럽 대륙에 공급할 자동차를 생산할 공장입니다. 좋은 제품을 내고 공급을 원활하게 하기란 그리 쉬운 일이 아닙니다. 그러나 우리는 의지를 가지고 단단한 계획 아래 현지 공장을 설립하는 것인 만큼 회사의 각오도 새롭습니다. 앞으로의 5개 년 계획을 세워 놓고 계속해서 지원을 아끼지 않을 것입니다.

이러한 HI의 큰 경영이 세계로 향할 인재를 찾고 있습니다! 러시아 현지의 엘리트 신입 사원과 경력 사원을 모집하고 있습니다. 러시아의 엘리트 여러분, 발전하는 한국의 대기업에서 여러분의 푸른 꿈을 마음껏 펼쳐 보시고 여러분의 능력을 인정 받아 보시기 바랍니다. 세계 수준의 HI 사원과 한번 어깨를 나란히 하고 우의를 다져 보시고, 한국의 대기업에서 자기 개발의 기회를 가져 보십시오. 여러분의 일생을 HI에 맡기신다면 반드시 여러분의 꿈을 이룰 수 있을 것입니다. HI로 인해서 여러분의 인생은 빛날 것입니다.

요약문 (Summaries)

How to write 요약문

- Clearly grasp the meaning of the composition's topic.

- Organize the main contents concisely.

- Rather than simply extracting portions from the document and connecting them, make a summary in your own words so that the reader can understand the document easily.

- Make sure that you reflect the author's original intention.

- Do not be biased or show your opinion in the summary.

차 례

| 38. 요약 | Summarizing |

38. 요약 (Summarizing)

어휘

발명	invention
사용처	use
물질	matter
냉매제	catalytic cooler
대단하다	to be great
생산하다	to produce
살충제	insecticide
선구	forerunner
강력하다	to be strong, powerful
효용성	usefulness, effect
풍요를 누리다	to enjoy the richness
파괴하다	to destroy, to break, to ruin
자외선	ultraviolet rays
생태계	ecosystem
위협하다	to menace, to threaten, to scare
먹이사슬	food chain
축적되다	to accumulate, to be accumulated
신경계	nervous system
이상을 일으키다	to show abnormal symptoms
저서	literary work
침묵	silence
분석하다	to analyze
충격	shock
인자	factor
작용하다	to act, to work
보장하다	to guarantee, to ensure
경악하다	to be surprised, to be astonished
시각	angle of view, viewpoint
판이하다	to be entirely different
비관론	pessimism
낙관론	optimism
생활양식	lifestyle

38. 요약

종	servant, slave
단지	only, merely
무분별하다	to be indiscreet, to be thoughtless
단정하다	to conclude
사조	trend (of thought)
번지다	to spread
자원	resources
당면하다	to face, to confront
대책	countermeasure
마련하다	to prepare, to provide
방사선	radioactive rays, radiation
폐기물	scrap (material)
오염	contamination, pollution
초능력	magical power
미생물	microorganism
양립하다	to coexist
개발도상국	developing country
선진국	developed (advanced) country
보존	preservation, conservation
과제	task
구체화하다	to take concrete form, to materialize
성공을 거두다	to succeed
돈방석에 앉다	to get rich quickly
침이 마르게 칭찬하다	to speak highly of, to commend
비판대에 오르다	to be criticized

문형

~(이)야 말로

그 사람이야 말로 이 일에 적임자다.

태양열이야 말로 공해를 일으키지 않는, 21세기의 주 에너지원이 될 것이다.

지금이야 말로 그 일을 해야 할 때이다.

That person is **the one who** is just right for this job.

It is the heat from the sun **that** will become the main source of nonpolluting energy in the twenty-first century.

Right now is the time that you have to do that work.

~에 달려 있다

결정은 전적으로 너에게 달려 있다.
한 국가의 장래는 정부가 어떤 정책을 세우느냐에 달려 있다.
계약을 할 것인가 말 것인가는 조건이 어떤가에 달려 있다.
The decision **rests** entirely **with** you.
A country's future **is dependent on** the policies its government establishes.
The acceptance of the contract **hinges upon** the terms.

연습

[연습 1] 다음 글을 읽고 한 문장으로 요약해 보면 아래와 같습니다. 이와 같이 다음 단락들도 한 문장으로 요약해 보십시오.

> 지난 1920년 대 말 염화불화탄소(CFC)가 발명되었을 때 사람들은 "이렇게 인체에 해도 없으며 사용처가 많은 물질이 또 있을까?" 하고 감탄했다. 냉매제로 인기가 대단했던 이 물질을 생산하기 시작한 뒤퐁사는 갑자기 돈방석에 앉았다. 또 이보다 약간 늦게 개발된 DDT는 살충제의 선구로서, 강력한 살충 효과를 가지고 있으면서도 인체에는 아무런 해가 없는 것으로 알려져 사람들은 그 효용성을 침이 마르게 칭찬하였다. CFC는 인간의 생활을 보다 더 편리하게 변화시켰고 DDT는 곡물의 대량 생산을 가능케 하여 물질적인 풍요를 누리게 해 주었다.

> 요약: CFC와 DDT는 발명 초기에는 사람들에게 생활의 편리함과 풍족함을 가져다 주었다.

그러나 70여년이 지난 오늘날 CFC야말로 20여km 상공에서 지구를 보호막처럼 둘러싸고 있는 오존층을 파괴하여 강력한 자외선이 지구로 쏟아져 들어오게 하는 주범이라는 사실이 밝혀졌다. 즉 지구의 생태계를 위협하고 있는 원인 물질 중의 하나인 것이다. 또 DDT는 그 성분이 먹이 사슬에 축적되어 결국은 사람에게로 옮겨져 신경계 등에 이상을 일으키고 있음이 밝혀졌다. 레이체 카슨은 그의 저서 "침묵의 봄"에서 봄이 되어도 깨어날 줄 모르는 생명체의 슬픔을 DDT의 영향으로 분석하였다. 이같은 사실은 우리들에게 큰 충격을 주었고 과학 기술은 비판대에 오르기 시작했다. 자연 파괴의 원인으로서 과학 기술이 비판의 대상이 된 것이다.

요약: _____
    _____

오늘날 환경 문제는 기본적으로 인간과 자연의 관계에서 비롯되며 여기에 과학 기술이 중요한 인자로 작용한다. 과학 기술이 풍요로운 물질과 편안한 생활을 보장한 반면 자연 환경을 파괴하고 결국에는 그 영향이 인간에게 되돌아오고 있다는 사실에 사람들은 경악한다. 그래서 과학 기술을 보는 시각도 판이하게 다르다. 과학 기술의 비관론과 낙관론이 그것이다.

과학 기술 비관론자들은 과학 기술이 사회 발전과 생활 양식에 어떤 영향을 미쳤는지를 묻고 있다. 그들은 자연의 파괴, 과학 기술의 종이 되고 있는 인간을 비판한다. 그들은 자연을 단지 대상물로만 파악하는 잘못된 자연관에 바탕을 두고 무분별한 과학 기술 발전을 추구했기 때문에 오늘의 환경 문제가 발생했다고 단정한다. 이런 생각은 반과학 사조로까지 번지고 있다.

그러나 과학 기술 낙관론자들의 주장은 다르다. 그들은 과학 기술 발전에 의한 경제 성장은 인류가 계속 추구해야 할 최고의 목표라고 생각한다. 과학 기술이야말로 자원 부족, 환경 문제 등 인류가 당면하고 있는 문제들을 해결해 줄 수 있을 것이라고 믿기 때문이다. 과학 기술이 환경 문제를 낳았지만 보다 더 적극적으로 과학 기술을 이용하여 그 원인을 분석하고 대책을 마련함으로써 문제를 해결할 수 있다고 보는 것이다. 예를 들면 방사선 폐기물이나 산업 쓰레기를 지구 밖으로 보낼 수도 있으며 오염 물질을 먹어 치우는 초능력의 미생물도 만들 수 있다는 주장이다. 결국 문제의 해결은 인류의 과학 기술 능력에 달렸다고 보는 것이다.

요약: _____
_____
_____

과학 기술에 대한 이런 두 가지 생각은 너무나 달라서 도저히 양립할 수 없는 것처럼 보인다. 그러나 어느 쪽도 포기할 수 없는 것이 오늘의 현실이다. 개발 도상국들은 과학 기술을 통한 경제 발전을 계속 추구하고 있고 이제 어느 정도 경제 발전을 이룬 선진국들은 환경 보존 쪽에 기울어져 있다. 환경 보존과 경제 개발을 함께 할 수 있는 방법을 찾는 것이 오늘날 우리의 과제이다. 즉, 환경을 보호하면서 경제를 개발할 수 있는 방법을 찾아야 한다. 브라질 리오데자네이로에서 열렸던 유엔 환경 개발회의도 바로 이 방법을 구체화하기 위한 것이다. 이런 우리의 노력이 성공을 거둘 때 미래 사회는 경제 성장과 생태계 보전이 함께 가능한 사회가 될 것이다.

요약: _____
_____
_____

[연습 2] 연습 1에 나온 4개의 단락을 연결하면 하나의 완성된 글이 됩니다. 이 글의 서론, 본론, 결론 구조를 파악하면 다음과 같습니다. 빈칸을 채워 보십시오.

```
서론: CFC와 DDT는 발명 초기에는 사람들에게 생활의 편리함과 풍족함을
     가져다 주었다.
본론: 오늘날에는 _____
     _____
결론: _____과 _____을 조화시켜야 한다.
```

[연습 3] 연습 1에 나온 글을 500자 정도의 분량 (띄어쓰기 포함)으로 요약해 보십시오.

모범 예문

과학 기술과 환경 보존의 조화

　1920년대 말 발명된 CFC와 DDT는 인류의 생활을 편리하게 하였고 물질적으로 풍족하게 하였다. 그러나 현대에 이르러 이 두 물질의 부작용으로 인하여 사람들의 생존이 위협받기 시작하자 과학 기술에 대한 비난이 쏟아지기 시작했다.
　오늘날 과학 기술은 환경 문제와 밀접한 관련이 있다. 그래서 과학 기술의 비관론과 낙관론이 등장하게 되었다. 과학 기술 비관론자들은 과학 기술의 발전이 인간의 생활 양식을 변화시키고 환경 문제를 유발한다고 비판한다. 이에 반해 과학 기술 낙관론자들은 인류의 발전은 과학 기술에 달려 있고 과학 기술이 유발하는 부작용은 과학 기술을 이용해서 해결할 수 있으므로 과학은 인류가 지향해야 할 가장 중요한 것이라고 주장한다.
　환경 보존과 과학 기술 개발, 어느 한 쪽에 치우칠 것이 아니라 환경을 훼손하지 않는 범위 내에서 경제 개발을 실시해 이 둘을 조화시키는 것이 필요하다.

작문의 과정과 표현 방법
(Steps of composition and styles of writing)

39. 작문의 과정 (Steps of composition)

우리는 살아가면서 말과 글로 우리의 생각이나 감정을 표현한다. 글을 쓰는 것은 말을 하는 것보다 오래 남고 자기의 생각을 조리 있게 표현할 수 있으며, 여러 사람에게 알릴 수 있다는 장점이 있다. 그러나 외국어로써 글을 쓴다는 것은 여간 어려운 일이 아니기 때문에 연습이 필요하다. 일정한 규칙에 맞추어 연습을 하면 자기가 생각하고 느낀 것을 한국어로 정확하게 표현할 수 있으며, 작문을 하는 데 필요한 일반적인 기술을 습득하게 될 것이다. 그리고, 마침내는 한국어로 좋은 글을 씀으로써 학문적인, 또는 전문적인 사회 활동을 하는 데 도움이 될 것이다.

글을 쓰려면 우선 무엇을 쓸 것인가? 주제를 무엇으로 할 것인가를 정해야 한다. 그리고는 그 주제를 잘 나타내기 위해 어떤 내용을 이야깃거리로 삼으며, 소주제는 무엇으로 할 것인가를 정해야 한다. 그 다음에는 어떻게 글을 쓸 것인가, 단락의 구성은 어떻게 해야 하는가 하는 글의 개요를 작성해야 한다.

A. 주제의 설정

---
1. 주제는 자기가 주변에서 경험한 사실을 깊이 있게 생각하고, 거기에 의미를 부여하는 것이다.
2. 주제는 독창적인 것이어야 한다.
3. 처음에 주제가 잘 떠오르지 않을 때는 관심 있는 단어를 나열해 놓고 주제를 찾아보는 것도 한 방법이다.

[연습 1] 여러분이 요즘 관심을 가지고 생각하는 것은 무엇입니까? 그것을 단어로 5개만 써 보십시오.

[연습 2] 요즘 신문에 자주 나오는 기사문의 주제에는 어떤 것이 있는지 생각나는 대로 적어 보십시오.

[연습 3] 주제를 분명하게 하기 위해서는 문장으로 된 주제문이 있어야 합니다. 주제문은 주제가 의미하는 것을 확실하게 해 주고, 또 주제문을 씀으로써 글의 방향도 정해지는 것입니다. 다음 빈칸에 주제와 주제문을 써 보십시오.

주 제	주 제 문
건강하게 사는 법	취미 생활을 하며 즐겁게 산다.
해외 여행	
	컴퓨터 통신으로 즉석 도움을 얻는다.
나의 어머니	
다이어트 (diet)	

[연습 4] 이번 학기에 쓰고 싶은 글의 주제를 몇 개 적어 보고 주제문도 써 보십시오.

B. 소재

1. 소재는 주제를 뒷받침하는 이야깃거리이다.
2. 주제에 맞는 것으로 주제를 분명하게 들어낼 수 있는 것이어야 한다.
3. 내용이 확실하면서 읽는 사람이 흥미를 가질 수 있는 것이어야 한다.

[연습 1] 청소년에게는 술을 팔지 못하게 되어 있습니다. 그 이유를 3가지만 들어 보십시오.

[연습 2] "나의 한국 여행"이라는 주제를 가지고 글을 쓴다면 소재로 쓸 수 있는 것들은 어떤 것이 있습니까?

[연습 3] 21세기에는 세계의 인구는 60억 이상이 될 것이라고 합니다. 그러면 식량과 자원이 부족하게 되고, 우리가 살아갈 땅까지 좁게 느껴질 것입니다. 그 때는 육지보다 두 배 이상 넓은 바다에 관심이 가게 될 것입니다.

우리가 미래에 개발할 수 있는 바다란 어떤 것일까요? "21세기에는 바다로"라는 제목으로 글을 쓴다고 생각하고 우리가 개발할 수 있는 분야를 모두 써 보십시오.

[연습 4] 대부분의 학교에서는 학교 신문을 발행하고 있습니다. 그러나 요즘 학생들은 학교 신문을 잘 안 읽는다고 합니다. 학생들의 관심을 끌기 위해서 하나의 주제를 가지고 다섯 차례에 걸쳐 특집 기사를 싣기로 했습니다. 어떤 기사가 좋을까요? 특집 전체의 제목과 다섯 차례의 소제목을 쓰십시오.

특집 전체 제목:
    소제목: ①
            ②
            ③
            ④
            ⑤

C. 개요 작성

1. 개요는 작문의 설계도로서 구성 방식을 고려해서 작성한다.
2. 서론-본론-결론의 3단 구성이나 기-승-전-결의 4단 구성이 일반적이다.
3. 글의 종류에 따라서는 시간적인 순서, 장소에 따른 순서, 논리에 따른 순서로 개요를 작성할 수도 있다.

[연습 1] "환경 친화 운동의 필요성"이라는 주제를 가지고 서론, 본론, 결론의 3단 구성으로 개요를 써 보십시오.

[연습 2] 여러분의 취미는 무엇입니까? 운동, 음악 감상, 골동품이나 기타 물건 수집 등 여러 가지가 있을 텐데, "나의 취미 생활"이라는 주제를 가지고 글의 개요를 써 보십시오.

[연습 3] 만화는 아이들이 즐겨 읽는 책이라고만 과거에는 생각하였습니다. 그러나 요즘에는 어른들도 만화책이나 만화 영화를 많이 찾기 때문에 만화는

하나의 문화 산업으로 발전하고 있습니다. 회사 사장이나 기업주에게 만화 산업에 투자를 했으면 좋겠다고 하는 글을 쓴다고 생각하고, 글의 개요를 써 보십시오. 되도록 자세하게 써서 글을 쓰는 데 도움이 되도록 하십시오.

40. 표현 방법 (Styles of writing)

글은 쓰는 목적이나 글의 종류에 따라 설명, 논증, 묘사, 서사의 표현 방법을 씁니다. 이것들을 하나씩 연습해 보기로 합시다.

A. 설명

> 1. 상대방이 잘 모르고 있는 사실을 알기 쉽게 풀어서 말합니다.
> 2. 내용을 정확하게, 구체적으로 표현하는 것이 중요합니다.

[연습 1] 다음 단어의 뜻을 사전을 찾아보고 알기 쉽게 설명한 다음, 예를 세 개씩 들어 보십시오.

[보기] 속담
정의: 옛날부터 여러 사람의 입에서 입으로 전해 오는 말로, 알기 쉽고 간결하게 다듬어진 것이다. 속담은 교훈을 담고 있어서 우리에게 어떤 깨우침이나 감동을 준다.
예: 한 술 밥에 배 부르랴.
발 없는 말이 천리 간다.
빈 수레가 요란하다.

(1) 명절
정의:
예:

(2) 이상하다
정의:
예:

[연습 2] 다음에 있는 두 사물은 짝을 이루고 있는 것들입니다. 비슷한 점과 다른 점을 각각 적어 보십시오.

[보기] 한국의 판소리와 서양의 오페라:
　　　음악이 있는 연극이라는 점에서는 같으나 음악의 성격, 나오는 사람들, 무대, 배경 면에서는 같은 장르의 무대 연극이라고 하기 어려울 정도로 다르다.

　(1) 음력과 양력
　(2) 물과 기름
　(3) 말과 글

[연습 3] 외국으로 여행가는 친구에게 다이얼이 달린 가방을 빌려 주었습니다. 그런데 깜빡 잊어버리고 가방 여는 방법을 안 가르쳐 주었습니다. 그 친구가 묵을 호텔에 가방 여는 방법을 알려 주는 fax를 보내야겠습니다. 그 친구가 당황하지 않고 쉽게 열 수 있도록 잘 써 보십시오.

[연습 4] 좋은 글을 쓰기 위해서는 가능한 한 구체적인 단어를 쓰도록 노력해야 합니다. 구체적인 단어는 읽는 사람들에게 좀더 생생하게 느낄 수 있도록 해 주고, 분명하게 이해시켜 주기 때문입니다. 다음의 밑줄 그은 단어를 아주 구체적으로 다시 써 보십시오.

> 나는 책을 한 권 들고 집 밖으로 나갔습니다. 자전거를 타고 <u>공원</u>에 이르러 의자에 앉아서 책을 읽는데 <u>어디선가</u> 사각거리는 소리가 들렸습니다. 소리나는 쪽으로 가 보니 <u>웬 동물 한 마리</u>가 <u>무엇인가</u>를 열심히 찾고 있었습니다. 그 동물은 마침내 조그맣고 동그란 <u>열매</u>를 찾아 입에 물더니 멀리 떨어진 <u>굴</u> 속으로 쏙 들어가 버렸습니다. 생각해 보니 다람쥐였습니다. 옆에 앉은 <u>아저씨</u>도 그 모습을 보고 빙그레 웃었습니다.

[연습 5] 50여개 국가의 경제 장관들이 회의를 하기 위해 이 도시에 있는 한 호텔에 모였습니다. 아래에 있는 분들이 이 모임에 대해 어떤 생각을 할 것인지, 그리고 어떤 행동을 할 것인지 설명해 보십시오.

　　[보기] 신문 기자:
　　　　　정보를 모아서 기사 작성을 위한 준비를 한다. 어떤 주제를 가지고 회의를 하며, 이 회의 결과로 세계 경제가 어떻게 달라질 것인가에 대한 관심이 있다.

(1) 시 교통국장:
(2) 호텔 주방장:
(3) 시 경찰청장:
(4) 시 청소국장:

B. 논증

> 1. 다른 사람을 설득시키기 위해서 자기의 주장을 내세울 때, 그것을 증명할 수 있는 근거가 되는 글이다.
> 2. 정확한 자료, 생활의 경험, 믿을 만한 사람의 말을 뒷받침으로 삼는다.

[연습 1] 북극에 있는 빙산을 여기서 가까운 항구로 옮기려고 합니다. 최대한 빙산이 녹지 않도록 끌어오려면 어떻게 해야 합니까? 적당하다고 생각되는 방법에 표시해 보십시오.

___ 1. 빙산을 작게 잘라서 아이스 박스에 넣어 온다.
___ 2. 빙산에 커다란 비닐을 씌우고 하얀 천을 덮어 가져온다.
___ 3. 겨울에 큰 배에 빙산을 연결하여 물결을 따라 가져온다.
___ 4. 빙산 위에 햇빛을 반사할 수 있는 큰 양산을 만들어 씌우고 옮겨 온다.
___ 5. 거대한 냉장고를 만들어 넣어 온다.

[연습 2] 왜 그 방법이 가장 좋다고 생각하는지 그것을 뒷받침할 수 있는 이유나 근거를 써 보십시오.

[연습 3] 요즘은 컴퓨터로 전자 오락을 즐기는 사람들이 많아지고 있습니다. 특히 어린이의 경우에는 두뇌의 발달에 도움이 된다고 하고, 노인의 경우

에는 두뇌 세포의 노화를 방지해서 치매 현상을 막는다고 합니다. 그러나 이런 긍정적인 면과는 달리, 정서에 나쁜 영향을 준다거나 눈을 나빠지게 한다거나 하는 부정적인 면도 없지 않습니다. 이러한 전자 오락을 주제로 하여 글을 써 보십시오. 정확한 자료로 뒷받침이 되는 이야기를 써서 주제를 증명하도록 하십시오. 교실에서 토론을 한 후에 쓰면 쉬울 것입니다.

[연습 4] 백문이불여일견(百聞而不如一見)이라는 말은 백번 들어도 한번 눈으로 보는 것만큼 정확하지 못하다는 말입니다. 그런데 우리의 눈도 착각을 하는 때가 있습니다. 아래에 있는 실크모자의 그림을 보면 모자의 길이와 차양의 길이가 똑 같은데도 모자의 길이가 더 긴 것같이 보입니다. 모자의 길이와 차양의 길이가 똑같다는 것을 증명하는 글을 써 보십시오.

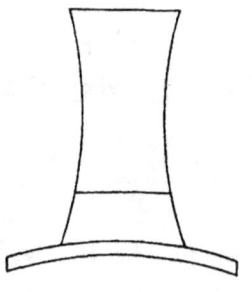

C. 묘 사

1. 묘사란 어떤 대상을 남에게 실제로 보여 주듯이, 그림 그리듯이 생생하게 전달하는 방법이다.
2. 묘사는 대상을 구체적으로 이해시키기 위해서 쓰거나 글쓴이의 생각과 감정을 전하기 위해서 쓴다.

[연습 1] 소설이나 수필에 나오는 날씨나 경치는 사람의 기분을 나타냅니다. 아래에 있는 기분을 나타낼 수 있도록 묘사해 보십시오.

40. 표현 방법

[보기] 즐거운 기분:
맑게 개인 푸른 하늘에는 구름 한 점 없다. 가끔 부는 봄바람에 새로 나온 파란 잎들이 춤을 추는 것 같다.

(1) 우울한 기분:
(2) 평화스러운 기분:
(3) 쓸쓸한 기분:
(4) 희망에 찬 기분:

[연습 2] 현실의 세계에서는 상상의 세계에서보다 의미 전달이 쉽습니다. 아래 문장의 묘사 방법은 상상적이고 인상적입니다. 이것을 현실적인 문장으로 바꾸십시오.

[보기] 마치 안개 속을 헤매는 것 같다:
문제 해결을 하기 위한 정확한 답을 찾지 못하고 있다.

(1) 바다에 파란 물감을 풀어 놓았다:
(2) 김치를 먹으니 입 안에서 불이 났다:
(3) 그는 손가락 하나 까딱하지 않으려 한다:
(4) 그는 자신이 한 일이 아니라고 펄펄 뛰었다:
(5) 그는 나를 친자식같이 대해 주었다:

[연습 3] 다음은 친구들이 자주 쓰는 말입니다. 이것을 가지고 그 사람의 성격을 묘사해 보십시오.

[보기] "틀린 것이 하나라도 있으면 안 돼.":
그는 모든 일을 완전하게 하려고 한다. 그에게 실수란 생각할 수 없는 일이다. 그의 철저한 성격은 책임감 있는 사람으로서 평가되고 있다. 회사에서는 윗사람들에게 신뢰감을 주기 때문에 승진도 빠르다. 그러나 그는 남이 잘못을 했을 때 용서할 줄 몰라 친구가 적은 편이다.

(1) "시험? 잘 보면 다행이지만 못 봐도 할 수 없지."
(2) "이거 벌레 아냐? 아이, 무서워."
(3) "야, 너 참 잘했다. 대단하다."

[연습 4] 수미는 생일에 아버지로부터 시계를 하나 받았습니다. 그 시계가 어떻게 생겼는지, 얼마나 예쁜지를 유학 가 있는 언니에게 편지로 알려 주려고 합니다. 다음을 이용하여 시계를 묘사해 보십시오.

- 둘레가 10cm 정도의 둥근 시계.
- 둥근 시계 밑에 아름다운 춤추는 인형이 4개 있음.
- 여자 인형들은 분홍 블라우스에 파란 치마를 입고 있음.
- 인형들이 시계추 노릇을 함.
- 예쁘게 춤을 추면서 돌고 있음.
- 1초마다 오른쪽으로 돌았다 왼쪽으로 돌았다 함.
- 유리 덮개가 시계와 춤추는 인형을 모두 덮고 있음.
- 시간마다 아름다운 음악으로 시간을 알려 줌.

[연습 5] 구체적인 이야기를 통해서 기쁨이나 슬픔과 같은 감정을 묘사할 때가 있습니다. 아래 낱말 중의 하나를 골라서 보기와 같이 이야기를 써 보십시오.

[보기] 친구 사이의 우정:
한 번은 어려서 덕재와 같이 혹부리 할아버지네 밤을 훔치러 간 일이 있었다. 성삼이가 나무에 올라갈 차례였다. 별안간 혹부리 할아버지의 고함 소리가 들려왔다. 나무에서 미끄러져 떨어졌다. 엉덩이에 밤송이가 찔렸다. 그러나 그냥 달렸다. 혹부리 할아버지가 못 따라올 만큼 멀리 가서야 덕재에게 엉덩이를 돌려 댔다. 밤가시 빼내는게 더 따끔거리고 아팠다. 절로 눈물이 찔끔거려졌다. 덕재가 불쑥 자기 밤을 한 줌 꺼내어 성삼이 호주머니에 넣어 주었다.

황순원 작 "학" 중에서

(1) 슬픔:
(2) 성이 남:
(3) 부끄러움:
(4) 질투:
(5) 미안함:

D. 서사

> 1. 서사는 이야기의 진행 과정과 사물의 움직임을 시간적 상황으로 보여 준다.
> 2. 이야기 중에 어떤 것을 중요하게 다루고 이야기의 흐름을 어떻게 조절하느냐가 중요하다.

[연습 1] 형제나 친한 친구와 싸운 적이 있지요? 그 때의 이야기를 실감나게 써 보십시오.

[연습 2] 크고 작은 사고를 당하고 놀랐던 경험이 있습니까? 아래의 보기와 같이 그 때의 이야기를 써 보십시오.

> [보기] 우리들은 차 두 대에 나누어 타고 시드니 근처에 있는 국립 공원으로 달렸습니다. 국립 공원인데 흙길이었어요. 길이 울퉁불퉁해서 차안에 있는 우리들은 막 흔들거렸습니다. 앞차는 길을 아는 친구가 운전을 했기 때문에 빨리 달렸어요. 그러나 우리가 탄 차는 좀 오래 된 것이었기 때문에 많이 흔들려서 좀 천천히 가야만 했어요. 가끔 앞차가 보이지 않았어요.
> 한 번은, 우리 차를 운전하는 친구가 앞차를 놓쳐서 겁이 난 모양이었습니다. 그 차를 쫓아가기 위해서 액셀레이터를 세게 밟았어요. 흙길이고 무거운 차들이 많이 다녀서 골이 깊게 생긴 길이었습니다. 우리가 탄 차의 바퀴가 골에 푹 빠졌습니다. 겁이난 친구가 거기서 빠져나오려고 운전대를 힘있게 오른쪽으로 돌렸어요. 갑자기 차는 언덕으로 올라갔습니다. 그 때 나는 "이렇게 죽는구나" 했어요. 영어에 이런 비유가 있습니다. "나의 생애를 눈앞에서 보았다." 저는 그 때 정말 내 생애의 마지막을 보는 것 같았습니다.
>
> 강혜련 (호주)

[연습 3] 여러분이 낯선 나라에 도착했다고 가정합시다. 그 낯선 나라가 한국일 수도 있겠지요. 비행기에서 내렸는데 아는 사람은 한 사람도 없습니다 어떻게 하시겠습니까? 24시간의 일을 써 보십시오.

Appendices

Appendix 1. English translations of model writings

1. 소개 (Introduction)

나를 소개합니다 (May I introduce myself?)

My name is Sunhee Hur. My friends call me Sunny. I was born in Los Angeles and have been living here for eighteen years. Last year, I entered UCLA. Because my major is chemistry, I spend a lot of time in the laboratory these days. I have many friends and an active social life. There are four in my family. My father is a dentist, and my younger brother attends high school.

My hobby is music; I can play the piano some and I sing chansons (French songs). My father also likes music; he teaches me to play the piano, and takes me to a concert once or twice a month as well. He also sings well to my piano accompaniment. My mother wants to send my brother to a good art school. My brother likes to draw, and he is (also) good at it. Whenever I ask him "What do you want to be in the future?" he always answers loudly, "A painter!"

My art-loving family visits a concert hall or an art gallery every weekend. (Hence,) other people envy my family for how well we get along.

2. 기다림 (Waiting)

기다리지 마세요 (Don't wait.)

Have you ever seen (the face of) a person sitting in a tea house and alternately staring at his/her watch and staring out the window? If your friend is about ten or twenty minutes late meeting you, what do you do? Do you stare at the minute hand on your watch? Do you just leave, or do you wait, with a frown on your face?

In the days when even a rich person did not own a watch, people used to set appointment times based on when the sun goes down or when the stars become visible in the sky. I guess in those days, nobody got angry at someone for being late. Instead, they might have meditated or appreciated the beautiful scenery of their surroundings. In this sense, I think that people of that era, before watches were invented, must have had more time and patience to spare than we do now.

Why don't you spend your waiting minutes in this way? Why don't you feel the taste of the season, appreciating the green leaves on the trees on the street or the clothes of the people walking by? In addition, why don't you remind yourself of your sweet childhood dreams? You can also use the time to jot down what to do this week, or read a few pages of the magazine that you take there. Or you can rearrange your thoughts about what you want to talk about with the person you are supposed to meet. If the person is not a sincere friend or is the type of person who makes another friend wait just because s/he does not value time, you may also think of a way to punish the friend. Anyway, if you can find a way to wait for someone without getting angry or irritated, I am certain that you will always be able to spend happier days.

3. 실수 (Mistakes)

한국어 발음이 나빠서 (Because my Korean pronunciation is bad)

Last summer, I visited Korea for the first time. I wanted to visit Korea because I had taken Korean (language) classes for several semesters in college, and I wanted to experience the Korea that I had learned about with my own eyes. The principal reason was, however, my desire to use my Korean-language skills in Korea. In the classroom, I had been confident of my Korean ability, but that confidence shattered because of one mistaken utterance.

After arriving in Korea, I had to buy a few items. I went to a store next to the motel where I was staying. Although the shop was small, I could not find what I wanted because there were so many things piled up (in the shop). I asked the owner for help in finding toothpaste. The owner, who appeared to be a middle-aged woman in her fifties, stared at me, her eyes wide open, and said, "Did you say *chwi-yak* (lit., rat poison)? Is there a rat in your room?" She added, "We don't have that poison. Why don't you go to a pharmacy?" It seemed that she stared at me strangely and thought that I was a strange person. Hearing her say, "If there is a rat, why don't you report it to the motel owner?" I realized that my pronunciation was not accurate.

"Right, my teacher told me that I can't distinguish between ㅈ and ㅊ . . . also my pronunciation of vowels is not accurate (either). . . ." It seemed that the owner stared at me closely, wondering if I was contemplating committing suicide by eating the poison. I still feel embarrassed, recalling her perplexed face. I should have explained my error at that time, but I could not say anything. After that incident, however, I came to pronounce words accurately, like a native Korean. My pronunciation of the words for "toothpaste" and "rat poison," and of ㅈ and ㅊ, is now distinct.

4. 오해 (Misunderstanding)

오해를 이해로 (To make misunderstanding into understanding)

When people gather together, they chat about various topics. Common topics are friends or sweethearts. Everyone acts as if s/he knows more about those topics than anyone else, and so, gossip about other people's private business continues. People like to talk about other people's private affairs and even may say that there is no other interesting thing to do except talking about other people's business. Usually, of course, most of their talk turns into criticism, pointing out the weaknesses of a (certain) person, rather than praising the person.

Sometimes people talk about a (certain) person they have never met, or even seen before, with a biased view. Imagine how bad s/he would feel about such undeserved criticism. If, however, the critics happen to have a conversation with the person criticized and realize that s/he is good, they will realize that they have misunderstood the person. In this case they would also soon realize that they were about to believe unfounded rumors forever. It is fortunate to have such conversations, but if the opportunity does not arise for them, it will be really detrimental to everyone involved.

We should try not to misunderstand others, but the more important thing is to try our best to make ourselves clear to others. We should not treat others according to our mood, but should try to make good impressions using proper speech and polite behavior.

5. 나의 꿈 (My dream)

요리하는 치과 의사 (A cooking dentist)

When I was a child, many people (had) asked me what I wanted to be (in the future). After I entered dental school, however, nobody asked me that question. It is because, needless to ask, I would become a dentist. Of course, I am studying hard to become a wonderful dentist.

But I have another dream, besides being a dentist. This dream is completely unrelated to dentistry. I am sure that you will be surprised to hear what this dream is. I want to make other people happy by cooking delicious food for them. In fact, in addition to my dental studies, I (often) study cooking from time to time, whenever I have spare time. Although I (had) started studying cooking as a hobby, now my culinary knowledge and skills have become just as good as those of first-class chefs. Cooking is the only thing that helps me get rid of the accumulated stress of dental study and experiments. I will be a dentist who cooks well.

When I get a job after graduation, I will save my salary for five years, then open a good restaurant. I will work at a dental clinic on weekdays and as a chef in the restaurant on weekends, cooking delicious dishes. Customers visiting my restaurant will enjoy my dishes, drinking wine. I have another thing to do, after saving a lot of money that way. That is to have poor neighbors taste my food and to visit neighboring orphanages and old people's homes with my dishes. This is truly my dream to achieve. To make this dream come true, I have to strive harder every moment.

6. 선택 (Making a choice)

나의 꿈은 이렇게 시작되었다 (My dream started in this way.)

There are many people who wonder how I, as a psychology major, was able to apply at a broadcasting company and become an anchorwoman. During college, I was never interested in broadcasting, nor had I ever joined a college broadcasting club. Since my third year of college, however, I have watched American news programs on the American Forces Korea Network (AFKN) to study English. After that, during my training period in the United States, I watched the local news and became interested in American TV anchorwomen, whom I could not see in Korea. Their stately and confident attitudes often caught my attention. I wanted to find the sources of their confidence. Their appearance, as they reported current events from around the world, was very attractive. They never looked amateurish or clumsy. Their aura was elegant and academic, rather than young and beautiful.

"If I study constantly, will I be able to do that kind of thing at the age of forty?" My dream of becoming an anchorwoman began in this way.

—from Baek Ji-yeon, *This is Baek Ji-yeon of 'Nine O'clock News'*

7. 어느 날의 일기 (The diary of a certain day)

생일 (Birthday)

Tuesday, June 11, 2002   Clear

Unexpectedly, I had a really interesting birthday today. Today made me realize once again that my friends are truly practical jokers.

(It seemed that) my friends decided to throw a first-birthday party for me, subtracting twenty years from my real age, twenty-one. Keith, John, and Inho decorated the windows and walls of my room with various types of cookies, candies, and chocolates. Looking at the decorations, I was reminded of (childhood) stories I used to read when I was a child. They hung different-colored balloons throughout my room. My friends made me wear a conical hat (made) of shiny paper. And then they asked me to guess what their gifts were, as they presented them to me one by one.

Keith's present was wrapped in paper, and as I touched it, I realized that it was a chopstick with a round thing hung over it. I thought that it was an eraser, but (later) I found out that it was a type of candy children enjoy licking. John's gift had a yellow ribbon on it. I untied the ribbon, and there was a pair of sneakers for infants. The sneakers were so small that three of my fingers could barely fit in them. I put the sneakers on my fingers and moved them as if someone were walking. The paper box Inho gave me was really light. Shaking it, I heard some small things crashing into each other. Wondering whether it was a toy, I unwrapped the box and found a mobile. As I pulled a string in the center (of the mobile), I heard pleasant music (from the mobile).

After I had received (all) the presents, I noticed that they were all for a one-year-old, but they all looked good on me and enhanced the atmosphere of my room. I don't know how much we laughed, looking at each other's faces.

David Martin (United States)

8. 나의 아르바이트 (My part-time job)

운 좋은 날 (A lucky day)

Tuesday, Oct. 1, 2002   Cloudy

Although the weather was cloudy, it was a clear day in my heart. This is because I finally got a part-time job, which it had been so hard to get until yesterday. I could find such jobs as waiter or salesperson easily. I wanted to do something different, however, and I was hanging around in front of the school bulletin boards looking for something else. But there was not a single job that caught my attention. While searching for one (here and there), I could not concentrate on (my) other personal things, either. But this morning I found an advertisement that the copy shop at my school was looking for a part-time worker. Afraid that I might lose the chance, I rushed to the copy shop.

Everyone knew that the owner of the copy shop was not a kind person. But nobody except me knew that he had immigrated from Korea eight years ago. He hired me willingly, saying that, although his English had improved during his stay in the United States, there had been times when he could have communicated with students better. (It seems that) he thought that I could help him in some way, although my Korean was not fluent. Of course, I think that my sincere appearance must have contributed as well.

The working hours are not fixed, and I just have to work three hours a day. Although there are two other part-time workers, the shop is always busy. They said that it is especially busy at the beginning of the semester and during exams. I can't help worrying about how busy it will become during exams. However, the work is like killing two birds with one stone for I can learn and practice authentic Korean everyday while earning money. Truly, this is like the Korean proverb "eating a bird and its eggs."

9. 시험 보는 날 (An exam day)

시험 끝, 방학 시작 (Exams over! Vacation starting!)

Wednesday, Dec. 18, 2002   Cloudy

Wow! Finally, it is vacation! I took the final exam for art history class today, (and) so I have finished all my final exams. It seems like just yesterday that I registered for courses and wrote the titles of books and articles for each course, but the semester has already passed.

Last week was really hard for me. Again this semester I was full of regrets, thinking, "If I had studied properly, it would not have been so hard." Why is it so difficult to correct such a bad habit as waiting until the last moment to do something? My preparation for tests has always been insufficient because I sit up almost all night studying without taking enough breaks. Fortunately, however, I don't think I did really poorly on any exam, but I have to wait until I receive my report card to confirm this. . . . Anyway, I am so glad that I have finished all my exams. But it's too bad that my roommate, Jennifer, is still in the library because she still has two exams left. Hearing loud music being played in the room next to mine, I guess that the person in that room has also finished his or her exams.

This Saturday, when everyone will have finished exams, all of us living in this dormitory plan to have an all-night party. We will get rid of our accumulated stress by drinking and dancing. Having been unable to sleep for many nights, I am sleepy now. I am going to sleep (from now on) as long as I want. I am pretty sure that Jennifer, seeing me asleep, will envy me when she comes back from the library.

10. 우울한 날 (A gloomy day)

발 병 (Foot pain)

Friday, Oct. 4, 2002   Cloudy

This morning, I woke up early because my foot was sore. All through the night it had been sore, and finally it festered. Consequently, I had to go to a clinic to see a doctor. The doctor treated my foot by giving me a shot over the sore spot. My leg had become swollen, and even my ankle was sore.

Because I have Korean class on Thursdays, I considered going to school directly from the clinic, but that was not possible. (So) I just came back to the dormitory. I felt miserable, thinking that all my classmates were studying at school, while only I was left behind at the dormitory. I felt anxious that I would lose ground.

I know very well that, in Korean class, it becomes very difficult to catch up (in the next class) if one skips even one class. But I could not help lying down on my bed. What I could see from my bed was always the same: a big tree in the garden and birds flying over the tree and so on. The weather was very cloudy, as if it would rain soon. As my foot became sore again, I felt tired, and everything irritated me. Then I just fell asleep.

Melanie

11. 만남과 헤어짐 (meeting and parting)

정든 집을 떠나서 (After having left my beloved house)

Saturday, Aug. 10, 2002   Clear

I automatically woke up at dawn, perhaps because today was the day I would move into the dormitory. When I was six years old, my family moved into the house we are living in now, and since then we have never moved (again). So I guess I must have been excited and curious about the new world.

I have been really busy the last few days, arranging and packing my belongings in my room. I packed necessities like books, notebook computer, and clothes, and also my favorite things, like my CD player and CDs, which I would take to the dormitory. And I sorted out things I don't need so that I can give them to my younger siblings or throw into a wastebasket. (Realizing) there were so many things to arrange that I thought moving must be the most complicated and burdensome task imaginable.

After breakfast, I loaded my belongings into the van, and I left my house with my father and mother. It takes about six hours from my home to school, and we arrived there at about 3 P.M. My parents had to leave soon because of time. They looked back several times as they left. Suddenly I realized I was alone.

My room on the third floor has a good view. Looking at the scenery from my window, I can see a beautiful river flowing and green trees beyond. Tomorrow I am going to tour the campus. Will I be able to adjust well to my life in this new environment? What kind of life will be waiting for me? From now on, truly, I have to take care of everything by myself. I am restless again because of fear and excitement.

12. 안부 편지 (An ordinary letter)

Oct. 3, 2002

Dear Wonjun,

Wonjun! The sweltering summer has finally gone, and it is autumn, when trees are ablaze with autumn hues. How have you been? How is school? I assume that you must be busy studying for classes and participating in club activities, but could you please write a letter? You are still popular with girls, right? I guess, because you are sociable and enjoy various hobbies, many people like you. I really envy you.

As you read this letter, don't you notice that I have learned a lot of Korean? In fact, I have been taking Korean classes for a while. As I said before, the Korean courses at my school are great. Now, I can carry on a conversation in Korean pretty well, and I can write letters like this. But my Korean is still not perfect. If there are mistakes, please correct them.

I am thinking of working at a hospital this winter. (It is because) I want to see whether I have any aptitude for medicine, and I want to prepare for possible admission to medical school next year. Although I don't know exactly what I will do, I am already nervous and anxious.

Wonjun! How is Helen? How long has it been since she started running a shop? Please give her my best regards.

Although I have much to say, I will stop here today. It is a bit difficult for me to write a letter in Korean. Next time, I will send you a much better letter, so wait for it.

(Then) take care. Bye.

Kang Ung-cheol

13. 감사, 사과 편지 (Letters of appreciation and apology)

April 28, 2002

Dear Sungmi,

How are you? I am very curious about how you have been. Although it has (already) been two weeks since we broke up, I still can't accept the fact that we left each other. Looking at the pictures we took together, I am reminded of our sweet days. Whenever I pass the romantic tea house where we often used to meet, my stride halts (there) involuntarily and automatically.

We used to talk a lot on the phone every evening, didn't we? I assume that the roads along which we used to cruise on weekends are now full of flowers in bloom. When I listen to sad songs, I (can't help) shed(ding) tears for no reason (at all). Every night, when I open the windows wide and look over the beautiful garden, I feel as if your kind face is hiding there.

Thinking about the past, I realize that I did (so) many wrong things to you. I am really sorry that I hurt you(r heart). I would be happy if you could forgive me and become a good friend to me again, forgetting the painful past. I am praying to God that I can meet you again and start a new relationship. From now on, I will become a new person, whom you like and expect. Sungmi, I really love you. Please call me if your anger has subsided. I miss you.

Take care.

David King

14. 부탁과 거절 편지 (Letters of requests and regrets)

Nov. 21, 2002

Dear Richard,

It is already winter with its cold winds. The leaves of the maples have died one by one, falling into the streets.

Richard! How is school? I am fine, thanks to you. I am writing because I have an urgent favor to ask you, although I know that you are very busy.

Next Monday, a symposium will be held at our university with the theme "Community Development," and I plan to present some statistical data regarding LA's community development planning and results. Because I am so busy preparing for the symposium, it is difficult for me to get the data (by) myself. (So,) I wonder if you could get it for me. Perhaps you can get it if you visit the Department of Urban Development Engineering or the state government office. I wonder whether this would be too burdensome for you.

Please help out your friend this time. Next time it will be my treat. (I hope you will) tell me your findings as soon as possible. (Then,) take good care of yourself. Bye.

Your friend,

Michael

Nov. 30, 2002

Dear Michael,

It has been quite a while. I am sorry that I did not keep in touch (often). Have you been well? I hope if we can meet in our hometown during the coming vacation.

(By the way,) I don't know how to say this, but—what should I say—although I really want to help you, it is not so easy. The people at the Urban Development Department office told me that they don't have recent statistical data, and the state government office people insisted that one should request the data by visiting the office in person with his or her own I.D. But I am very busy this whole week. I have a debate examination in my communication class, and I have to conduct a survey for my social psychology class, where I have to submit a group research report. Consequently, I don't have time to visit the government office. I guess you must be very disappointed, but what can I do? They did say, however, that they can fax the information, if your department office submits a written request. So, why don't you contact them directly?

Feeling sorry,

Richard

15. 펜팔 (Pen pals)

Dec. 15, 2002

Dear Chris,

How are you? My name is Min-ku Choi. I am writing to you for the first time, after I heard from Daniel, who lives in the same boardinghouse with me. I assume that it is a sweltering summer there, although Seoul is in the middle of a cold winter.

I heard from Daniel that you have been looking for a pen pal, right? First, let me introduce myself (to you). I am a college student majoring in journalism and broadcasting. My hometown is Pusan (the second largest city in Korea), and my parents and my younger brother and sister are living there. I have kind of a quick temper, but I have many friends since I am basically a cheerful and social person. Traveling is my hobby, and although I've traveled to many places in Korea, I have never traveled abroad. My dream is to try backpacking in Europe during the next summer vacation. Consequently, I am saving money nowadays, working at a part-time job.

Shall I tell you what I look like? I am pretty tall and have a round face. People often say that I look younger than my age. What do you think? Can you imagine my (personal) appearance? Next time I will send my picture to you. From now on, I would like to write letters to you alternately in Korean and English. I think that it would be helpful (for us) to correct each other's errors. I would like to know what you think about that. I look forward to your response. I hope that we can become good friends.

(Then,) I will stop here today. Good-bye.

From Seoul,

Choi Min-ku

16. 주문과 사무 편지 (Orders and business letters)

Feb. 15, 2002

How are you? My name is Juri Kim. I am a senior majoring in English literature at Washington State University. As a Korean-American born in the United States, I can't speak Korean well. Fortunately, however, Korean-language classes are offered at my university, and I have taken two courses, though my Korean is still poor. (So,) I would like to study Korean language and culture for a year or a year and a half at your institution. I am writing this letter of request because a friend of mine, who studied Korean in your five-week summer program, recommended your institution to me.

I expect to graduate this June. If you let me know the program schedule at your institution, I will start making plans to attend accordingly. In addition, please send me detailed information regarding what I should prepare in order to attend. (Moreover,) I would appreciate it even more if you let me know whether I can live in the dormitory.

I will wait for your response.

Juri Kim

22. 오락 (Recreation)

Yunnori (The game of *yut*)

Yunnori is one of the most typical Korean traditional folk games, and it is enjoyed most often on Korean New Year's Day or on the fifteenth of January by the lunar calendar. It is more fun when played in large family gatherings.

(In order) to play, you need *yut* sticks, a *yut* board, and tokens or markers. You can make *yut* sticks by splitting long, thin, round pieces of wood into two (so that one side is flat and the other round), and the board can be made by drawing the figures on a piece of paper. Pebbles or chips used to be commonly used as tokens, but nowadays, coins or *paduk* pieces are also used.

According to the rules, you need two or more players for a minimum of two teams. The players toss the four *yut* sticks, and based on how they land (round side down versus flat side down), they move their tokens around the board. The first team all of whose four tokens reach the end wins the game. Each of the four *yut* sticks may land with the round side down or the flat side down. If only one stick lands with the round side down, this is *to* and the token is moved one unit. If two sticks land with the round sides down, this is *kae*, and the token is moved two units. If three sticks land with the round sides down, this is *kŏl* and the token is moved three units. If all four sticks land with the round sides down, this is *yut* and the token is moved four units. If no sticks land with the round sides down (i.e., all four sticks land flat sides down), this is *mo* and the token is moved five units. (In addition,) for both *yut* and *mo*, the team takes another turn.

But because playing this way may be too simple and not too much fun, some people have come up with additional rules. If a member of your team before you had *to* and you also have *to*, you put your token with your teammate's token without moving the teammate's token forward to the place of *kae*. The advantage of this rule is that it moves both tokens together. Another (unexpected) rule is catching the rival team's token when your token stops at the place where an opposing token is placed. In this situation, the player can continue to play as if he or she had *yut* or *mo*.

Because of these rules, the team that starts with good luck (in the beginning) can suddenly be (over)passed or caught by opponents, and the team that seems to be losing at first can reverse its fortunes.

One can play Yunnori anywhere, either indoors or outdoors, but you need to play it on a blanket (when playing) indoors, or a straw mat outdoors, so that when you toss the *yut* sticks, they do not go too far. It is uncertain when Yunnori first began, but it is estimated that its history dates back approximately 1500 years.

23. 설명서 (Explanations and descriptions)

옷 설명서 (Clothing label)

Quality guarantee

1. This merchandise was produced with thorough quality control and fair treatment, and has passed inspections for external appearance, standards, and physical properties.

2. Please check the information about the mixture and proportion of fabrics in the merchandise, its size, and its laundering method before use.

3. If something is wrong with this merchandise('s quality), and if you wish to get a refund or exchange it because of damage, please bring the "Quality Guarantee Form" or your receipt.

4. If you wish to receive repairs or be reimbursed for damage, please contact the original place of purchase or the nearest consumer protection office.

5. The warranty period lasts one year (beginning) from the date of purchase.

Standard rules for (damage) compensation

1. If something is wrong with (the quality of) this merchandise (after purchase), warranty service will be provided as follows:

Description	Compensation (standard)
Inferior original fabric, inferior secondary material, or inferior sewing	Within one year from the purchase date, free repair service. However, for damage due to inferior sewing quality, free repair service will be provided even after a year.
Incorrect size, dissatisfaction with design or color	Within 10 days from the purchase date, equal exchange for the same price, as long as no damage has been done to the merchandise.
If something is wrong with only one piece (out of two pieces, upper and lower)	Exchange of both pieces or free repair service

2. For (merchandise) damage as a result of customer's carelessness or improper laundering, and merchandise whose warranty period has expired, the company will not assume responsibility for the quality of the merchandise, but will provide repair service for a fee if the customer so desires.

3. If the merchandise is a set consisting of two pieces, although there is something wrong with only one piece, the warranty will apply, considering the set as a single (merchandise) unit.

4. In the following cases, a refund will be given: When a customer pays more than the suggested retail price, or when the item differs from the advertisement or product indicators (customer must make a request for this service within 15 days).

24. 취미 (Hobbies)

아름다운 사진, 그 첫걸음 (Beautiful pictures: the first step)

Have you ever considered drawing (pictures) as hobby, but had to abandon the idea because of lack of talent? If you have, then I want to recommend without any hesitation that you take up photography as a great alternative. (It is because) one can take beautiful pictures easily as long as s/he has just a certain degree of interest and effort, rather than talent. What's more, the fact that you can enjoy this hobby anywhere and anytime as long as you have a camera and film is another attractive point. (Then,) how can one start?

Of course, you must have a camera first. It is better to have a small camera whose functions are not too complex. After you purchase the camera, you should keep the manual and a handbook for beginning photographers near you so that you can easily refer to them. Next, just try taking pictures whenever there is any scene, object, or person you want to take a picture of. After taking several shots, you should take more pictures, utilizing the camera's special functions one at a time.

After finishing a roll of film and having it developed, (you should) closely observe the pictures, while reading the handbook. What went wrong? Taking what you feel or discover during your observation into consideration, take some more pictures. Then (you should) compare these with the first pictures. (Moreover,) consulting and sharing your experiences with more experienced photographers will help you take better pictures sooner.

25. 풍습 (Customs)

까치 설날 (New Year's Eve)

Because we live with our grandfather and grandmother, we follow traditional Korean customs on New Year's Eve (*lit.,* magpie's New Year's Day).

On this day every year, we clean our house thoroughly in preparation for a worship service for our ancestors. We prepare food for the guests who will come to our house to offer their formal bows of respect, go to the market to shop, and cut white rice cakes for rice-cake soup. Nowadays, more people buy commercial rice-cake for this soup, but every year, our whole family gathers around, peeling chestnuts at one side and making rice cake on the other. Such an occasion is truly our family's happiest time. Our grandmother's talking (always) keeps us entertained until very late at night. Stories like the love story between her and our grandfather, our father's childhood, and our own childhood stories, which we can't even remember, are retold every year. Although these stories are recited over and over again, such stories are always interesting. We are not sleepy at all; in fact, the proverb, "If children go to bed before midnight, their eyebrows become white" doesn't even bother us.

On New Year's Eve, we wear new clothes, and offer a formal bow of respect to our parents. Even if we do not wear New Year's clothes, we wear neatly trimmed ones for our bow (to them), appreciating that we have been healthy and safe for the past year. In addition, we promise that we will strive harder to improve in the coming year. I think that such formal greetings on New Year's Eve strike more deeply in terms of rearranging our thoughts and coming to a resolution than ritual bowing on New Year's Day (per se).

In December, people have a year-end party to get rid of the stress that built up during the year. Such boisterous parties, where colleagues, alumni, or friends gather to drink, are indicative of modern trends. But for me, there is no better time than my warm family gatherings.

26. 음식 이야기 (Talking about food)

김치 담그기 (Making kimchee)

The most famous Korean food is certainly kimchee. No matter what kind of food Koreans eat, they eat with kimchee. (Hence,) kimchee is omnipresent on Korean dining tables. In addition, no matter what you order in Korean restaurants, they always serve kimchee. (What's more,) When there is not enough kimchee, you can always ask for more. So let me explain how to make kimchee, (which is) an indispensable item in Korean cuisine.

Ingredients: 2 heads Chinese cabbage   salted fish or a pinch of salt
              3/4 cup powdered red pepper   1 teaspoon minced ginger
              3 tablespoons minced garlic   1/4 cup chopped green onion
              1/2 tablespoon sugar   seasonings

First split each head of Chinese cabbage in two (pieces), and soak this in salted water for a day. Be careful not to make the water too salty. When the cabbage has been soaked, rinse it three times (in fresh water). (Then,) slice the cabbage (into appropriate lengths), and add (several ingredients such as) powdered red pepper, garlic, ginger, salted fish, and sugar. Wear rubber gloves to mix (this), as powdered red pepper may irritate the skin. Add powdered red pepper and salt gradually, tasting as you go. This is because you should control the amount of pepper and salt you add according to how spicy and salty you want the kimchee to be. (Next,) after the kimchee has been seasoned, put it in a bowl and refrigerate. Don't be afraid of failure! After a few attempts, you will be able to make delicious kimchee. (In addition,) you can also make several dishes using kimchee, for example, kimchee stew, fried kimchee, and kimchee mandoo.

Kimchee is a fermented food. (Consequently,) it strengthens your stomach and intestines and stimulates your appetite. Kimchee also helps prevent various diseases because it contains plenty of vitamins and minerals. Because it is such a wonderful food, (now) don't you agree that it is a good idea to learn how to make it?

27. 독후감 (Impressions of a book)

괴테의 「젊은 베르테르의 슬픔」을 읽고
(On reading Goethe's *Sorrows of Young Werther*)

With his everlasting love of nature and his passion for humanity, the young Goethe set to writing, sparing no pains. As a twenty-five-year-old man, he finished writing *The Sorrows of Young Werther*, which is about ardent love stories, in just four weeks. Whenever I recall this great love story by Goethe, I even feel my heart pounding hard.

The novel, which was written in the form of letters, as if a friend were confessing his feelings to another friend, has an almost perfect rhythm, as if it consisted of musical notes. As Goethe demonstrated in his other poems, novels, and dramas, he had valued the traditional Germanic ballade forms, adding his near genius for music.

An epistolary novel, *The Sorrows of Young Werther* is about Goethe's own experiences, and the novel's central figures are Werther and his lover, Lotte. Werther, who feels repulsed by complex human society, meets a naive and innocent girl, Lotte, in a rural area, where he falls in love with her completely. Alas, however, she already has a fiancé, Albert. Eventually, enmeshed in the toils of his own passion, he agonizes about his unattainable love. Eventually he ends his life by committing suicide with a gun. Such an ardent love can be experienced by anyone, whether in the West or the East. But there are social norms that restrict such unattainable love. That ardent love can be saved only by the soul and spirit of human beings and nature. Are not these the themes of the novel?

Having recently reread this book, which is so famous that Napoleon carried it to read during war, I concluded as follows: "Although love is like a drug, it can open the way to save not only a human being, but also a society and even, at last, mankind."

Kim Jun Tae (a poet)

28. 영화 감상문 (Appreciation of a film)

따뜻한 에니메이션 (Warm animation)

My favorite cartoon character is Snowman, from the short animated film *Snowman* (1982, 20 minutes) produced in Britain. The character is a star created by a British designer with a pencil. Bricks, a writer of children's stories, is a writer who has made us feel a child's mind and (the world of) imagination more intimately by expressing the images of Santa Claus, a snowy Christmas, and the North Pole tenderly using gentle lines. *Snowman,* which does not contain (even) a single line of dialogue, makes us, who live in this hard world, feel a fantasy where we are taken to a world (full) of admiration and festivals.

The character Snowman is made by the hands of the boy in the movie. For the boy, Christmas is the season that occupies his dreams and expectations. He expresses his yearning for his father by placing his father's hat and muffler on a snowman. That night, the snowman really comes to life and enters the boy's room, where he mimics the boy's father('s figure). Then the snowman gives the boy a tour of his neighborhood and (of the country) of the North Pole! This scene makes audiences feel as if they are actually flying into the sky. In another way, this movie also reminds the audience of the (most) family-oriented, respected father-figure.

The scene of the boy and the snowman rising lightly to the sky from the front yard of the boy's home, and flying toward the hometown of Santa Claus. . . . The clear sounds of the song echoed when those two fly over the steam blown out by an arctic whale. . . . It is these unforgettable scenes that touch our (eternal) nostalgia and warm emotion for paternal love.

29. 기행문 (Travel Writing)

빛 속의 런던 (London in the rain)

It was 8:30 A.M. when I arrived at London's Heathrow Airport from Frankfurt. When I came out to a waiting room after having my entry visa inspected and getting my luggage, I saw a number of tourists and young backpackers like myself. When the travelers left the waiting room one after another, I also went out to take the subway. The aisle in a British subway train is so narrow that a person can barely pass when two passengers sit facing each other.

I got off the subway at Victoria Station. I took a city tour, riding the famous red double-decker bus, which is one of the attractions of London. I took a seat and looked out the window; a black conductor, with a ticket box hung around his neck, came to me. He collected the bus fare and then gave me a ticket. Sitting on a high seat, looking at the city of London, I realized once again that I really was in Europe. Houses were red- or brown-colored, streets were clean and neat, and there were no high-rise buildings or buildings in modern architectural style, even downtown. As I was sightseeing among the old-fashioned streets of London, it suddenly began to rain. It reminded me of what other people used to say: there is no place whose weather is as fickle as it is in London.

In the afternoon, I went sightseeing on the Thames River, riding in a boat. The Houses of Parliament, the Big Ben clock tower indicating the time every fifteen minutes, Westminster Abbey, where royal coronations and funerals are held, the Tower of London, and Tower Bridge all stood along the Thames as if they were parts of a painting in watercolors. After I finished sightseeing along the Thames, I visited Hyde Park, but it started raining again. I could understand why a raincoat and an umbrella are required items in London.

In the evening, I checked into a youth hostel that the information center at Victoria Station had recommended. Coming out of the shower, I bumped into a man who offered me his hand. He was a college student from Switzerland and happened to be sharing the room with me. (Traveling alone, I often become close to the people I happen to meet along the way, and I think that this is a valuable present of any journey.) Among the backpackers I had met during the journey, he was the most fluent English speaker. As we talked, he suggested having dinner outside. When we went out, it was still raining.

30. 서정문 (Lyric writing)

달밤 (A moonlit night)

It happened when I was living in the country for a while.

One night the moon was really bright. I went to visit Mr. Kim, who lives in the upper village after having moved from Seoul. The front gate was shut tight, and the surroundings were very serene. I stayed outside for a while, then turned around without knocking on the front gate.

An old man was sitting cross-legged on the veranda floor of the detached room of an house across the way, staring at the moon. I approached him, and although I drew quite close to him, he didn't seem to mind.

I sat next to him, saying, "May I stay here for a while?"
Realizing that I was not from his neighborhood, he asked me, "Are you from the lower part of the village?"
I answered, "Yes, the moon was so bright, so. . . ."
He stroked his long beard, saying, "Yes, it is certainly bright."

We (*lit.*, Two persons) didn't say much. The deep blue sky hovered over the village, and the yard was soaked with moonlight.

The old man went into his room, and there was the sound of another door opening inside (his room). A few moments later, there was another sound of a door opening, and he brought out a tray with legs. On the tray, there were one dish of kimchee and two bowls of rice wine.

(Then) he offered the drink to me, saying, "It is well-timed. There were two bowls of rice wine left, so . . ." and he drank one bowl (all) in a gulp. I had never drunk that big a bowl of wine, but I ended up drinking it just as the old man had.

At last I left the place, hearing the old man say behind me, "Take care, and go in peace."

I went down the road for a while, and when I looked back, I saw the old man still sitting there as he had been.

Yoon O-yŏng

31. 시 (Poems)

세월이 가면 (As time goes by)

Park In Hwan

Although I have forgotten his name,
his pupils and his lips
are still in my heart.

Even when the wind blows
and the rains fall,
I can't forget the shadow of the night,
its streetlight, outside the window.

Love comes and goes, and things are left behind.
The lake in summer, and the park in autumn:
over the bench
leaves are falling,
and they transform into soil.
Although our love disappeared,
covered by the leaves,

his eyes and lips are still in my heart,
though I have forgotten his name.

They are still in my chilled heart.

꽃 (Flowers)

Kim Chun Soo

Before I called his name,
he was nothing more than
a gesture.

When I called his name,

he came to me, and
became a flower.

Just as I called his name,
please, someone fitting my hue and perfume,
call my name.
I also want to be a flower,
approaching him.

We all
want to be something.
I want to be an unforgettable wink to you,
as are you to me.

아침 (Morning)

Boyko Pavlov (Bulgaria)

Don't ask me where I am from,
don't ask me how old I am, and
don't ask me why I am still single.
If I am attracted to you,
I will follow you to unknown places.
Under the starry night sky,
I want to build a new home just like the swallow's nest.
Although we may walk for a long while under the autumn rain,
holding each other's hand tight,
we can meet the morning that we have been waiting for.

32. 시조 (Korean verses)

My hometown near the southern sea, I see its blue water in my eyes.
How could I forget that peaceful sea in my hometown?
Even now, the sea birds must be flying there. Oh, how I yearn to be there.

—from Yi Eun-sang, "I want to go"
(The song yearning for the southern hometown)

Although people say that the color of clouds is great,
the color often becomes dark.
Although people say that the sound of breezes is clear, the breezes often stop.
I wonder if it is only water that continues to be good.

—from Yun Sŏn-do, "Ouga"
(He praises water, which is everlasting.)

The long nights of winter, cutting its waist in half,
Putting it under the blanket of spring breeze,
I will spread it on the night when my dear one comes.

-from Hwang Jini, "The long nights of winter"
(Waiting for her lover during long winter nights)

겨울 (Winter)

Samantha Korsky (U.S.A.)

Big white drops fall silently.
They sound "crunch, crunch" beneath my shoes.
In return, the traces of my footstep disappear.

한국어학당 (Korean Language Institute)

Kawaguchi Miki (Japan)

From very far, all of us have gathered here.
The color finally has spread over the white paper.
Despite the desire to be colored more, graduation is just around the corner.

33. 사건 · 사고 (Incidents and accidents)

54시간만에 불길 잡혀 (Controlling the Flames in 54 Hours)

<u>Damaged area 3000 ha, "the worst in the last 20 years"</u>

(Reported by Kosŏng: Yim, Hong, Sŏng) A forest fire on the 23rd that started at a firing range located inside a military base, Chukpyŏn valley, Majwa village, Chugwang-myŏn, Kosŏng-gun, Kangwon Province, was finally under control around 7 P.M. on the 25th, 54 hours after the fire broke out. However, 5,000 people, including military personnel, county district employees, and firefighters, are still working overnight to extinguish small fires remaining in Nowonni.

Kangwon Province announced that this forest fire is the worst in the last 20 years, exceeding the loss caused by the forest fire of Sudong-myŏn, Kosŏng-gun, which started during military training on April 8, 1986, and (then) burned 800 ha. They estimate that the current loss will exceed 3000 ha.

Because of this fire, a total of 75 houses in 5 villages have burned in the last three days; 172 residents are affected. So far, the police estimate more than 2 billion won in property losses.

美, 인터넷 국제해커 적발
(The Unites States Arrests an International Internet Hacker)

<u>Argentina resident infiltrated Korean computers as well</u>

Washington (AP) The FBI has sued a college student from Argentina who used the Internet to infiltrate computer systems of U.S. colleges and of the Pentagon, stealing confidential information about satellites, radioactivity, and engineering, said Janet Reno, the U.S. Attorney General, on the 29th.

The FBI also reported that the suspect infiltrated computer systems in other countries such as Korea, Mexico, Chile, and Brazil, as well.

Reno, in a press conference, reported that the FBI detected the criminal act of Furio Sesaru Arudita (21), son of a former Argentinian military officer, through court-sanctioned wire taps on the Internet, and said that the culprit is currently being held on charges of illegal infiltration of computer systems using the Internet.

34. 광고 (Advertisements)

Did you know?

Young people produce computers better

Sambo Computer   Young people produce computers better   **Sambo**

Hanhwa Energy

If the gas is high-quality, the car runs more smoothly.

If an engine is smooth,
it will have fewer problems,
it will be quieter to drive,

·
·
·

and driving will become more comfortable.

People who think in different ways are also valuable

There may be people who have different opinions.
But we should not exclude them just because they have different viewpoints.
Sometimes these people may play a critical role in solving dilemmas, and
through lively discussions with them,
while enjoying a glass of Ch'am-namu-t'ong Soju together,
we can reach more insightful conclusions.

March [is] the month in which we are reminded of the old saying,
"When three gather, there is a teacher among them!"
Ch'am-namu-t'ong Soju will be with you from the beginning.

Deep, smooth taste, refreshing aftertaste!

35. 논술 (Discussions)

생물 복제 시대 (The era of biological duplication (cloning))

Ian Wilmut, a scientist from Scotland, surprised the world when he announced that he had succeeded in cloning a sheep on February 22. The research team of the Roslin Research Institute asserted that the concept of sheep cloning can be applied to humans as well as other animals. Soon after, this provoked surmises, fears, and diverse interests about human cloning (from) all over the world.

For example, there may be parents who wish to clone their terminally ill child. (Then,) the duplicated child would live as a surrogate (life) of the original child, or might even donate his own organs. There may be people who wish to clone geniuses like Bill Gates or great athletes like Michael Jordon. But this seems troubling, for it reminds us of what Hitler (had) attempted, namely, to rule the world by duplicating the "superior" Germanic people. A rich person might clone his own body in order to possess his wealth forever. We don't think, however, that the thoughts and the character of the duplicated person would be the same as those of the original person, since even identical twins have different characters and traits.

Human history has evolved along with scientific development. Human beings were able to end the Stone Age after inventing metal tools and developing agriculture. (In addition,) the Industrial Revolution was possible because of scientific development. In the twentieth century, humans succeeded in splitting the smallest unit of matter: the atom. But such scientific development has plunged human beings into far greater fear with the invention of the atomic bomb.

The researchers at the Roslin Research Institute came to clone the sheep in the process of producing a sheep that has smoother wool and a cow that has more delicious meat. We can benefit from science, however, only when we can control science; we face a terrible calamity if we lose control.

The manmade creature in the novel *Frankenstein*, written in 1798, was produced by a scientist who assembled several pieces of human corpses. This creature possessed tremendous strength, but neither morality nor the ability to make decisions, which humans have naturally. Consequently, he is eventually destroyed after killing not only the scientist who created him, but also innocent people around him as well.

Perhaps science today can clone a human physically, but it won't be able to duplicate the invisible parts of humans: (such as) the ability to judge right from wrong, morality, and the soul.

36. 찬반 토론 (Pros and cons)

서머타임 실시에 앞서 부작용 검토해야 한다
(We should examine the negative effects of Summer Time before enforcing it.)

The decision of the government to enact Summer Time (Daylight Savings Time) beginning next year from April through September should be reconsidered. This is because, while Summer Time contributes to saving energy, it may produce greater losses and social confusion.

The French government attempted to abolish the Summer Time system because it has a number of potential problems, though the attempt failed because of strong opposition from surrounding nations. According to a public opinion poll conducted by the French media, the system would cause sudden confusion to the biological rhythms of senior citizens, workers, and students—kindergartners and elementary school students, in particular. (Consequently,) the number of people who complain of headaches and insomnia would increase.

The system may contribute greatly to saving energy in European nations, where the day is long in the summer and the night is long in the winter. But, its positive effects are not so clear-cut in Korea, where the length of day and night does not change so radically with the season.

In addition, the system may bring tremendous confusion to the fields of science and technology if the government enacts it suddenly. The majority of computer systems, especially those developed for European nations, are able to change the computer's internal clock automatically when Summer Time begins. But computers developed for Korea do not have such a function. (Consequently) the user must change the time manually, which will be a problem if the system is introduced suddenly.

If, despite these problems, the government still wants to enact the system, I think that they should implement it after a minimum three to four years, so that software companies will have time to prepare for the change.

(Chŏng Sŏng-mo, *Chosŏn Daily*, May 12, 1997, Readers' column)

37. 설득문 (Persuasions)

스웨덴에서 만난 입양 여성에게 (To the adopted woman I met in Sweden)

First, I sincerely apologize to you. I think that no matter how severely you reproach me, I cannot justify my mistake. Assuming my apology is accepted, I would like to tell you two things. First, people say that our nation has sold orphans, and yes, there have been such cases. But it is not only for money that our nation has sent orphans abroad. Because of our nation's propensity to ascribe much significance to lineage, which is a bad custom, inability to foster and love children of another lineage has arisen among Koreans. I think that such a defect is shameful and should be corrected as soon as possible.

There is something else that I want to tell you. You should love your own destiny and turn your misfortune into a blessing. (Now,) you are a beautiful and proud Swede. But even so, you are still Korean-Swedish. This reality cannot be altered. Please accept your destiny wholeheartedly and make the most of it. Please, be a Korean Swede who possesses abundant knowledge and experience of Korea and Asia. In addition, please act to bridge the relationship between the two nations. (Now,) your country, Sweden, is continually increasing its interests in Asia. Sweden will treat you as a very precious citizen. (Then,) you won't be a regretful orphan anymore.

—from Kim Dae Jung, *The adopted woman I met in Sweden*

21세기 당신의 꿈을 펼칠 수 있는 HI 회사의 가족이 되십시오
(Please join HI where you can achieve your dreams in the 21st century.)

The sun of Asia rises gradually. The world has discovered Korea. Consumers have recognized Korean products, and businesses have discovered Korean consumers.

Korea has shown the most rapid economic growth and has become an exemplary developing nation.

Our HI Automobile Company is a large corporation that has led the development of Korea. Our company has exported automobiles to more than 30 nations and now plans to build local factories in Russia. The factories will be built over an area of 300,000 *pyong* and will produce 400,000 cars annually to be exported to Europe. It is not that easy to design a good product and produce it smoothly. However, since we plan to launch the project with strong determination, our resolution is also new. Planning for the next five years, we will give our full support to the project.

HI's vast management is looking for capable individuals who will leap forward in the world! We are recruiting highly-qualified, local new and experienced employees. The elites of Russia! Why don't you open your career dream in this growing Korean enterprise and have your abilities recognized? Why don't you have opportunities for self-enhancement and develop friendships with HI employees, who are the world's first-class? I am sure that if you dedicate your life to HI, you will be able to achieve your dream. Your life will shine because of HI.

38. 요약 (Summarization)

과학 기술과 환경 보존의 조화
(Harmony between scientific) technology and environmental protection

CFC and DDT, invented in the late 1920s, have made life more convenient and filled life with abundant(ly more) material goods. But because human life has begun to be threatened by the negative side effects of these two substances (in modern times,) criticism of (scientific) technology has increased.

At present, (scientific) technology has a close relationship to environmental problems. As a result, both pessimistic and optimistic views about (scientific) technology have appeared. Pessimists criticize the changes that technological development causes to human life cycles and the environmental problems that arise from it. On the other side, optimists assert that science is the most important thing humans should strive for, because the development of (human) civilization depends on technology. They say that the negative side effects of technology can be resolved using technology itself.

Instead of being biased in favor of either side, it is essential to maintain harmony between environmental protection and technological development, promoting economic development without damaging the environment.

Appendix 2: Index of useful patterns

Pattern	Lesson
~거나 ~거나	(2 기다림)
~거나 하면	(22 오락)
~거든	(14 부탁과 거절 편지)
~게 되다	(16 주문과 사무 편지, 27 독후감)
~게 하다	(28 영화 감상문)
~고 말다	(3 실수)
~고서	(2 기다림)
~고자 하다	(16 주문과 사무 편지)
~곤 하다 (contraction of ~고는 하다)	(6 선택)
~구나	(12 안부 편지)
~기도 하다	(1 소개)
~기로는	(29 기행문)
~기로 하다/되다	(9 시험 보는 날)
~기를 바라다/빌다/기원하다	(18 초대장)
~기를 빌며 (contraction of ~기를 빌면서)	(19 카드·봉투)
~기 바람 (contraction of ~기 바랍니다)	(17 메모)
~기에	(30 서정문)
~기 위해서	(25 풍습)
~느라고	(12 안부 편지)
~는가/(으)ㄴ가 보다	(11 만남과 헤어짐)
~(는)군(요)	(13 감사, 사과 편지)
~는 대로	(17 메모)
~는데도/(으)ㄴ데도	(10 우울한 날)
~는 바람에	(6 선택)
~는/(으)ㄴ 것	(11 만남과 헤어짐)
~는/(으)ㄴ 데다가	(1 소개)
~는/(으)ㄴ 반면에	(36 찬반 토론)
~는/(으)ㄴ/(으)ㄹ 경우	(23 설명서)
~는/(으)ㄴ/(으)ㄹ 듯이	(27 독후감)
~는/(으)ㄴ/(으)ㄹ 듯하다	(6 선택, 28 영화 감상문)
~는/(으)ㄴ 척하다	(4 오해)
~는/(으)ㄴ 편이다	(15 펜 팔)
~는지/(으)ㄹ지/(으)ㄹ는지	(6 선택, 27 독후감, 35 논술)

~다가	(9 시험 보는 날, 23 설명서)
~다고/라고 밝히다	(33 사건, 사고)
~다고요?/라고요?	(34 광고)
~다든가 ~다든가	(26 음식 이야기)
~다면/라면	(16 주문과 사무 편지)
~다 못해	(2 기다림)
~다 보니	(8 나의 아르바이트)
~다시피하다	(9 시험 보는 날)
~다지요?/라지요?	(15 펜팔)
~단다	(13 감사, 사과 편지)
~더니/었(았/였)더니	(7 어느 날의 일기, 30 서정문)
~더라도	(18 초대장)
~던	(7 어느 날의 일기)
~던데	(12 안부 편지)
~도록	(25 풍습)
~도록 하다	(4 오해)
~든지	(24 취미)
~마저	(36 찬반 토론)
뭐니뭐니해도	(26 음식 이야기)
~밖에 없다	(25 풍습)
~어(아/여) 가지고	(5 나의 꿈)
~어(아/여)다 주다	(14 부탁과 거절 편지)
~어(아/여)도	(8 나의 아르바이트)
~어(아/여)도 ~기만 하다	(25 풍습)
~어(아/여) 드리다	(23 설명서)
~어(아/여) 버리다	(3 실수)
(~어(아/여)) 보나마나	(5 나의 꿈)
~어(아/여)서	(1 소개)
~어(아/여) 오다/가다	(20 이력서)
~어(아/여) 있다	(23 설명서)
~었(았/였)더라면 ~었(았/였)을 텐데 . . .	(9 시험 보는 날)
~었(았/였)던	(7 어느 날의 일기)
~었(았/였)사오니 (humble form of ~었(았/였)으니)	(18 초대장)
~에 달려 있다	(38 요약)
~에 대하여	(35 논술)

~(에) 못지 않게	(5 나의 꿈)
~에 의하면	(15 펜 팔)
여간 ~지 않다/여간 ~(은)ㄴ 게 아니다	(13 감사, 사과 편지)
~(으)ㄴ 만큼	(37 설득문)
~(으)ㄴ (이)후에	(24 취미)
~(으)ㄴ 지	(12 안부 편지)
~(으)니	(3 실수, 30 서정문)
~(으)니까	(7 어느 날의 일기, 29 기행문)
~(으)ㄹ 것 (contraction of ~(으)ㄹ 것이다)	(17 메모)
~(으)ㄹ 것만 같다	(9 시험 보는 날)
~(으)ㄹ 만하다	(35 논술)
~(으)ㄹ 뻔하다	(4 오해)
~(으)ㄹ 뿐만 아니라	(26 음식 이야기)
~(으)ㄹ세라 (=~(으)ㄹ까봐)	(8 나의 아르바이트)
~(으)ㄹ 수 없다	(33 사건, 사고)
~(으)ㄹ 수 있다	(29 기행문)
~(으)ㄹ 정도로	(24 취미)
~(으)ㄹ 줄 알다/모르다	(1 소개)
~(으)ㄹ 텐데	(14 부탁과 거절 편지)
~(으)라면	(33 사건, 사고)
~(으)러	(10 우울한 날)
~(으)려는지 (contraction of ~(으)려고 하는지)	(10 우울한 날)
~(으)려면 ~어(아/여)야 하다	(5 나의 꿈)
~(으)렴	(14 부탁과 거절 편지)
~(으)로	(20 이력서)
~(으)로 보다	(33 사건, 사고)
~(으)로부터	(28 영화 감상문)
~(으)로 인해(서)	(37 설득문)
~(으)로 해서 (=~을/를 거쳐서)	(29 기행문)
~(으)ㅁ (contraction of ~(으)ㅂ니다)	(17 메모)
~(으)ㅁ에 따라	(35 논술)
~(으)며	(20 이력서)
~(으)면 ~(으)니까/(는/ㄴ)다니까	(22 오락)
~(으)면서	(24 취미)
~(으)면 하다	(15 펜 팔)
~(으)므로	(36 찬반 토론)

~(으)시길 (contraction of ~(으)시기를 바랍니다)   (19 카드 · 봉투)
~을/를 비롯해서   (26 음식 이야기)
~(이)나   (34 광고)
~(이)라고   (27 독후감)
~(이)라는   (34 광고)
~(이)라도   (3 실수)
~(이)라서   (11 만남과 헤어짐)
~(이)란   (37 설득문)
~(이)야 말로   (38 요약)
~지 않으면 안 되다   (22 오락)
~처럼 ~(으)ㄴ 일은 없다   (11 만남과 헤어짐)

English-Korean glossary

(special) ability	특기	show ~	융통성을 발휘하다
able	유능한	address	주소
~ person	일꾼	current ~	현주소
abnormal	이상한	permanent ~	본적
~ symptoms	이상한 증세	addressed (to a person)	앞으로
abnormality	이상		
abolish	폐지하다	(school) admission	입학 허가
abortion	낙태	admission (fee)	입장료
about to, on the verge of	~(으)려고 하다	admit	인정하다
		admonish	타이르다
abroad	바다 건너	adopted son	양자
trip ~	해외 여행	adult	성인
absence	결석	advance sale	예매
(be) absorbed in thought	생각에 잠기다	advertisement	광고
		advice	충고
absorption in reading	독서 삼매경	affect	영향을 주다
		affection	애정, 정, 사랑
abuse	남용하다	have ~ for	~에 애정을 가지다
accelerate	속력을 내다, 촉진시키다	affectionate	다정한
		affirmative	긍정적인
accept	받아들이다, 수용하다	(right) after	직후
(safety) accident	안전 사고	age	나이
accomplish	이루다, 성취하다	agonize	고민하다
account	구좌	airmail	항공편
~ number	계좌 번호	all, wholly	온통
(be) accumulated	축적되다	all day long	하루 종일
act	행위; 작용하다	alley	골목
acting	연기	alteration	변경
action	작용, 행동	alternately	번갈아
active	활동적, 적극적	always	늘, 항상
actor, actress	배우	amiable	호감이 가는, 상냥한
acupuncture	침	amount	분량, 양
get ~	침을 맞다	~ of money	금액
adapt	적응하다	analyze	분석하다
adaptability	융통성	ancestor	조상

ancestry	혈통	arms	무기
anesthesia	마취	bear ~	무장하다
angle of view	시각	small ~	총기
animal lover	동물 애호가	arrange	정리하다
anniversary	기념일	art	미술, 예술
annoying	귀찮은	artistic merit	예술성
annuity	연금	(original) artwork	원작
answer sheet	답안지	as . . . as	
anthropology	인류학	~ far ~ I know	제가 알기에는
anticipate	기대하다	~ good ~	못지 않게
antique	골동품	~ much ~	
antisocial	반사회적인	possible	가능한 한, 되도록
(be) anxious to help (but)	도와주고 싶은 마음은 굴뚝 같다	~ soon ~ possible	조속히, 가능한 한 빨리
anxiously	애타게	as expected	생각했던 대로
anyway	어떻든	(be) ashamed	창피하다, 부끄럽다
apologize	사과하다, 사죄하다	ask for help	도움을 청하다
~ (to a superior)	사과를 드리다	asking about (a sick person's)	
appeal	호소하다	health	병 문안
~ to conscience	양심에 호소하다	(fall) asleep	잠이 들다
appear	나타나다	(fall) ~ suddenly	깜빡 잠이 들다
appearance	생김새, 외모	association	단체, 협회
appetite	식욕	(be) astonished	경악하다
poor ~	식욕 부진	at best	고작
application for		at first	처음에
school admission	입학 원서	(be) at leisure	한가하다
application form	신청서	at most	고작
apply (a rule to)	(규칙을) 적용하다	at the end	끝으로
apply a warm compress	찜질하다	ATM (become) attached	현금 인출기 정들다
appreciation	감상, 감사	attend	~에 다니다, 참석하다
approval	결재, 승인	attendance	참석, 출석
aptitude	적성, 소질	~ or not	참석 여부
have ~ for	~가/이 적성에 맞다, ~의 소질이 있다	attire audience	옷차림 관객
argue	논하다, 논의하다	auditorium	강당
armful (of)	한아름	automation	자동화

available period	유효 기간	bill	계산서, 청구서
average	평균	legislative ~	법안
avoid	피하다	billiards	당구
(be) awakened	잠이 깨다	biography	전기
(place) away from home	타향, 객지	birthdate	생년월일
		birthday	생일
awfully	지독히, 몹시	~ of an elder	생신
awkward	거북한, 난처한	first ~ party	돌잔치
		sixtieth ~	환갑
B.A.	학사	birthplace	출생지
(old) bachelor	노총각	bitter	쓴
(highest academic) background	최종 학력	bleed	피가 나다
		blind date	선
backpacking	배낭 여행	go on a ~	선을 보다
(be) baffled	좌절하다, 실망하다	blue	파란
bake	굽다	blue jeans	청바지
bankbook	통장	blunt	무뚝뚝한
banquet	잔치	blush	얼굴이 빨개지다
barely	겨우	boarding	탑승; 하숙
because of	~ 때문에, 덕분에	body	몸
beef casserole (Jŏn'gol)	전골	boil	끓다, 삶다
		boldly	과감히
beeper	삐삐	bomb	폭탄
beg (ask) pardon	용서를 구하다	bonus	상여금
beg (for) forgiveness	용서를 빌다	book(s)	책
		boring	지루한
beginning	발단, 시작	(be) born in	~에서 태어나다
believe	믿다, 신용하다	both	양자, 둘 다, 양
beloved	그리운	bothersome	귀찮은
(to the) best (of one's) ability	힘닿는 데까지, 아무쪼록	bowling	보울링
		bridge	가교, 다리
		bright	명랑한, 밝은
bestseller	베스트 셀러	look ~	표정이 밝다
betting drinks	술 내기	brighten (glorify) an event	자리를 빛내다
betting money	돈 내기		
beyond one's ability	하늘의 별따기	brighten up	기분을 풀다
bias	편견	broken	부서진
bid farewell to	환송하다	broth with rice	설렁탕

brown (color)	갈색	celibate	독신주의자
bud	싹이 돋다	cellular phone	휴대용 전화, 손 전화
build a wall	담을 쌓다	certainly, surely	꼭
building	가옥, 건물	certificate	증명
bulletin board	게시판, 안내판	~ of	
bungee jumping	번지 점프	qualification	자격증
burden	짐; ~에게 부담을 주다	challenge	도전하다
		change	변화, 변경; 변하다, 바꾸다, 바뀌다
burdensome	부담스럽다		
burst	터지다	chaos	혼돈
bus stop	버스 정류장	character (of a person)	인물, 특성, 인격, 사람 됨됨이
business	사업, 장사, 용건, 업무		
have a ~ discussion	상담하다	(written) character	글자
(extremely) busy	정신없이 바쁜	characteristic(s)	고유, 특징
by all means	부디, 어떻게 해서든지	charge	담당
by far	훨씬	charming	매력적인
		cheat	컨닝을 하다, 속이다
calculate	계산하다	cheating	부정 행위
~ loss and gain	이해 관계를 따지다	check	수표
		cheerful	명랑한
call	통화; ~(이)라고 부르다	chess	체스
		(Korean) chess	장기
~ing again	재통화	chestnut	밤
calligraphy	서예	chilly	쌀쌀한
calm	냉정한, 조용한	(get) choked up	뭉클하다
calm down	가라앉(히)다	choose	선정하다, 선택하다
cancellation	취소	circumstance(s)	사정, 형편, 환경
capability	능력	citizen's	
(flower) cards	화투	registration card	주민 등록증
career	경력	citizen's registration	
careful	조심한, 주의깊은	number	주민 등록 번호
carelessness	부주의	citizenship	국적
(animated) cartoon	만화 영화	claim	요구; 요구하다
(airtight) case	밀폐 용기	clarify	해명하다, 밝히다
casualties	부상자	classic	고전
celebrate New Year's Day	설을 쇠다	clear (weather)	맑음, 맑은 (날씨)
		climax	절정

(alarm) clock	자명종	(be) composed	침착하다
cloning	복제	compulsory	의무적인, 필수의
(traditional Korean) clothes	한복	make something ~	의무화하다
cloudy (weather)	흐림, 흐린 (날씨)	computer graphics	컴퓨터 그래픽
clumsy	서투른	computerization	전산화
coexist	양립하다	concert	음악회
cohabiting	동거	conclude	단정하다, 마치다, 결론을 내리다
coincidentally	우연히		
(bad) cold	독감	condition	상태, 조건
(be in a) cold sweat	식은땀이 흐르다	health ~	건강 상태
		working ~	근로 조건
colleague	직장 동료	(academic) conference	학회
collection	수집		
collide	충돌하다	confirm	확인하다
comedy	코미디	confirmation	확인
come into being	생기다, 나타나다	confront	~에 당면하다, ~에 직면하다
comfort	위로, 위안; 위로하다		
coming and going	출입	conglomerate	재벌, 대기업
(favorable) comment	호평	conquest	정복; 정복하다
		consent	동의, 양해; 승낙하다, 동의하다
commodity	상품		
common sense	상식	conservation	보호, 보존, 관리
companion	동반자	consider	헤아리다, 고려하다
company	회사, 기업	constitution	헌법
small and medium sized ~	중소 기업	consultation	상의
		consumer	소비자
compare, liken	비유하다, 비교하다	contact	연락; 연락하다
compete	겨루다, 경쟁하다	come in ~ with	가까이 하다
competition	경쟁	make ~ with	연락하다
~ in good faith	선의의 경쟁	contamination	오염
competitive era	경쟁 시대	content	만족
complicated	복잡한, 번거로운	to one's heart's ~	실컷
(favorable) compliment	칭찬	contract	계약
comply with (someone's) request	부탁을 들어주다	contrast	대조, 비교
		be in ~ to	대조적이다
		controversy	논란, 논쟁

a subject of ~ conversation	논란의 대상 회화	cultivating men of talent	인재 양성
English ~	영어 회화	culture	문화
convey news	소식을 전하다	pop ~	대중문화
convince	납득시키다	curious	궁금한
cook	조리하다, 요리하다	curiosity is aroused	호기심이 생기다
~ on a griddle	부치다	(take) custody	보호하다, 구속하다
cool	서늘한, 시원한	custom	풍속, 풍습
coolant	냉매제, 냉각제	customer	고객
correct	고치다	(folk) customs	민속
cost	비용, 가격, 대가	customs office	세관
~ of living	생활비	cut in	새치기하다
cough	기침; 기침이 나다; 기침하다	damage	피해; 손해를 끼치다
countermeasure	대책	suffer ~	해를 입다
countless	수 없이 많은	~ (a country's) international image	대외 위상을 해치다
country	나라		
course	과정		
covered all over with (dust)	(먼지) 투성이	damaged area	피해 면적
		dance	춤
crash	충돌, 추락; 충돌하다, 추락하다	women's circle	강강수월래
		daringly	과감히
create	창조하다	(youngest) daughter	막내딸
creation	창작, 창조	deadline	마감 날짜
creationism	창조론	payment ~	납부 마감일
credit	학점, 신용	dear	사랑하는, 친애하는, 존경하는, 보고 싶은
(academic) ~	학점		
~ card	신용 카드	Dear me!	어머나!
~ transfer	학점 교환/이전	decision	결정
crew	승무원	defect	결함, 결점, 흠, 약점
criminal	범인	(academic) degree	학위
criticism	비판	deliberately	일부러
criticize	비판하다	(all sorts of) delicacies	산해 진미
cross	건너다, 넘다		
~ the border	국경을 넘다	delivery	배달
~ the center line of the highway	중앙선을 침범하다	delivery person	배달원
		demand	요구; 요청하다, 요구하다
cult movie	컬트 영화		

Democratic Party	민주당	direction(s for	
depart	떠나다, 출발하다	use)	용법
department head	과장	director	감독
departure	출발	directory	목록, 인명부,
~ from a			전화번호부
country	출국	(be) disappointed	속이 상하다, 실망하다
point of ~	출발지	discard	버리다
deposit	예금	discharged from	
~ slip	입금표	the hospital	퇴원하다
depositor	예금주	discontinue	중지하다, 중단하다
(be) deprived (of)	박탈당하다	discuss	논의하다, 의논하다
describe	묘사하다, 기술하다	(be) disgraced	
desert	사막	in public	망신을 당하다
designation	지정	disgusting	혐오스러운, 지겨운,
desirable	바람직한		구역질나는
desire	요망, 욕구; 바라다	dispatch (of	
destination	목적지	message, letter)	발신
destroy	파괴하다	dispatch (of	
detail(s)	세부 사항	people)	파견
detective story	탐정 소설	(be) displeased	불쾌하다
develop	발달하다, 개발하다	disposition	성품
~ logically	논리적으로 전개하다	distinctiveness	특성
developed country	선진국	(be) distressed	속상하다
developing country	개발도상국	divide (into teams)	(편을) 나누다
development	전개, 개발	divorce	이혼
(have) diarrhea	설사(가 나다)	dizzy	어지러운
die	숨지다, 죽다	do away with	없애다
different	다른	do one's best	최선을 다하다
~ from how		document	문서, 서류
it appears	보기와는 다른	documentary (film)	기록 영화
become ~	달라지다	dosage	복용량
entirely ~	판이한, 아주 다른	downcast	표정이 어두운, 풀죽은
difficult	곤란하다, 어렵다,	doze off	졸다
	난처하다	drama	희곡
digestive	소화제	draw up	작성하다
dignified	당당한	dream	꿈; 꿈꾸다
dilapidated	퇴락한; 못쓰게 된	(inexpert) driving	운전 미숙
diplomat	외교관	driving (someone)	

hard	혹사	~ with this much	이만 줄이다
druggist	약사	~-of-semester party	종강 파티
drugstore	약국		
dumpling	만두		
during	~중, 동안	(official) endorsement	공증
(sense of) duty	사명감, 책임감	endurance	인내심
earnestly	간절히	endure	견디다, 참다
(on) earth	도대체	energetic	씩씩한, 정력적인
easily	까딱하면, 쉽사리	engagement	약혼
Easter	부활절	~ ceremony	약혼식
economical	경제적	enjoy	즐기다
economize	절약하다	~ the richness	풍요를 누리다
ecosystem	생태계	ensure	보장하다
(original language) edition	원서	entering a company	입사
education(al background)	학력	entertainment (school) entrance ceremony	오락 입학식
effect	효능, 효과	entrance into the next level of school	진학
(become) effective	발효되다		
(make) efforts	힘(쓰다), 노력(하다)	entrust	맡기다
egg	알	entry into a country	입국
(become) elated	신나다	enzyme	효소
elect	(사람을) 뽑다	errand	심부름
election	선거	estimate	추산하다, 산정하다, 평가하다
electronic communications	컴퓨터 통신	eternally	영원히
embrace	품다, 껴안다	etiquette	에티켓, 예의
emotion	정서, 감정	breach of ~	예의에 어긋나다
emotional appeal	눈물어린 호소	Euro rail pass	유레일패스
emotional movement	감동	euthanasia	안락사
employee (of a company)	사원	evaluation	평가
		even if	비록 . . . 더라도
employment	고용	event	사건
(place of) ~	근무처, 직장	annual ~	연례 행사
seeking ~	구직	evolution	진화
enclose	동봉하다, 넣다	theory of ~	진화론
end	결말, 끝	(final) examination	학기말 시험

examination paper	문제지, 시험지	the wind	바람을 쏘이다
(mess up on an)		express mail	빠른 우편, 속달
examination	시험을 망치다	express condolences	
(be) examined (by		respectfully	삼가 조의를 표하다
a doctor)	진찰을 받다	extinguish	불을 끄다
excavation	발굴	extroverted	외향적
exception	제외, 예외		
exceptional	파격적인, 예외적인	face	얼굴; 당면하다
exchange	교환; 교환하다	(read one's) ~	눈치를 보다
~ greetings	인사를 나누다	~ turns red	얼굴이 빨개지다
~ money	환전	factor	인자, 요소
~ rate	환율	fail	실패하다
~ student	교환학생	~ to recognize,	
(be) excited	신나다, 흥분하다	~ to appreciate	몰라보다, 못
excuse	변명, 핑계; 용서하다		알아보다
exemption	면제	failure	실패
exercise influence		~ in an	
over	영향력을 행사하다	examination	낙제
(be) exhausted	지치다	fair	공정한, 공평한
completely ~	기진맥진하다	fall asleep	잠이 들다
exhibition hall	전시실	~ suddenly	깜빡 잠이 들다
exhibition (of		familiar	익숙한, 친한
one's works)	발표회, 전시회	become ~ with	~에 익숙해지다
exist	존재하다	family	가족
exotic	이국적인	~ background	가정 환경
expect	기대하다, 기대를 걸다	~ status	가족 관계
expectation	생각, 기대	head of a ~	호주, 가장
(be) expected	기대되다	members of a ~	가족
expenses	경비, 비용	fantastic	환상적
living ~	생활비	(bid) farewell (to)	환송하다
experience	경험	farewell ceremony	이임식, 송별식
expert	전문가	farewell party	송별회
explain	밝히다, 설명하다	fashion	유행
explode	폭발하다	father-in-law	
expose	적발하다, 노출하다	(wife's father)	장인
(be) exposed to		(general) fatigue	몸살
the sun	햇빛을 쪼이다	favorite use	애용
(be) exposed to		federal government	연방 정부

English	Korean
fee for admission	입장료
feel a lump in one's throat	뭉클하다
feeling	감정, 느낌
~ of liberation	해방감
fester	곪다
festival	축제
(have a) fever	열(이 나다)
film	필름, 영화
~ festival	영화제
~ production	영화 제작
~ set	영화 촬영 세트
silent ~	무성 영화
war ~	전쟁 영화
Western ~	서부극
finally	마지막으로
fire	화재, 불
fire burning on 대보름	쥐불 놀이
(your esteemed) firm, company	귀사
first (in history)	사상 처음으로
first-rate	최고의
fishing	낚시
fix	고치다
flames	불길
~ are under control	불길이 잡히다
(taste) flat	싱겁다
flight number	편명
(be) flustered	당황하다
get all ~	허둥지둥하다
flutter	설레다, 울렁이다
fog	안개
foggy	안개가 짙은
food	식품
~ chain	먹이사슬
~ poisoning	식중독
~ to suit one's taste	기호 식품
fried ~	튀김
forbid	금하다, 금지시키다
(entirely) forbidden	일절 금지되다
foreign	이국적인, 외국의
~ language	외국어
forerunner	선구
forever	영원히
forget	잊다, 잊어버리다
forgetful	건망증이 심한
(be) forgotten	잊혀지다
formalities for entry and departure	입·출국 수속
formation	형성
(extremely) fortunate	천만다행인
frankly	솔직하게
free	자유한, 한가한
freeloading	더부살이
fresh	싱싱한, 신선한
fretful	초조한, 안달나는
fried food	튀김
friendship	우정
(be) frightened from, native to (a place)	겁에 질리다, 놀라다 ~출신
(be) frozen hard	꽁꽁 얼다
(first) fruits (of the year)	햇과일
(be) frustrated	좌절하다, 실망하다
fry	볶다, 튀기다
fundamental (rule)	원칙
(be) furnished	시설을 갖추다
future	미래, 장래
in the ~	앞으로(도)

gain	얻는 것, 이익	great	대단한, 훌륭한
game	놀이, 게임	greatly	대단히
(folk) ~	민속놀이	green	녹색, 초록색; 푸른
card ~	카드 놀이	~ onion	파
~ of yut	윷놀이	yellowish ~,	
survival ~	서바이벌 게임	light ~	연둣빛
garbage (can)	쓰레기(통)	(go out to) greet	마중나가다
garlic	마늘	greeting	인사
gender difference	성별	groan	끙끙 앓다
gene	유전 인자	group	집단
genetic engineering	유전 공학	guarantee, ensure	보장하다
gentle	상냥한, 순한, 점잖은	guarantor	보증인
get, obtain	얻다	guidance	안내
get rid of	없애다, 제거하다	guidebook	안내 책자
get-together			
(to strengthen		habit	버릇, 습관
solidarity)	단합 대회	habitually	습관적으로
ginger	생강	handicapped person	장애자
give up	포기하다	handle	처리하다
glance sideways		handset	송수화기
over and over	힐긋힐긋 보다	happiness	행복
gloomy	우울한	(be) harassed	시달리다
go bad, spoil	상하다, 쉬다	hard to deal with	난처한
go through, pierce	뚫다	hardship	괴로움, 고통, 어려움
(idle) gossip	헛소문	harmful	해로운
"go-stop" card game	고스톱	harmonious (with)	~과 어울리는
(as) good (as)	못지 않게	harmony	조화
grace	품격, 품위, 우아	Harvest Moon Day	
graceful	얌전하다	(August 15 by	
grade	성적	the lunar calendar)	추석
graduate (from)	졸업하다	hasten, accelerate	촉진시키다, 서두르다
graduate school	대학원	head of a household	세대주, 호주
graduation (ceremony)	졸업식	healthy	건강한
graft	접목시키다	heart	가슴, 마음
(all kinds of)		come from	
grains and fruits	오곡백과	one's ~	우러나다
grant (a favor)	베풀어주다	~ attack	심장마비
grave	산소, 무덤, 묘	(be) heavy on	

English	Korean
one's ~	뭉클하다
(one's) ~ is too full (for)	벅차다
heavy	무거운
height	신장
help wanted	구인
(feel) helpless	안타깝다
herbal medicine	한약
hide, conceal	감추다, 숨기다
hint	암시; 암시하다
historical site	유적지
hit	치다
hit (the mark)	맞추다, 맞히다
(become) hoarse	목이 쉬다
home (native) country	본국
homesickness	향수병
hometown	고향
homework	과제물, 숙제
honor	명예
~ student	우등생
(feel) honored	영광으로 생각하다
honorific speech	존댓말
hope	희망
horrible	무시무시하다
(be) hospitalized	입원하다
hot and spicy	매운
(one's own) house, home	자택
householder	세대주, 호주
hug	품다, 껴안다
human resources	인력
high quality ~	고급 인력
humid	무더운
humidity	습기, 무더움
hurry up	서두르십시오
hurt	다치다
husband's parents	시부모
hybridize	교배하다
ideal	이상
meet one's ~	이상에 맞다
idle away (one's time)	뒹굴다, 빈둥거리다
if	가령, 만일, 만약
~ it were I	나 같으면
(become) ill	병에 걸리다, 병이 나다
illegal act	범법 행위
illegally	불법적으로
imagination	상상(력)
imagine	상상하다
immigrant	이민자
immigration	이민
~ bureau	이민국, 출입국관리소
impolite	실례가 되는, 무례한
~ speech	반말
important	중요한
(be) impressed	감명 받다, 감동하다
impression	인상, 느낌
first ~	첫인상
in any case	어차피, 어떻든
in vain, uselessly	괜히
inaugural (ceremony)	취임식
incentive	동기
include	포함하다
incomplete	불완전한
(be) indebted (to)	신세를 지다
independence	독립
independent spirit	독립심
indicate	표시하다
indigestion	소화 불량
indiscreet	무분별한
inducement	권유
indulge (in)	~에 푹 빠지다
infiltrate	침투하다

English	Korean
information (desk)	안내소 (인포메이션 센터)
informing	알림
ingredient	성분
(take the) initiative	주도하다
injection	주사
give an ~	주사를 놓다
receive an ~	주사를 맞다
(be) injured	부상당하다
innumerable	수 없이 많은
inquire	문의하다
inquiring after (a person)	문안
inquiry	조회, 문의
insecticide	살충제
instant	순간
(monthly) installment	월부
instantly	즉시
intention	의도, 의지, 뜻
interbreed	교배하다
interest	이자, 관심, 흥미
be very ~ing	흥미진진하다
be ~ed in	~에 취미가 있다, ~에 관심이 있다
lose ~	김새다, 흥미를 잃다
take an ~ in	관심을 갖다
Internet	인터네트
interpretation	통역
(be) interpreted	해석되다
interview	면담; 면담하다
introduction	도입, 소개
introspective	내성적
invalidity	무효
invasion	침입
invention	발명
investigate	조사하다
invitation (card)	초대(장)
(be) irritated	짜증이 나다
isolate	격리시키다
isolated class	소외 계층
issue	발급; 발급하다
(be) issued	발행되다
(Korean) jacket	저고리 (in 한복)
(blue) jeans	청바지
job	일, 직장
lifelong ~	평생 직장
temporary ~	임시직
joining, becoming a member of	가입
jot down	메모하다, 적다
judge	판단하다
judgment	판정, 판결
justify oneself	변명하다
karaoke	노래방
keep	보관하다, 간직하다, 가지다
~ at a distance	멀리하다
~ away	막다
~ in touch	연락하다
~ up	유지하다, 계속하다
(be) killed	사망하다, 죽다
kill(ing) two birds with one stone	일석이조
kindness	인정, 친절
kiteflying	연 날리기
(become) known	밝혀지다, 알려지다
(not) know (what to do)	어쩔 줄을 모르다
landing	착륙
forced ~	비상 착륙
landscape	풍경
language	언어
official ~	공식 언어

English	Korean
~ training	어학 연수
laugh one's head off	배꼽이 빠지게 웃다
lazy	게으른, 게으름을 피우는
lead(ing role)	주연
leave behind	남기다
leave no room for doubt	의심할 여지가 없다
leaves fall	낙엽이 지다
lending books out	도서 대출
(private) lessons	개인 지도
letter	서신, 편지
~ of recommendation	추천서
lifestyle	생활 양식
lifetime	일생
light	가벼운; 광선
direct (ray of) ~	직사 광선
lighting	조명
like	마음에 들다, 좋아하다
like (a student)	(학생)답다
like, as	처럼
lineage, ancestry	혈통
lines (of a play)	대사
list	목록, 명단
~ of names	명단
(work of) literature	문학 작품
live on the verge of starvation	기아에 시달리다
lively	활발한
liver	간
living expenses	생활비
living together, cohabiting	동거
load	짐; 싣다
lodging	숙박
~ charges	숙박비
logical	논리에 충실한, 논리적인
lonely	쓸쓸한, 외로운
(feel) lonesome	허전하다, 외로워하다
long	길다
long for	그립다
look	~어(아/여) 보이다
look forward to	손꼽아 기다리다
lord of (all) creation	만물의 영장
lose	잃다
~ interest	김새다, 흥미를 잃다
~ one's temper	화내다
loss	잃는 것, 손해
love	연애, 사랑
fall in unrequited ~	짝사랑하다
loved	사랑을 받다
lower house (of parliament)	하원
low-key	소극적
lunar calendar	음력
magic	마술
use ~	요술을 부리다
magical power	초능력
mail order	통신 판매(의 주문)
maintain	유지하다, 존속시키다
~ sequence	차례를 지키다
major	중요한
(academic) major	전공
make	만들다
~ clear	밝히다
~ friends	사귀다
~ time (to do something)	시간을 내다, 틈을 내다

makeup	분장	microorganism	미생물
male and female, old and young	남녀노소	microwave (oven)	전자 레인지
		midterm (examination)	중간 시험
manners	예의, 예절	military service	병역
have good ~	예의(를 차리다)	mince	다지다
map	지도	mind	마음
(hand-drawn) ~	약도	child's ~	동심
(playing) marbles	공기 놀이	minority race	소수 민족
margin	여백	misfortune that turns into a blessing	전화 위복
marital status	결혼 관계		
married	기혼	misjudge	착각하다, 오판하다
masterpiece	명작	miss	아쉽다, 그립다, 잃다
master's degree (M.A., M.S.)	석사	mistake	잘못, 실수; 잘못 생각하다, 실수하다
matchmaking	중매	(be free from) mistakes	틀림없다
matter	물질		
meal	식사, 간식	misunderstand (cause)	잘못 알다, 오해하다
flour-based ~s	분식		
prepare a ~	상을 차리다	misunderstanding (clear up)	오해를 사다
meat	육류		
medical	의학의, 의료의	misunderstanding (be)	오해를 풀다
~ expenses	의료비		
~ facilities	의료시설	misunderstood	오해를 받다
~ insurance	의료 보험	mix	섞다
~ supplies	의약품	mobilize	동원하다
(take) medicine	약을 복용하다	moisture	습기
meet	맞이하다, 만나다	money	돈
meeting	모임	condolence ~	부의금
melodrama	멜로 드라마	congratulatory ~	축의금
(staff) member	직원	~ given for 세배	세뱃돈
(all) members	전원		
memo board	메모 꽂이	postal ~ order	우편환
memory	기억	morning and evening	아침저녁
menace	위협하다		
(returned) merchandise	반품	mother-in-law (wife's mother)	장모
method	방법	motive, motivation	동기
meticulous	꼼꼼한	commercial ~	상업적 동기

English	Korean
motto	표어
move	옮기다
movie	영화
(as) much (as) possible	되도록
museum	박물관
music	음악
background ~	배경 음악
(play a) musical instrument	악기를 다루다, 악기를 연주하다
mystery	신비
~ story	추리 소설
(full) name	성명
narrow-minded	편협한
nation	민족
nationality	국적
native to, from	~ 출신
nausea	구역질
necessary	필요한
a ~ evil	필요악
necessities	필수품
negative	부정적인
neighbor	이웃
nervous system	신경계
new	새롭다
New Year's	
~ bow to one's elders	세배
~ celebration	신년 하례
~ clothes	설빔
~ Day	설날
nickname	별명
no matter what one may do	아무래도
no matter what one says	뭐니뭐니 해도
no news is good news	무소식이 희소식
no use crying over spilt milk	엎질러진 물
noodles	국수
(one's) nose is stopped up	코가 막히다
(tax) notice notification	세금 고지서 통지
(account) number	계좌번호
(flight) number	편명
nutrition	영양, 영양가
nuts eaten on 대보름 [to guard oneself against boils for a year]	부럼
oasis	오아시스
objection	반론, 반대
obtain	얻다, 손에 넣다, 획득하다
occupation	직업
occur, happen	발생하다
offer	제공
(head of a branch) office	지사장
oh my!	아이구!
omok, gobang	오목
on purpose	일부러
on the verge of	~지경에 이르다, 지경에 있다
(green) onion	파
only, merely	단지
(wide) open	탁 트이다
open to the public	공개하다
operating room	수술실
operation	수술
opportunity	기회

English	Korean
(exact) opposite	정반대
optimism	낙관론, 낙천주의, 낙관
order	질서
ordinary (days)	평소(에)
organization	조직, 기구
academic ~	학회
social ~	동아리
origin and circumstances of a matter	사연
originally	원래
orthodoxy	정통
other	다른
each ~	서로
the ~ person	상대방
the ~ side	반면, 상대편
outbreak of fire	발화
outgoing, active	적극적
overcome	극복하다
overeating	과식
overlap	겹치다
overseas	해외
oversleep	늦잠을 자다
(be) overwhelmed (by sorrow)	(슬픔에) 젖다
overwork	무리, 과로; 무리하다, 과로하다
pacify	가라앉히다
pack (up)	짐을 싸다, 짐을 꾸리다
paduk	바둑
page	호출하다
pain	고통, 아픔
(feel sharp) pains	쑤시다
painting	그림
oil ~	유화
Oriental ~	동양화
Western ~	서양화
palpitate	두근두근거리다
pan-broil (green-onion) pancake	부치다 파전
(green-pea) pancake	빈대떡
pan-fried sliced fish	생선전
pan-fry	지지다
paper	종이
scrap of ~	종이 쪽지
slip of ~	쪽지
parcel	소포
parking (of a car)	주차
part	대목, 부분, 역할
party	파티
end-of-semester ~	종강파티
~ after a meeting	뒤풀이
publishing ~	출판 기념회
pass	통과되다
~ ahead	추월하다
~ one another	길이 어긋나다
passenger	승객, 탑승자
passport	여권
(hot pepper) paste	고추장
pastime	기분 전환
patience	인내
patient	환자
terminally ill ~	말기 환자
pay	봉급; 지불하다
daily ~	일당
weekly ~	주급
pay attention to	~에 주의하다
payment	지급, 지불

~ in advance	선불	phenomenon	현상
peaceful	평화로운	photo enclosed	사진 재중
peanut	땅콩	photography	사진 촬영, 사진술
peculiar	독특한	physique	체격
peculiarity	특징	pickpocket	소매치기
peel	껍질을 벗기다	picky	까다롭다
penal regulations	벌칙	picture	그림
pending	미결	pierce	찌르다, 뚫다
people	사람들, 국민	PIN	비밀 번호
~ in adverse circumstances	불우 이웃	pine nuts	잣
~ returning home	귀성객	place away from home	타향, 객지
(ground) pepper	후춧가루	place to use	사용처
per hour	시간당	plan	계획, 예정
perfect score	백점, 만점	(passenger) plane	여객기
period (of time)	기간	planning	기획
permanently	영원히	play (chess, *paduk*)	(장기, 바둑) 두다
permission	허용, 허가	pleasant	즐거운
(be) perplexed	쩔쩔매다	point (of time)	시점
person	사람	policy	정책, 방침
~ in a coma	식물 인간	second-best ~	차선책
~ in charge	담당자	pollute	오염시키다
~ in question	본인	pollution	오염
personal information	인적 사항	popular	인기 있는, 대중적인
		position	입장, 직위
personality	성격	possession	소지, 소유
persuade (powers of) persuasion	설득시키다	possessor	소지자, 소유자
		possibility	가능성
	설득력	potential ·	잠재적인, 가능한
pessimism	비관, 비관론, 비관주의	~ bride	신붓감
		~ groom	신랑감
(civil) petition	민원	pour	붓다, 쏟다, 따르다
Ph.D.	박사	powerful	강력한
pharmaceutical company	제약 회사	(get) praised	칭찬 받다
		pray	빌다
pharmacist	약사	~ for recovery	완쾌하기를 빌다
pharmacy	약국	precede	앞서가다
pheasant	꿩	premise	전제

major ~	대전제	~ hall	공관
preparation	준비	~ institution	관공서
exam ~	시험 준비	~ opinion poll	여론 조사
hasty ~ on		~ services	공공 서비스
the day	당일치기	~ utility charges	공공요금
hasty ~	벼락치기	publications	서적, 출판물
prepare	마련하다, 준비하다	publisher, publishing	
present	선물	company	출판사
preservation	보존, 저장	punishment	처벌
prevention	예방	purchase	장만하다, 구입하다;
prestige	위신, 명성		구입, 구매
price	가격, 물가	pure	순수한, 맑은, 순결한
pride	자존심	purple	보라색
(one's) ~ is		purpose	목표
hurt	자존심이 상하다	on ~	일부러
principle	원칙	pursue	추구하다
prize	상	put	놓다, 두다
procedure	절차	~ away	치우다
follow ~	절차를 밟다	~ the cart	
procrastinate	미루다	before the horse	주객이 전도되다
produce	생산하다	~ in a dish	그릇에 담다
(special) product	명물	~ off	미루다
professional level	수준급, 프로급	~ out	불을 끄다
profitable	유익한	~ up with	참다, 견디다
prohibition	금지		
promote	조장하다	qualification(s)	자격
promotion	진급, 승급	quality (of	
prospect	장래성	merchandise)	품질
protect	보호하다	quantity	분량, 양
provide	주다, 공급하다,	quarterly (magazine)	계간지
	마련하다	(sample) question(s)	예상 문제
Providence (of		quiet	잔잔한, 조용한
God)	섭리		
public	공용(의), 공공(의),	race	인종, 종족
	공적(인)	(minority) race	소수 민족
~ area	공공 장소	radioactivity,	
~ facilities	공공 시설	radioactive rays	방사선
~ figure	유명 인사	raise	인상하다, 올리다

English	Korean
rashly	섣불리, 경솔하게
(hourly) rate	시간당
rather (than)	차라리
redial	재발신; (전화를) 다시 걸다
reach	~에 도달하다, ~에 이르다
read one's face	눈치를 보다
read through in one sitting	단숨에 읽다
readily	선뜻, 쾌히, 기꺼이
readiness	각오, 준비, 대비
reading	독서
absorbed in ~	독서삼매경
season suitable for extensive ~	독서의 계절
realistic	실감나는
reality	현실
realize	깨닫다, 실감하다
~ a dream	꿈을 실현하다
really	정말로
(for some) reason (or other)	왠지
receipt	영수증, 받음
~ of a message	수신
recipe	조리법
recipient	수신인
recommend	권하다, 추천하다
recommendation	추천
record	기록, 기록하다
(household) record(s) of	가계(부)
recovery	회복
recruitment	모집
recuperation	회복
referee	심판
(personal) reference	신원 보증
reflect	반성하다
(be) refreshed	상쾌하다
refund	환불
refusal	사절, 거절
regardless of	~할 것 없이
registered mail	등기
registration	등록
regret	후회하다
regrettable	한 많은, 유감스런
relative	친척
(feel) relieved	날아갈 것 같다, 시원하다, 후련하다
religion	종교
remember	기억하다
remuneration	보수
rent at a boardinghouse	하숙비
repay a kindness, return a favor	신세를 갚다
repay one's obligations	은혜를 갚다
repeat	반복하다
reply (letter)	답장
report	보고, 신고; 보고하다, 신고하다
~ form	신고서
report (a person to the authorities)	고발하다
Republican Party	공화당
request	요구, 요청; 요구하다, 요청하다
rescue	구조하다
~ party	구조 대원
research institute	연구소
reservation	보류
resolve	해결하다
resources	자원
respect	존경; 존경하다
resuscitate	부활시키다

return	반환, 귀환	rules	규정, 규칙
~ a borrowed book	책을 반납하다	rumor	소문
~ of a courtesy	답례	groundless ~	뜬소문
reward and punishment	상벌	run	달리다
		~ against	~에 부딪치다
		~ into	들이받다
rice	쌀, 밥	~ out	바닥나다
(cooked) ~	밥	running	달리기
(first crop of) ~	햅쌀	runny nose	콧물
(spicy) rice-cake dish	떡볶이	have a ~	콧물이 나다
		(be in a) rush	급하다, 발등에 불이 떨어지다
rice-cake soup	떡국		
rice-cake steamed on pine needles (songp'yŏn)	송편	sacrifice	희생하다
		sad	섭섭한, 슬픈
rice with five kinds of grain (ogokpap)	오곡밥	salary	봉급
		annual ~	연봉
		monthly ~	월급
(get) rich (quickly)	돈방석에 앉다	(advance) sale	예매
richness	풍요, 부	salty	짠
(perform a) ritual in memory of one's ancestors	차례 지내다	sanction	결재, 인가; 결재를 하다, 인가하다
		Santa Claus	산타크로스
rival	경쟁자; 필적하다	satirize	풍자하다
roast	굽다	satisfied	만족하다
robber	강도	savage	야만인; 야만적인
masked ~	복면 강도	saving	저금, 예금
role	역할	scab	딱지; 딱지가 앉다
leading ~	주연	scare	겁; 겁주다, 위협하다
supporting ~	조연	scenario	시나리오
roll	구르다; 굴리다	scene	장면
roll over (in bed)	뒹굴다	~ of the action	현장
room and board	숙식	scenery	풍경
roommate	룸메이트, 방친구	schedule	시간표, 예정(표), 일정, 스케줄
rot	썩다		
round	동그란, 둥근	scholarship	장학금
rudeness	실례	~ recipient	장학생
ruin	망치다	(sister) school	자매 학교

English	Korean
science-fiction film	공상 과학 영화
(be) scolded (give a good) scolding (to)	꾸지람을 듣다 혼내다, 꾸짖다
score	점수
perfect ~	백점, 만점
scowl	인상을 쓰다, 노려보다
scrap (material)	폐기물
scrap (of paper)	종이 쪽지
screening	상영
script	시나리오, 영화 각본
season (time)	계절, 시절, 철
season (food)	무치다, 간을 맞추다, 조미하다
seasoned vegetables	나물
seasonings	양념
secondhand (goods)	중고품
seem	~인 것 같다
self-development	자기 개발
selling	판매
semester	학기
senate	상원
send	보내다, (편지) 부치다
~ a congratulatory telegram	축전을 보내다
~ in a report	보고서를 제출하다
sender	발신인
sensitive	예민한
sentimental	감상적인
separate	헤어지다, 이별하다
~ right after becoming attached	정들자 이별이다
sequence	순서
maintain ~ service	차례를 지키다 근무, 서비스
military ~	군복무, 병역
~ charge	서비스료
voluntary ~	자원 봉사
sesame	깨
setting	배경
seventy years (of age)	칠순
(distinction of) sex	성별
shake	흔들다
~ off	떨다, 떨어버리다, 뿌리치다
(by) ship	선편
shock	충격
(be) shocked	충격을 받다
shooting	사격
short ribs	갈비
shout	소리치다
(sudden) shower, cloudburst	소나기
shred (vegetables) (Korean)	채치다
shuttlecock game	제기차기
side dishes	반찬
side effect	부작용
side (face)	측면
sightseeing spot	관광 명소
sign	서명하다
silence	침묵
simple	소박한, 단순한
simple and honest	고지식한
sincerely	진심으로
sincerity	정성
(adverse) situation	역경
(the) skies	상공
skill	기술, 특기
sleep deprivation	수면 부족

sleet	진눈깨비	~ highly of	높이 칭찬하다
slender	날씬한	~ in public	연설하다
slice	썰다	~ to	~에게 말을 걸다
slip of paper	쪽지	specialist	전문가
slogan	표어, 슬로건	spectacle	광경, 장관
smile	미소, 미소를 짓다	offer a grand ~	장관을 이루다
smoke	연기	speculate	사색하다, 숙고하다,
smoking	흡연		추측하다
(become) smudged	얼룩지다	speed up	속력을 내다
snow	눈	spend one's last	
~ flutters	눈이 펄펄 날리다	penny	주머니를 털다
soap opera	일일 연속극	spend time	지내다, 시간을 보내다
social	사회적인	spoil	상하다, 쉬다, 썩다,
~ order	사회 질서		망치다
~ welfare	사회 복지	sponsorship	주최
sojourn	체류; 체류하다,	(financial) ~	재정 보증
	머물다	spot	지점, 점
solar calendar	양력	sprain	삐다
(first) son	맏아들	spread	번지다, 퍼지다
(as) soon (as)	조속히, 가능한 한	sprinkle	뿌리다, 치다
possible	빨리	spy	간첩, 스파이
(be) sorry	유감이다, 섭섭하다,	stability	안정
	미안하다, 서운하다	have financial ~	경제력이 있다
(be ever so) sorry	죄송스럽기 짝이 없다	staff	부원, 스태프
(all) sorts of	갖가지	~ member	직원
sound	소리	(become) stained	얼룩지다
~ effects	음향	stamp one's seal	도장을 찍다
~ quality	음색	stand in line	줄을 서다
soup	국	standard	기준
~ made with		standpoint	입장
dogmeat	보신탕	star	별, 스타
~ with mixed		the ~s appear	별이 뜨다
seafood	해물탕	starve	굶주리다
sour	신	statement	진술
soybean paste	된장	stay	체재, 체류; 머무르다,
soy-sauce	간장		체재하다
spare time	여가	~ at an inn,	
speak	말하다	a hotel	숙소를 잡다, 숙소를

	정하다	subway station	지하철 역
~ up all night	밤을 꼬박 새다	succeed	성공을 거두다,
steadily	꾸준히		성공하다
steal	도둑질하다, 털다,	success	성공
	훔치다	suddenly	갑자기
stew	찌개	suffer	고생하다
stir	젓다	~ damage	해를 입다
stir-fried meat,		~ unfairness	억울하다
vegetables, and		suffocating	숨막히는
noodles	잡채	suggestion(s)	주의 사항, 건의 사항
stir-frying	볶음	supervision	감독
(have) stomach		support	지지; 지원하다,
trouble	배탈(이 나다)		지지하다
stop	머물다, 멈추다	suppose	가정하다
~ by	들르다	~ that	가령
~ dreaming	꿈을 깨다	surely	틀림없이
straightforwardly	숨김없이, 곧장	(be) surprised	놀라다
straws	지푸라기	surrender	굴복; 굴복하다
strength,		survival game	서바이벌 게임
strong point	장점	survivor	생존자
stress	스트레스	suspect	의심하다; 용의자,
get rid of ~	스트레스를 풀다		혐의자
~ builds up	스트레스가 쌓이다	(be) suspected of	혐의가 있다, 의심
strict	엄격한		받다
strike	치다	sway	흔들다
strong	강력한, 센	sweat	땀; 땀 흘리다
student		sweet	달다
association	학생회	swell	붓다, 팽창하다
study(ing) abroad	유학	swimming	수영
(be) stunned,		swing	그네
aghast	기가 막히다	sympathize (with)	공감이 가다,
stuntman	스턴트 맨		공감하다, 동정하다
stylish	멋있는	sympathy	인정, 동정
subject matter	소재, 주제	symptom	증상, 증세
submit	제출하다	show	
subscription	정기 구독	abnormal ~s	이상을 일으키다
substantial	알찬	synopsis (of a	
subtitle	자막	play, a story)	줄거리

Taeborum holiday
　(January 15 by
　the lunar calendar) 대보름
taekwondo 태권도
take 잡다, 취하다
　~ concrete
　　shape 구체화하다
　~ custody 보호하다, 구속하다
　~ the initiative 주도하다
　~ medicine 복용하다
　~ off 이륙
　~ turns 교대하다
talent 특기
tardiness 지각
task 과제, 과업
taste 취향, 맛
　~ flat 싱겁다
tax 세금
tears 눈물
　~ come to
　　one's eyes 눈물이 핑 돌다
technical merger 기술 제휴
telegram 전보
terribly 지독히, 몹시
thank 사례하다, 감사하다
　~-you party
　　for teachers 사은회
　~s to 덕분에
Thanksgiving Day 추수감사절
theater 영화관
theft 절도
theme 주제
　~ song 주제가
theory 학설, 이론
(all) things 만물
　all ~ come
　　back to life 만물이 소생하다
thoughtless 무분별한
threat 위협
threaten 위협하다
thrilling 짜릿한
throat 목, 목구멍
　have a sore ~ 목이 아프다
　have a
　　swollen ~ 목이 붓다
throughout (the
　year) (일 년) 내내
throw 던지다
　~ away 버리다
time 시간
　(point in) ~ 시점
　(scheduled) ~ 약속 시간
　~ and space 시간과 공간
(be) tired out
　from life 생활에 지치다
today (of all days) 오늘따라
tool 도구
(decayed) tooth 충치
topic
　(of conversation) 화제
(going) toward ~(으)로 향하다
(wet) towel (물)수건
trademark 상표
tradition 전통
tragedy 비극
transaction 거래
transcript 성적표
transmit, convey 전달하다
transportation 교통편, 교통
traveler's check 여행자 수표
treasure hunt 보물 찾기
treat 대접하다
treatment 대우
tremble 몸이 떨리다
trend (of thought) 사조

trip abroad	해외 여행		미상의
trouble	폐, 고생, 걱정	union	결합
cause ~	폐를 끼치다	unique	특이한, 독특한
in ~	큰일났다	university town	대학가
troublesome	번거로운	unknowingly	나도 모르게
(come) true	실현되다	unlucky	재수없는, 불행한
trust, belief	믿음, 신뢰; 믿다, 신뢰하다	unmarried, single	미혼
		unpack	(짐을) 풀다
truth	진실	unreasonable	무리인, 무리한
try out	시도하다	(be) unusual	색다르다, 이상하다
tuition	등록금, 수업료	unusually	유난히
turkey	칠면조	unwillingly	본의 아니게, 마지못해
turn	차례; 돌다	upper house	상원
in ~	번갈아	urge	재촉하다
not ~ out as one thought	뜻대로 되지 않다	urgent	급한
		use	사용, 이용; 이용하다, 사용하다
~ over	뒤집다		
~ the steering wheel	핸들을 꺾다	favorite ~	애용
		~ magic	요술을 부리다
~ toward	향하다	(be) used up	다 쓰다
(the game of) Twenty Questions	스무고개	useful	유용한
		usefulness	효용성
		useless	소용없는
ultraviolet (rays)	자외선	uselessly	괜히, 쓸데없이
unavoidably	어쩔 수 없이, 피할 수 없이	valuable	소중한, 가치가 있는
unchanged	변함없이, 변하지 않는	various	다양한
unconsciously	무의식중에	vegetables	야채, 채소
understanding	양해, 이해	clean ~	야채를 씻다
seek an ~	양해를 구하다	seasoned ~	나물
understudy	대역	vending machine	판매기
uneasy	불안한	very much	무척
unequivocal	명백한, 명쾌한	(be) vexed	짜증이 나다
unexpected	뜻밖의	(go) via	경유하다
unexpectedly	뜻밖에, 의외로	(disaster) victims	이재민
(suffer) unfairness	억울하다	video arcade	오락실
unfamiliar	낯선	video game	전자 게임
unidentified	신원 불명의, 신원	videorecording	녹화

English	Korean
view	전망, 견해
get a panoramic ~ of	한눈에 보이다
vigor	활력
violation of the constitution	위헌
visa	사증, 비자
visiting ancestral graves	성묘
visiting parents in one's hometown	귀성
visitor	방문객, 관람객
visual media	영상 매체
vocalization	발성법
vote	투표; 투표하다
~ for	~에게 표를 찍다
waiting room	대기실
wake (up)	일어나다, 깨우다
walking erect	직립 보행
wall	벽
wallet	지갑
walnut	호도
warmhearted	다정한
wash dishes	설거지하다
waste	낭비; 낭비하다
~ of time	시간 낭비
(one's) way of thinking	사고 방식
weakness, weak point	단점
(lethal) weapon	흉기
wear a (plaster) cast	깁스를 하다
wedding	결혼
~ invitation	결혼 청첩장
have a ~ ceremony	화촉을 밝히다
weight	체중, 무게
welcome	환영; 환영하다
~ party	환영회
welfare system	복지 제도
what I want to say (to superior)	드릴 말씀은, 아뢰올 말씀은
wholeheartedly, with one's whole heart	성의껏, 정성껏
will	의지
have a ~	의지가 있다
willingly	선뜻, 쾌히, 기꺼이
win (a prize)	(상을) 타다
wind	바람
the ~ is cold	바람이 차다
(car) window	차창
window side	창가
wiretapping	도청
wish	희망, 소원; 바라다
~es for the future	장래의 희망
withdrawal (of money)	출금, 돈의 인출
withdraw (money)	(돈을) 찾다
without reason, groundlessly	이유 없이
without saying anything further	두말 않고
witness	목격자; 목격하다
(a few) words	몇 마디
work, act	작용하다
world	세계
worry	염려; 걱정하다
wound	상처
wounded (injured) person	부상자
(be) wounded	

seriously (slightly)	중상(경상)을 입다	yellowish green	연둣빛
		youth hostel	유스호스텔
(Korean) wrestling	씨름	youthfulness	젊음
write down, transcribe	적다, 기록하다	yut	윷
		game of ~	윷놀이
writer	지은이, 저자, 작가	~ board	윷판
writing	저서, 쓰기	~ token	말
year-round	일 년 내내	zero	빵점, 영, 제로

About The Authors

Pong Ja Paik received her B.A. (1962) and M.A. (1965) in Korean Language and Literature from Yonsei University in Seoul. She was a master instructor in Korean at the Yonsei University Korean Language Institute from 1962 to 2001. She was Fulbright Visiting Associate Professor of Korean at Indiana University in 1985-1986 and President of the International Association for Korean Language Education in 1999-2001. Currently, she is a lecturer at the Yonsei University Graduate School of Education and a member of the Advisory Committee on Korean Proficiency Testing. She co-authored *KOREAN 1, 2, 3, 4, 5, 6* (Yonsei University Press, 1993 and 1994) and authored *Korean Grammar Dictionary for Foreigners* (Yonsei University Press, 1999).

Ji Young Kwak received her B.A. (1986) and M.A. (1988) in English Language and Literature from Yonsei University. She has been teaching Korean as a lecturer at the Yonsei University Korean Language Institute since 1989.

Ji Hyon Choi received her B.A. (1989) in English Language and Literature and M.A. (1992) in Korean Language and Literature from Yonsei University. She has been teaching Korean at the Yonsei University Korean Language Institute since 1992. She is also a freelance writer.

www.ingramcontent.com/pod-product-compliance
Lightning Source LLC
Chambersburg PA
CBHW082034230426
43670CB00016B/2653